LA SCIENCE
DU
MAÎTRE D'HÔTEL
CUISINIER.

LA SCIENCE
DU
MAÎTRE D'HÔTEL
CUISINIER,
Avec
DES OBSERVATIONS
sur la connoissance & proprietés des Alimens.

A PARIS, AU PALAIS,
Chez PAULUS-DU-MESNIL, Imprimeur-Libraire, Grand' Salle au Pilier des Consultations, au Lion d'or.

M. DCC. XLIX.
Avec Approbation & Privilege du Roi.

DISSERTATION

PRÉLIMINAIRE

Sur la Cuisine moderne.

I. L'Art de la Cuisine doit, comme tous les autres, son origine aux besoins & aux commodités de la vie. La nature dans son enfance n'a cherché d'abord que le moyen le plus prompt & le plus commun de se donner le nécessaire, ou de se procurer l'agréable : aussi grossiere & bornée dans ses désirs, que dans le choix des choses propres à les contenter. Dans la suite ses désirs se sont étendus: mais ses besoins se sont multipliés. L'expérience & les réflexions ont épuré son goût: mais elles l'ont secondée dans ses vûes & l'ont conduite à son but par moins de détours, moins de fatigues, & pour l'ordinaire à moins de frais. C'est ainsi que l'industrieuse nature a donné naissance aux Arts, qui de leur côté ont consacré au bien de la nature tout l'être qu'ils en avoient reçu.

Le plaisir des sens (*a*) a été leur objet, & les qualités diverses que le Créateur a attachées aux corps étrangers, ont été les ressorts qu'ils ont fait joüer pour y parvenir. Les organes des sens leur ont servi comme de canaux de communication pour faire passer jusqu'à l'ame les impres-

_____

(*a*) On ne prétend pas parler des Arts qui ont pour objet la perfection de l'esprit, comme l'Art de penser ou la Logique.

sions diverses que les qualités sensibles sont capables de produire.

II. Que de sagesse, d'étenduë, & de simplicité dans les vûes du Créateur ! Le méchanisme de notre structure nous assujettit à des besoins, & nous oblige à les satisfaire, sous peine d'anéantissement & de destruction totale : Cela vous paroît-il humiliant ? Pensez que la nature par le moïen des organes fait éclore le plaisir & la volupté du sein de cette servitude. Reconnoissez du moins, qu'instruits par le témoignage des sens, nous sçavons démêler dans les corps les qualités bienfaisantes de celles qui ne le sont pas. Car la réflexion d'un Ecrivain (*a*) de nos jours est généralement vraie, peut-être à quelques exceptions près. » L'agrément des

_____

(*a*) Théorie des sentimens agréables, chap. 3, pag. 10.

» saveurs & des odeurs, n'est pas
» moins assorti à nos besoins, que
» celui des couleurs & des sons.
» Les sels âcres & piquans, qui
» portés dans le corps par la res-
» piration ou par la digestion, y
» jetteroient le trouble & le dé-
» sordre, décelent leur impression
» sur les mammelons nerveux,
» qui sont le siége de l'odorat &
» du goût. Au-contraire une im-
» pression douce & agréable an-
» nonce les odeurs & les saveurs,
» qui, par la nature de leurs prin-
» cipes, peuvent entretenir dans
» le sang le juste mélange de sels
» & de souffre qui y décide de la
» santé. «

III. La sagesse & la fécondité de la nature ne paroissent pas moins dans la varieté des senti-mens qu'excite en notre ame, à l'aide des organes, chaque espece particuliere de qualités sensibles dans les corps étrangers. Qui pourroit compter les différentes sortes d'odeurs, de couleurs, de sons & de saveurs? Chacune dans son genre peut varier à l'infini. Dans l'ordre des couleurs, le *rouge*, par exemple, qu'on regarde comme une couleur primitive, de quelles varietés n'est-il pas susceptible? Et pour ne pas sortir des saveurs qui font l'objet de la Cuisine, le lait, le sucre, le miel sont doux, mais chaque espece de douceur a ses caractéres particuliers, ses différences, ses nuances propres : & qui osera fixer jusqu'où cette varieté peut s'étendre?

IV. Poussons plus loin la contemplation des merveilles de la nature à cet égard. Ce seroit peu que la *diversité* des saveurs, quelqu'étonnante qu'elle soit, si elle n'étoit accompagnée de l'*unité*.*

---

* Par *unité* on entend *uniformité*. Voyez les *Recherches sur l'origine des idées*, &c.

Voilà les deux objets que la nature se propose en tout, & qui, au jugement d'un Auteur célébre, (a) font le fondement unique de tout ce qui est *beau*. Sera-t-on donc blâmé d'avancer qu'il y a l'harmonie des saveurs, comme l'harmonie des sons, & peut-être celle des couleurs & des odeurs ? Personne ne dispute de la premiere : Qui ignore les peines infinies que s'est donné le R. P. Castel pour établir, & pour faire goûter la seconde, je veux dire l'harmonie des couleurs ? Il ne m'appartient pas de décider s'il a bien ou mal réussi : mais qui pourra trouver mauvais que j'avance qu'il regne entre les saveurs une certaine proportion harmonique, à peu près semblable à celle que l'oreille apperçoit dans les sons, quoique d'une es-

_____

(a) M. de Crouzas, Traité du Beau.

pece différente. Si cela n'est pas, qu'on me dise pourquoi tel mélange de saveurs revolte l'organe du goût, tandis que tel autre le flate agréablement.

V. Sur ce principe, j'ose dire que, pour apprécier au juste un ouvrage de l'Art de la Cuisine, il faut souvent plus de sagacité de goût (s'il m'est permis d'user de cette expression) qu'on ne pense ordinairement. Les plus habiles Artistes sont quelquefois ceux qui réussissent le moins à satisfaire le goût commun : il leur faut des palais délicats, comme à un profond Musicien des oreilles fines & sçavantes. Dans les apprêts des viandes, comme dans les piéces de Musique, il est des dissonnances qu'il faut préparer & sauver avec la même adresse. Donnez pour Auditeurs au plus sçavant Musicien du monde des Hurons, des Hotentots, & d'autres Peuples sauvages de l'Amerique ou de l'Afrique, & voyez s'ils seront agréablement affectés de la beauté & de l'élegance de ses doctes accords. L'habile Physicien, que nous avons déja cité, ne vouloit que des yeux éclairés, pour sentir l'harmonie de ses couleurs; heureux, si tant d'écrits, dont il a rempli les Journaux, avoient pû nous éclaircir la vûe. Un Cuisinier habile ne demande non plus que des palais délicats & sensibles, pour savourer l'harmonie des sucs dont il compose ses ragoûts.

VI. Défiez-vous de ces personnes qui ne trouvent rien de bon : c'est souvent une preuve, que les papilles de leur langue sont usées & sans ressort. Il n'y a que le fort & le piquant qui puisse les ébranler, & reveiller par ce moyen leur appétit. La juste proportion des sels & des sucs sulphureux, qu'une main sage & habile a distribuée dans l'apprêt des alimens, n'est pas capable d'exciter chez eux un agréable sentiment de goût, il leur faut un sel dominant, proportionné à l'affaissement des fibres de leur organe, un suc acide & corrosif qui en altére le tissu, pour se faire sentir. Le palais de ces sortes de Gens est-il un Tribunal compétant, pour juger du mérite d'un Artiste en fait de Cuisine? S'il est question de décider sur la qualité d'une liqueur bachique, consulte-t-on l'organe de ces personnes qui, à force de boire, ont perdu la faculté de discerner la différente nature des vins? A peine les liqueurs les plus fortes, & par conséquent les plus nuisibles à la santé, chatouillent-elles les fibres endurcies & racornies de leur palais. Rameau voudroit-il pour Arbitre & pour Juge de ses compositions, cet homme dont parle Petrarque, qui étoit moins charmé du chant des rossignols, que d'un concert de grenouilles?

VII. Le principe qu'on vient d'exposer, fournit encore une réponse solide à des reproches qu'on fait depuis long-tems à l'Art de la Cuisine. A entendre bien des Gens, il ne mérite que d'être nommé l'Art de ruiner la santé, il n'est propre qu'à énerver les forces du corps, à affoiblir le temperament, & à avancer le terme de nos jours. C'est, à leur avis, une source empoisonnée d'où l'on voit sortir une infinité de maladies & d'infirmités, inconnuës autrefois. Telles sont les vaines déclamations, dont se laissent étourdir ceux qui ne sont pas accoutumés à approfondir les choses.

Je conviendrai, si l'on veut, que la Cuisine occasionne quelquefois les funestes effets dont on se plaint. Mais qu'on y prenne garde : est-ce la faute de l'Art, ou des Artistes ignorans ? Je dis plus : n'est-ce pas souvent celle du siécle, dont le goût usé ou dépravé ne sçauroit être flaté ni reveillé par un juste & sage mélange des sucs, formé des mains de l'Art? Vous voulez des apprêts que l'Art condamne, vous dédaignez ceux qu'il autorise : après cela vous lui imputez des maux qui ne sont le fruit que de votre avidité & de votre intemperance: quelle injustice! Moins dépravés, plus sages, vous eussiez laissé à un habile Artiste la liberté de suivre les regles de son Art. La nature qui le guide dans son travail, lorsqu'il sçait la consulter, se fût prêtée à ses désirs : un mélange judicieux & éclairé des saveurs naturelles, vous eût offert un mets aussi sain qu'agréable.

VIII. Faites donc cesser l'injustice de vos reproches, ou convenez qu'il n'est point d'Art qui puisse être à l'abri de la malignité de la censure. Celui de cultiver la vigne n'auroit-il pas dû depuis long-tems être proscrit, s'il eût été permis de décider de son sort, d'après les désordres prodigieux que les excès du vin ont fait commettre ? La poësie, la divine poësie, le langage des Dieux n'auroit-il pas dû être chassé de dessus la terre, s'il faut lui imputer l'abus pernicieux & infâme qu'en ont fait les Mortels ? Platon a banni de sa République les Poëtes, mais il n'a eu garde d'en chasser la poësie. Il s'est contenté en homme sage, de lui fixer son objet, & de la resserrer dans de justes bornes : il a laissé l'harmonie flateuse des vers en possession de célébrer les louanges de la Divinité & de la Vertu. En un mot, il n'a exilé les Poëtes de sa République, selon la remarque d'un Moderne (a) ,, que par la même raison qui engage les Prédicateurs à prêcher contre les Spectacles, & qui faisoit chasser d'Athenes ceux des Citoyens qui plaisoient trop à leurs Compatriotes. ''

IX. Mais d'ailleurs a-t-on des preuves bien convaincantes que les rafinemens de notre Cuisine soient la cause principale des infirmités, & des maux dont on se plaint? Pour moi j'ose en douter, & je crois en avoir quelque raison.

On ne soutiendra pas que les Romains ayent été sujets à plus d'indispositions & de maladies que nous ne le sommes présentement. Je ne prétends pas parler de ces tems où Rome étoit aussi

---

(a) Réflex. critiques sur la Poësie & sur la Peinture, 1 part. sect. 5.

sobre & frugale, que rustique & grossiere : je parle des Romains amollis par le luxe Asiatique, des Romains délicats & sensuels, tels qu'ont été un Lucullus, un Apicius (*a*) & d'autres avant & après Auguste. Ils ont rafiné de leur tems sur les apprêts des viandes, comme nous pouvons le faire aujourd'hui. Ils n'ont pas éprouvé plus d'infirmités que nous : leur Cuisine étoit-elle donc aussi peu nuisible à la santé, que la nôtre ? C'est une question à examiner.

X. S'il nous restoit assez de monumens de ces tems reculés pour pouvoir faire un parallelle exact & complet, je ne doute pas que la question ne fût bientôt décidée à notre avantage. J'en juge par l'ouvrage qui a passé

(*a*) Il y a eu plus d'un Apicius. Voyez sur ce sujet le Diction. de Bayle.

jusqu'à nous, sous le nom d'A-picius (*a*) : on convient que son Auteur, quel qu'il soit, n'a dû vivre que peu de tems après Eliogabale. Qu'on se donne la peine de parcourir les dix Livres qu'il nous a laissés sur la Cuisine de son tems, & qu'on juge après cela si un sçavant homme (*b*) a rien exageré, quand il a dit que cet ouvrage contient *d'étranges mets & d'étranges ragoûts, qu'on croiroit aujourd'hui se perdre l'estomac, & se brûler le sang, si l'on mangeoit de semblables viandes, que presque tous les ragoûts sont fort poivrés, ou pleins de liqueurs & de compositions fortes, ou au moins d'herbes de haut goût*. On voit par cet échantillon quel étoit l'état de la

---

(*a*) *Apicii Cœlii de obsoniis & condimentis, sive Arte coquinariâ libri decem*, &c.

(*b*) Jean le Clerc, Bibliot. choisie, tom. 18, pag. 327, 331, &c.

Cuisine Romaine en ces tems-là, & sans doute long-tems auparavant. Il est au moins certain que le *garum*, qui étoit une de ces compositions fortes qui entroient presque dans tous les ragoûts, n'étoit pas pour-lors nouvellement inventé. Seroit-il donc surprenant, que, lorsque la sensualité Romaine essaya de se satisfaire par les apprêts d'une Cuisine si pernicieuse, elle eût donné entrée à des maladies fréquentes & inconnues auparavant ? Un évenement contraire eût tenu du prodige, & si la nôtre lui ressembloit, il seroit difficile d'en faire l'apologie.

XI. Je veux bien croire, sur la parole de Pline, (a) & d'autres Historiens, que Rome se passa de Medecins durant l'espace de plus de cinq cens ans ; que dans

―――――――――

(a) *Plin. lib.* 29, *cap.* 1.

cet intervale, la frugalité la garantit du besoin des remedes : mais qu'enfin le luxe & les excès de la table ayant fait naître plusieurs especes de maladies inconnues, il fallut avoir recours à la Medecine, qu'on avoit regardée jusqu'alors comme inutile, & même préjudiciable ; & qu'Archagate est le premier Medecin qui s'établit à Rome l'an 535 de sa fondation, où l'exercice de son Art n'avoit été auparavant toleré qu'en tems de peste. Je ne prétends point révoquer tous ces faits en doute : je m'étonne seulement que les apprêts d'une si *étrange* Cuisine n'ayent pas produit plus de mal qu'on n'en dit. Encore même ne reste-t-elle pas chargée elle seule des maux qu'on éprouva, car nous sçavons que l'excès de la table monta à un tel point, qu'il étoit ordinaire dans les repas de forcer l'estomac à rendre les alimens dont il s'étoit surchargé, pour faire place à d'autres. Excès monstrueux d'intemperance, & de gourmandise !

XII. Après s'être formé une légere idée de la Cuisine Romaine, il reste bien moins à découvrir la cause des maladies qui parurent alors, qu'à rechercher pourquoi elles ne se multiplierent pas bien au-de-là de ce que nous en éprouvons aujourd'hui. Pour moi je crois en appercevoir une raison assez plausible. Les grands repas étoient bien moins fréquens parmi les Romains que parmi nous. Rien, il est vrai, n'étoit plus propre à altérer leur santé, que leurs excès dans ces occasions, & les ragoûts dont ils faisoient leurs délices. Mais ces occasions étoient plus rares : la nature avoit le tems de réparer le mal. Qu'il eût été bien moindre

& moins commun, s'ils eussent connu les aphorismes de notre Cuisine!

Les repas parmi nous sont plus fréquens, ils se succedent les uns aux autres presque sans intervale. Si nos tables étoient servies dans le goût de la Cuisine d'*Apicius*, il seroit impossible que nous ne fussions exposés à plus de maux que nous n'en éprouvons, & que n'en éprouverent les Romains. Trop heureux encore, que les apprêts de notre Cuisine ne multiplient & n'aggravent pas le mal, que notre intemperance presque continuelle, & notre sensualité, que nous cherchons à satisfaire sans relâche, sont elles seules bien capables de produire! Voilà, voilà le premier germe des maladies & des infirmités qui nous affligent : rendons-nous justice, & l'Art de la Cuisine moderne sera justifié.

Mais ce n'est pas assez dire. Je soutiens que nous sommes coupables d'ingratitude à son égard, & que nous ne connoissons peut-être pas toutes les obligations que nous lui avons. Essayons de mettre cette vérité dans son jour.

XIII. La Physique nous apprend que la diversité des alimens, autant pour le moins que celle des climats, met de la varieté & de la différence, non-seulement dans les corps, mais encore dans le génie, les inclinations, & les mœurs des Nations. Quel changement n'apperçoit-on pas dans les esprits des Peuples du Nord, depuis que le sucre, les épiceries, le vin, & les autres alimens qui croissent dans les Païs chauds, font une partie de leur nourriture ordinaire? *Les sels, & les sucs spiritueux de ces denrées,* dit un homme d'esprit, (a) jettent dans le sang des Nations septentrionales une ame, ou pour parler avec les Physiciens, une huile étherée, laquelle ils ne pourroient pas tirer des alimens de leur Païs. Ces sucs remplissent le sang d'un homme du Nord d'esprits animaux formés en Espagne & sous les climats les plus ardens. Une portion de l'air & de la séve de la terre des Canaries passe en Angleterre dans les vins de ces Isles qu'on y transporte en si grande quantité. L'usage fréquent & habituel des denrées des Païs chauds rapproche donc, pour ainsi dire, le soleil des Païs du Nord, & il doit mettre dans le sang & dans l'imagination des Habitans de ces Païs une vigueur & une délicatesse, que n'avoient pas leurs ayeux, dont la simplicité se contentoit des productions de la terre qui les avoit vû naître.

(a) Réflex. critiques sur la Poésie & sur la Peint. 2 part. sect. 17.

Voilà le principe développé, sera-t-il difficile d'en faire l'application à notre sujet?

XIV. La Cuisine subtilise les parties grossieres des alimens, dépouille les mixtes qu'elle employe, des sucs terrestres qu'ils contiennent: elle les perfectionne, les épure, & les spiritualise en quelque sorte. Les mets qu'elle prépare, doivent donc porter dans le sang une plus grande abondance d'esprits plus purs & plus déliés. De-là plus d'agilité & de vigueur dans les corps, plus de vivacité & de feu dans l'imagination, plus d'étendue & de force dans le génie, plus de délicatesse & de finesse dans nos goûts. Sera-ce donc trop s'avancer, que de placer les apprêts de la Cuisine moderne parmi les causes physiques qui du sein de la Barbarie, ont rappellé parmi nous le regne de la politesse, des talens de l'esprit, des Arts & des Sciences? Fut-il donc vrai que notre Cuisine eût introduit parmi nous les maux qu'on lui impute, quoiqu'ils soient bien plutôt le fruit de notre intemperance, elle les auroit rachetés par des avantages bien précieux. Enfin toute compensation faite, s'il a paru de nouvelles maladies, d'autres ont disparu, ou sont devenues plus rares. Depuis que l'usage des alimens qui croissent dans les Païs chauds s'est introduit à Amsterdam, on n'y voit plus, comme l'a remarqué M. Regis, (*a*) sçavant Medecin, la vingtiéme partie des maladies scorbutiques qu'on y voyoit auparavant.

XV. Ce n'est pas au reste que je veuille ici prendre la défense de tous les apprêts dont on a cou-

---

(*a*) Voyez les Réflex. crit. sur la Poésie & sur la Peinture. *Ibid.*

tume de charger nos tables, il en est que j'abandonne à toute la rigueur de la censure : j'avoue même que cet ouvrage en contient que je ne prétends point garantir. J'ai cru qu'ils y devoient avoir leur place, afin qu'il n'y manquât rien de ce que l'on peut désirer, pour diversifier dans le goût nouveau le service des tables les plus somptueuses & les plus délicates. D'ailleurs me convenoit-il de ne me pas prêter au goût de ceux qui sont plus curieux de l'agrément, que de la salubrité des mets qu'ils se font servir ? Ceux qui pensent autrement, méritent aussi des égards : devois-je leur manquer ? Comme il ne m'est jamais venu dans l'esprit de m'ériger en Réformateur de la Cuisine, je me suis proposé de les satisfaire tous, sans condamner ni les uns ni les autres. Voici donc le parti que j'ai pris.

XVI. J'ai inseré dans cet ouvrage des observations sur la nature, les vertus, & les proprietés des alimens dont la Cuisine fait usage. J'ai profité pour cela des lumieres que fournissent en ce genre la Physique & la Medecine : l'ouvrage de M. Lemery sur ce sujet, m'a surtout été d'un grand secours. J'ai donc pensé qu'il seroit aisé, à la faveur de ces connoissances, de discerner les mets qui peuvent convenir à l'âge, au temperament, & à la santé de chacun.

Mais ce n'est pas le seul avantage que j'en ai esperé. On convient que l'adresse des mains, un jugement sain, un palais délicat, un goût sûr & fin, sont des qualités absolument nécessaires à un bon Cuisinier. J'ose dire que cela ne suffit pas encore. Tel possédera tous ces talens, qui, en fait de Cuisine, ne sera jamais qu'un

Manœuvre guidé par la seule *routine*, ou ce qu'est en Medecine un *Empirique*. Esclave servile de l'usage, un Artiste de ce caractere, ou ne s'avisera pas d'imaginer quelque nouveau ragoût, ou de rien changer à la pratique qu'il aura apprise; ou s'il le fait, ce ne sera qu'après plusieurs tentatives, & beaucoup de dépense, qu'il pourra esperer quelque succès. Donnez-lui la connoissance des qualités & des proprietés des alimens qu'il travaille, des sucs dont il veut former un mélange agréable, vous lui épargnerez son tems, son travail, & sa bourse. Les lumieres le guideront dans ses essais; il sçaura tirer parti de ses méprises mêmes. Il y a déja longtems que l'Epicurien Catius dans Horace a traité de téméraires ceux qui s'ingerent de servir avec art & élegance les tables, sans connoître avec précision les quasités & les saveurs des mets qu'ils employent. (*a*)

Nec sibi cænarum quivis temerè arroget artem,
Non priùs exactâ tenui ratione saporum.

XVII. Je présume qu'une autorité si respectable fermera la bouche à quelque Critique chagrin qui auroit pû blâmer le plan que j'ai suivi. Peut-être m'auroit-il accusé d'être sorti de ma sphére, d'avoir porté la faulx dans une moisson étrangere, & d'avoir fait incursion dans l'empire de la Medecine. Ce reproche me seroit sensible, & si la décision du Philosophe d'Horace ne suffit pas pour le prévenir, j'appellerai à mon secours l'autorité d'un autre ancien Auteur, (*b*) qui décide que *la science de faire la Cuisine*

(*a*) Horat. lib. 2, Sat. 4.
(*b*) Donat. in Terent. Andr. act. 1, scen. 1.

Dissertation préliminaire est la servante de la Medecine. COQUINA MEDICINÆ FAMULATRIX EST. L'Art d'apprêter les alimens appartient nécessairement à la *Diétetique*, laquelle a toujours été regardée comme une partie très-importante de la Medecine.

Deux objets principaux partagent l'attention de la Medecine; la conservation, & le rétablissement de la santé. Les alimens contribuent au premier, les médicamens au second. Elle confie la préparation de ceux-ci à la Pharmacie, & s'en rapporte à la Cuisine, pour la préparation de ceux-là. Ainsi la Pharmacie & la Cuisine sont également subordonnées à la Medecine, chacune dans un ordre rélatif à chacun de ces objets. Or ne seroit-ce pas donner dans le plus grand ridicule, que de prétendre qu'un Apoticaire s'empare d'une matiere qui n'est pas de son ressort, s'il s'instruit des qualités & des vertus des médicamens? Y auroit-il donc plus de raison à faire un crime à un Cuisinier de rechercher les qualités & les proprietés des alimens: surtout lorsqu'il fait honneur à qui il appartient, des connoissances qu'il acquiert?

Si jamais les Cuisiniers font un Corps à Statuts, je crois pouvoir assurer, au nom de mes Confreres, qu'il ne leur arrivera jamais de songer à se soustraire de la subordination, où ils sont à l'égard des Medecins. Aucun exemple ne sera capable de leur inspirer des sentimens d'indépendance. La Faculté peut se flatter d'avoir extirpé d'avance jusques aux moindres semences de rebellion, qui pourroient dans notre sein s'élever contr'elle. Puisse la Cuisine moderne, par une soumission légitime, mériter de la part de la Medecine le même honneur que l'ancienne en a reçu! Au commencement de ce siécle, M. Lister, célébre Medecin de la Reine Anne, a daigné corriger, publier, & commenter le Traité d'Apicius sur la Cuisine des Romains. La nôtre aspire à ce bonheur, & elle se flate qu'après une certaine révolution de siécles, si quelqu'un des ouvrages, qui la concernent, échappe à l'injure des tems, quelque Medecin habile voudra bien se charger de le revoir, de le corriger, & de le publier avec de doctes Commentaires.

AVIS

A ceux qui voudront faire usage de ce Livre.

1. J'Ai taché d'être concis sans obscurité, afin que ceux qui voudront se servir de cet ouvrage, pour s'instruire dans l'Art de la Cuisine moderne, ne soient point rebutés par la longueur du discours, ni embarrassés à saisir mon idée. Le style simple étoit le seul qu'il me convenoit d'employer.

2. Quoique je n'aye ordinairement prescrit qu'une méthode de travailler, je n'ignorois pas qu'il n'y en eût d'autres. Je me suis arrêté à celle que j'ai crû la meilleure, sans prétendre y assujettir les autres.

3. Je me suis aussi attaché à éviter, autant qu'il m'a été possible, les grosses dépenses dans les ragoûts, sans que la délicatesse en souffrît. Ainsi je ne me suis pas moins proposé pour but le service des tables médiocres, que celui des tables somptueuses, dans le goût de la Cuisine nouvelle.

4. J'ai mis au commencement une Table des mets contenus dans cet ouvrage, pour ordonner des repas selon les quatre saisons, en gras & en maigre.

5. On trouvera réunis sous un seul article tous les mets qui ont du rapport, & entre lesquels il n'y a qu'une légere difference.

6. Pour ordonner les entrées qui ne sont pas de toute l'année, il faudra avoir recours aux saisons du rôti, parce que cet article leur fournira ce qu'ils voudront choisir pour entrées.

7. Comme les observations sur les qualités & les propriétés des alimens sont répandues dans le corps de l'ouvrage, on trouvera à la fin une Table alphabétique qui renvoyera à la page où il est parlé de chaque espece d'aliment.

8. Comme le cerf, la biche, le faon, le chevreuil, le daim, la poule d'eau, le pluvier, l'ortolan, le vanneau, la gelinotte de Bois, le bequefigue, le guignard se servent ordinairement rôtis, la façon de les préparer se trouvera dans l'article du rôti, page 270.

9. Tous les exemplaires seront paraphés & signés de ma main au bas de la premiere page, & c'est à cette marque qu'on reconnoîtra ceux qui pourroient être contrefaits.

TABLE DES METS

contenus dans ce Livre, dressée pour ordonner facilement des repas, suivant les quatre saisons, & suivie de neuf menus.

Des Pastes.

Paste brisée,	330
Pâte feuilletée,	331
Pâte pour plusieurs sortes de bignets,	331
Pâte pour des croquantes,	332
Pâte de massepain ou d'amendes,	333
Pâte grasse,	334
Pâte à la Minime,	335
Pâte pour les cannelons & autres Entremets,	336
Pâte pour les flancs & darioles,	*ibid.*
Pâte à la Reine,	337
Pâte à la Royale,	*ibid.*
Pâte sucrée,	338
Pâte pour les brioches,	339
Pâte pour les échaudés,	340
Pâte brisée au ris,	341

Pâte à fleurons, 341
Pâte au fromage à la crême, 342
Pâte au lait, 343

Des Coulis.

Coulis au blond de veau, 1
Coulis de gibier & poisson, 2
Coulis blanc ou à la Reine, 3
Coulis d'écrevisses, ibid.
Coulis maigre, 4
Coulis de légumes, ibid.

Des Sauces.

Sauce de différentes Bechamels, 535
Sauce à la Gascogne, ibid.
Sauce à la Mantouë, 536
Sauce à la Garonne, ibid.
Sauce au bled verd, 537
Sauce bachique à la ravigotte, ibid.
Sauce à la Pandoure, 538
Sauce pour le rôti d'agneau, ibid.
Sauce au Pontife, ibid.
Sauce perlée, 539
Sauce liée aux laituës, ibid.
Sauce à l'estoufade de fenouil, 540
Sauce au jus de ravigotte, 541

Sauce à la raye,	542
Sauce à la Françoise,	ibid.
Sauce de Provence,	543
Sauce hachée aux cornichons,	ibid.
Sauce au Prince,	544
Sauce piquante maigre,	ibid.
Sauce Imperiale,	ibid.
Sauce au consommé,	545
Sauce au persinet,	ibid.
Sauce à la poulette,	546
Sauce hachée aux huitres,	ibid.
Sauce à l'Arlequine,	547
Sauce à l'extrait de persil, fenouil & celery,	548
Sauce liée à l'oseille,	ibid.
Sauce aux légumes,	549
Sauce à la chapelure,	ibid.
Sauce Espagnole,	ibid.
Sauce passée à la moutarde,	550
Sauce de brochets & de carpes,	ibid.
Sauce relevée,	551
Sauce piquante à l'Italienne,	ibid.
Sauce au jus maigre & fines herbes,	552
Sauce à la mie de pain,	ibid.

Table pour ordonner des repas en gras.

Des Potages.

Potages d'issus d'agneau de différentes façons, 6
Potages de croûtes de plusieurs façons, 7
Potages de bisques, 8
Bisque de Gascogne, ou Potage de Garbure, 14
Potage aux marons au coulis de Perdrix, 15
Potage de Semouille, 17
Potage à la Turque, *ibid.*
Potage au ris à la Reine, & autres façons, *ibid.*
Ouille à la Fonbonne, 19
Potage aux filets de racine à la Julienne, 26
Potage à la purée de navets, 29

Des Hors-d'œuvre.

Palais de bœuf en fricassée au blanc, 33
Palais de bœuf grillés, *ibid.*

Palais de bœuf marinés,	34
Palais de bœuf en crépine,	ibid.
Palais de bœuf roulés,	35
Palais de bœuf en bignets,	36
Palais de bœuf en cingara,	ibid.
Langue de bœuf aux fines herbes,	37
Paupiettes de langue de bœuf,	38
Cervelle de bœuf marinée,	39
Queuë de bœuf en remoulade,	40
Grillades de rognon de bœuf,	41
Gras-double à la ravigotte,	ibid.
Gras-double à la sauce à la Raye,	42
Filets émincés à la sauce d'aloyau,	44
Filets aux légumes,	45
Tête de veau marinée,	47
Queuës de veau à la remoulade,	49
Ruelle de veau au verjus,	51
Noix de veau en paupiettes à la poêle,	65
Ruelle de veau en salpicon,	67
Caisson de cervelle au citron,	68
Rôties de cervelle de veau au Parmesan à la moutarde,	70
Foye de veau à la Mariniere,	71
Foye de veau à la Hollandoise,	ibid.
Foye de veau au chevreuil,	72
Rissoles de fraise de veau,	ibid.
Fraise de veau au Parmesan & croûtons,	73

Fraise de veau à la Bourgeoise, 73
Griblettes de différentes viandes, 74
Savattes de veau de plusieurs façons, 75
Cotelettes de veau à la Bourgeoise, 76
Filets de veau à la Bourdeaux, *ibid.*
Bresoles de différentes façons, 77
Grenadins de veau, 78
Andouillettes au petit lard, *ibid.*
Langues de mouton en surtout, 93
Langues de mouton à l'Italienne, 94
Langues de mouton en filets, *ibid.*
Canelons de différentes façons, 95
Langues de mouton à différens ragoûts, 96
Langues de mouton au fenouil, *ibid.*
Cervelle de mouton aux petits oignons à l'étuvée, 97
Pieds de mouton à l'Italienne, 98
Pieds de mouton au Parmesan, *ibid.*
Pieds de mouton en canelons, 99
Pieds de mouton frits, *ibid.*
Queues de mouton à la farce de choux, 100
Filets de mouton en venaison, 101
Bresoles de mouton mêlées, 102
Hachis de mouton à la bonne femme, 103
Filets de mouton au coulis d'oignons au blanc, 103

Boudin ordinaire,	106
Boudin de foye,	107
Boudin blanc,	ibid.
Boudin blanc commun,	ibid.
Boudin de perdrix, faisan, lapin,	108
Boudin d'écrevisses,	ibid.
Saucisses délicates,	109
Saucisses aux truffes,	ibid.
Saucisses au vin de Champagne,	110
Saucisses à la moële,	ibid.
Saucisses plates,	ibid.
Saucisses à différentes légumes,	ibid.
Saucisses aux fines herbes,	111
Saucisses à l'étuvée,	ibid.
Saucisses à la moutarde au gratin,	113
Andouilles au fumet,	114
Andouilles de Troyes,	115
Andouilles de veau, de bœuf & de coüene,	ibid.
Pieds d'agneau au gratin aux petits oignons,	128
Filets d'agneau de différentes façons,	131
Agneau au Venitien,	133
Cotelettes d'agneau grillées au persinet,	135
Cotelettes d'agneau en papillottes,	136
Issus d'agneau au petit lard,	ibid.
Poularde frite,	139

Poularde en feuilletons,	145
Quenelle de Poularde,	148
Cuisses de poularde à la Gascogne,	149
Cuisses de poularde aux fines herbes,	150
Cuisses de poularde au Prince,	151
Filets de poularde au Vertpré,	152
Poularde en paupiettes,	*ibid.*
Aîlerons supposés,	158
Poulets frits,	179
Pigeons grillés à la sauce de Marinier,	187
Filets de canard de plusieurs façons,	200
Cuisses d'oye grillées à la remoulade,	206
Filets de lapreau de différentes façons,	211
Bresoles de lapreau,	219
Lapreaux à la Tartare,	220
Grillades de lapreaux,	221
Lapreau en hachis,	222
Lapreau en galimafrée,	*ibid.*
Lapreau en salade,	*ibid.*
Filets de liévre de différentes façons,	214
Filets de levreau à la Flamande,	216
Faisan en salmi Bourgeois,	228
Pilets de faisan à l'Italienne,	*ibid.*

Cercelles

Cercelles diversifiées, 246
Perdreaux au naturel, 248
Perdreaux gratinés, 249
Différens salmis de perdreaux, 252
Perdreaux & perdrix diversifiés, 254
Rissoles de farce & de hachis, 389
Gros oignons farcis au blond de veau, 304
Laituë farcie, 306
Toutes sortes de petits pâtés, 343 jusqu'à 348

Toutes sortes de petites Entrées peuvent se servir pour Hors-d'œuvre.

DES ENTRE'ES.

HAUCHEPOT de langues de bœuf, 38
Filets de bœuf à l'estoufade, 42
Filets d'aloyau à la sauce d'aloyau, 43
Filets de bœuf à différentes légumes & sauces, 44
Tête de veau au four, 47
Saucisson d'une tête de veau, 48
Queuës de veau de différentes façons, 49
Queuës de veau à la Flamande, 50
Veau à l'esturgeon, *ibid.*
Veau aux épinards, 52

Epaule de veau à la farce glacée de Parmesan, 53
Blanquette couverte d'épaule de veau, 54
Epaule de veau au four à la chapelure, ibid.
Poitrine de veau en pâte, 55
Poitrine de veau à la purée verte, & petit lard, 56
Poitrine de veau en marinade, ibid.
Hauchepot de poitrine de veau, 57
Poitrine de veau à la persillade en crépine, ibid.
Poitrine de veau aux petits pois, 58
Poitrine de veau farcie de différentes façons, 59
Cotelettes de veau au petit lard, 60
Cotelettes de veau farcies frites, 61
Cotelettes de veau frites, 62
Cotelettes de veau en surtout, ibid.
Quarré de veau en bœuf à la Royale, 63
Quarré de veau à l'esturgeon, ibid.
Fricandeau de veau à l'Autriche, 64
Quasi de veau aux oignons d'Hollande, ibid.
Poupeton de veau au ragoût mêlé, 66
Ruelle de veau en salpicon, 67
Fricandeau de plusieurs façons, 68

Cotelettes de veau à la Bourgeoise, 76
Gigot de mouton au ris de veau, 81
Gigot de mouton en venaison, *ibid.*
Gigot au naturel à plusieurs légumes au Parmesan, 82
Mouton à la Sainte-Menehould, *ibid.*
Gigot de mouton à la Flamande, 83
Gigot de mouton en bœuf à la mode, *ibid.*
Epaule de mouton à l'oignon en filets, 84
Epaule de mouton au ris au Parmesan, 85
Epaule au four en pannade, *ibid.*
Epaule de mouton à la Cuisiniere, 86
Quarré à la pluche verte, 87
Cotelettes de mouton à la purée de navets, *ibid.*
Quarré de mouton sans façon, 88
Cotelettes de mouton farcies, *ibid.*
Crépines de cotelettes de mouton, 89
Quarré de mouton aux légumes, 90
Cotelettes de mouton en cingara, *ibid.*
Cotelettes de mouton à toutes légumes, 92
Langues de mouton en surtout, 93
Queues de mouton en pannade au gratin, 100

Terrine d'hauchepot, 119
Terrine de queue de bœuf en étuvée, 120
Terrine à l'Angloise, 121
Terrine de Boucherie, 122
Terrine de volaille, *ibid.*
Terrine de gibier, 123
Terrine d'étuvée aux écrevisses, *ibid.*
Terrine de Matelotte accompagnée, 124
Terrine d'étuvée à la mariée, 125
Quartier d'agneau farci à plusieurs légumes, 127
Saucissons d'agneau au restaurant, 128
Têtes d'agneau à la Sainte-Menehould, 129
Cotelettes à la cendre à la Perigord, 130
Epaule d'agneau roulée, 132
Filets d'agneau en crépine, *ibid.*
Agneau au Venitien, 133
Quartier d'agneau de derriere à la Provençale, 134
Agneau rôti, sauce à l'agneau, 135
Cotelettes d'agneau grillées au persinet, *ibid.*
Poularde à la Reine, 138
Poularde masquée, 140
Poularde à la Toulouse, 141

Poularde au persil,	141
Poularde aux choux & saucisses,	142
Poularde farcie en ragoût,	ibid.
Poularde à la Lyonoise,	143
Poularde glacée au blond de veau,	144
Poularde au fumet,	145
Poularde au naturel,	146
Poularde à la Conty,	147
Poularde à la Cardinale,	148
Culotte de poularde en Matelotte,	151
Filets de poularde au Vertpré,	152
Dindon en grenadins,	154
Dindoneau à différens ragoûts,	155
Dindoneau gras au beurre d'écrevisses,	ibid.
Dindon dans son jus,	156
Dindon gras farci de truffes,	ibid.
Dindon à la poele,	157
Aîlerons de dindon à l'étuvée,	159
Aîlerons de dindon à la cendre,	160
Aîlerons de dindon farcis,	ibid.
Aîlerons en bignets,	161
Aîlerons bachiques,	ibid.
Aîlerons à différens ragoûts,	162
Aîlerons au four aux petits oignons,	163
Aîlerons en fricassée de poulets,	164
Aîlerons en surtout grillés,	ibid.
Poulets à la Vestale,	166

Poulets au Celadon, 167
Poulets à la nuit, 168
Poulets blondins, *ibid.*
Poulets au vermillon d'écrevisses, 169
Poulets à la jonquille, 170
Poulets grillés dans leur jus, 171
Grenadins de poulets au Vertpré, *ibid.*
Roulet Royal, 172
Poulets au jus d'orange au fumet de lapreau, 173
Poulets en pannade à la crême, 174
Matelotte de poulet & d'anguille, 175
Poulets farcis à la Bourgeoise, *ibid.*
Poulets à la poele Italienne, 176
Poulets à la Venitienne, 177
Poulets à la Gramont, 178
Poulets fourés, *ibid.*
Poulets à la minute au Vertpré, 180
Poulets en crépine, 181
Fricassée de poulets de plusieurs façons, 182
Pigeons à la Lombardie, 184
Crépine de pigeons à la Sainte-Menehould, 185
Pigeons en poupetonniere, 186
Pigeons accompagnés de grenadins, 187
Pigeons à la minute, 188

Grenadins de pigeons aux légumes, 189
Pigeons à l'étuvée, *ibid.*
Pigeons à différentes fritures, 190
Pigeons à différens beurres, 191
Pigeons à la Princesse, 192
Pigeons au feuilletage de coquilles, 193
Pigeons aux oignons en crépine, 194
Pigeons masqués aux laitues, 195
Différentes fricassées de pigeons, *ibid.*
Canard farci à la poele, 199
Canard à la sauce aux canards, 200
Filets de canard de plusieurs façons, 201
Canard à la Bourgeoise, 202
Grenadins de canard glacés, *ibid.*
Canetons aux fines herbes, 203
Canetons farcis de laitues à la purée nouvelle, *ibid.*
Oye de différentes façons, 205
Oye en balon, *ibid.*
Oye à la sauce-robert, 206
Lapreau en Matelotte, 208
Filets de lapreau en timbale, *ibid.*
Lapreau glacé au blond de veau, 209
Lapreau à la Gascogne, 210
Lapreau aux petits oignons, 211
Lapreau en racourci, 212

Lapreau glacé en haricot,	217
Lapreau à la Moscovite,	218
Lapreau à la poulette aux mousserons,	219
Lapreau à différens ragoûts & sauces,	221
Levreau à la diligence,	213
Liévre en haricot,	215
Filets de liévre à la Flamande,	216
Faisan à la broche & diversifié,	227
Beccasses, Beccassines & Beccots farcis à la poele,	230
Beccasses à la sauce à la beccasse,	231
Ramereaux en compote,	234
Ramereaux à la Flamande,	235
Tourtereaux au Duc,	236
Tourtereaux à la cendre,	237
Tourtereaux au consommé,	238
Alouettes diversifiées,	239
Alouettes ou Mauviettes à la Piémontoise,	241
Alouettes en surprise,	ibid.
Alouettes au four,	242
Grives à l'eau-de-vie,	244
Grives pannées au pauvre homme,	245
Cercelles diversifiées,	246
Perdrix à la Païsanne,	248
Perdreaux à l'Allemande,	249
Perdreaux à la Coigny,	250

Perdreaux

DES METS.

Perdreaux à la Provençale,	251
Perdreaux à la sauce aux panais,	ibid.
Perdrix à l'étuvée,	253
Perdreaux & Perdrix diversifiés,	254
Cailles diversifiées,	256
Cailles grillées,	257
Etuvée de Cailles,	258
Cailles aux oignons en crépine,	259
Cailles au jambon,	260
Cailles au Duc,	261
Toutes sortes de Pâtés chauds,	349
Toutes sortes de Tourtes de viande,	351

ENTRÉES DE POISSON EN GRAS.

Carpe farcie à la Sainte-Menehould,	444
Carpe à la braise en ragoût,	448
Carpe au salpicon glacée,	449
Truite glacée au gratin,	457
Gros brochet à la broche,	466
Brochet à la Sainte-Menehoud,	ibid.
Brochet en petits grenadins,	468
Lottes en fricassée de poulets,	473
Anguille à la broche en crépine,	478
Saumon farci d'un salpicon,	481
Saumon en fricandeau,	484
Esturgeon à la cendre,	487

TABLE

Esturgeon en fricandeau, 490
Turbot, Barbue, & Turbotin au consommé, 493
Turbot diversifié, 495
Maquereau glacé & autres façons, 513
Maquereau à la poële, 515
Vives au jambon, 519

DU ROTI, 270

COMME il y a un choix à faire pour le rôti suivant les saisons, j'en donne ici l'explication pour faciliter la mémoire de ceux qui ordonneront des repas.

Le Printems nous fournit.

Le poulet à la Reine.
Le poulet de grain.
Le poulet aux œufs.
La poularde nouvelle.
Le dindoneau.
Le pigeon de voliere.
Le canard.
Les oysons.
Le canneton de Roüen.
L'agneau.
Le ramereau.

Le lapin.
Le lapreau.
Le levreau.
Les ortolans.
La vieille perdrix.
Le marcassin.
Le vieux faisan.

L'Eté nous avons :

Le perdreau.
Les pigeons de toutes especes.
Le poulet gras.
Le poulet de grain.
Le poulet à la Reine.
La poularde.
Le dindon gras.
Le poulet d'Inde.
Le chaponeau.
Le ramereau.
Le faisandeau.
Le cailleteau.
Le tourtereau.
Le levreau.
L'oison gras.
La grive.
Le coq vierge.
Le bequefigue.
Le chevreau.

Le marcaffin.
Le guignart.

L'Automne & l'Hyver.

Toutes fortes de poulets.
Le chapon de Bruges.
Le chapon pallier.
Le chapon gras.
Le coq vierge.
La poule de Caux.
La poularde graffe.
Toutes fortes de bons pigeons.
Le cochon de lait.
L'agneau.
Le dindon gras.
Le levreau.
Le lapreau.
Le lapin.
La beccaffe.
La beccaffine.
Le beccot.
Le canard barboteux.
Le canard fauvage.
La cercelle.
Le pluvier.
Le rouge.
Le rouge gorge.
La poule d'eau.

L'alouette.
Le chevreuil.
Le daim.
Le sanglier.
Le chevreau.

Des Entremets.

Toutes sortes de pâtés froids, 349 jusqu'à 351
Cochon de lait farci. 117
Saucissons d'agneau au restaurant, 128
Epaule d'agneau roulée, 132
Gâteau de liévre, 215
Différentes daubes, 275
Daube de dindon accompagnée, 276
Daube de veau, *ibid.*
Différentes galatines, 277
Pâté mêlé en pot, 278
Hure de cochon à la braise, 279
Hure de sanglier à la braise, 280
Saucisson de mouton en mortadelle, 281
Saucisson d'épaule de mouton, 282
Tranches de bœuf en gâteau, *ibid.*
Flanchet de bœuf en saucissons, 283
Poitrine & culotte de bœuf à la Cardinale, 284

Langues fourées, la façon de les faire, 285
Saucisson de sanglier, *ibid.*
Animelles marinées, 286
Animelles à l'étuvée, 287
Pieds & oreilles de cochon en pannade, à la Sainte-Menehould au Parmesan, *ibid.*
Hatelets de foyes gras, 288
Foyes gras en petites caisses, 289
Rôties de foyes aux filets d'anchois, à la Sainte-Menehould, 290
Crêtes frites, 291
Crêtes à l'étuvée glacées de Parmesan, *ibid.*
Crêtes au gratin, 292
Petits pois au naturel, 298
Petites féves à la Macedoine, 299
Haricots verts à la Flamande, 301
Poireaux en bignets, 305
Différens entremets de laitues, 306
Asperges, 307
Asperges en petits pois, 428
Epinards, 52
Artichaux à la poele, 308
Artichaux aux oignons, *ibid.*
Salade d'artichaux, 309
Artichaux pannés au blond de veau, *ibid.*

Culs d'artichaux à la gelée,	310
Culs d'artichaux en filets frits,	311
Artichaux à la braise, sauce Italienne à l'échalotte,	ibid.
Artichaux au fromage,	312
Artichaux au cerfeuil,	313
Artichaux à la Piémontoise,	ibid.
Artichaux à la poulette au verjus de grains,	314
Artichaux au four,	315
Culs d'artichaux au persinet,	ibid.
Artichaux jumeaux,	316
Artichaux à la Gascogne,	317
Artichaux à la Barigoult,	ibid.
Artichaux en pâte,	318
Entremets de choufleurs,	ibid.
Champignons à la Bourgeoise,	321
Champignons au vin de Champagne,	322
Champignons aux filets de racines,	323
Morilles aux fines herbes,	324
Morilles grillées,	325
Truffes à la minute,	328
Truffes au four,	ibid.
Truffes au naturel,	329
Gâteau au ris,	341
Fleurons,	ibid.
Petits gâteaux au fromage,	342

Pâte au lait,	343
Tourtes de fruits,	355
Tourtes de crême,	356
Tourtes de maſſepain,	357
Tourtes à la glace,	358
Petits choux de confitures,	359
Petits choux au naturel,	360
Gâteau à l'anis de Verdun,	ibid.
Gâteau de Savoye,	362
Biſcuits de différentes façons,	ibid.
Flans de deux façons,	363
Dariolles,	364
Ramequins de deux façons,	365
Gâteaux au zephir,	366
Gâteaux à la Ducheſſe,	ibid.
Gâteaux à la Dauphine,	367
Différentes ſortes de gâteaux ſucrés,	ibid.
Différentes ſortes de gâteaux ſans ſucre,	370 & 372
Semelle glacée,	372
Différentes tartelettes,	373
Rôties de pâte d'amandes,	ibid.
Rôties à l'Italienne,	374
Rôties de ſalpicon,	375
Rôties de différentes légumes,	ibid.
Différentes rôties de rognons de veau,	376
Rôties aux fines herbes,	377

Rôties meringuées,	377
Rôties au Parmesan,	378
Rôties à la ravigotte,	379
Rôties à la Bourgeoise,	ibid.
Bignets de fraises,	380
Bignets de pistaches ou d'amandes,	ibid.
Bignets de différentes confitures,	381
Bignets printaniers,	ibid.
Bignets découpés,	382
Bignets de fruits,	383
Bignets à la Suisse,	384
Bignets de pâte,	ibid.
Bignets en couronne,	385
Bignets en pannade,	ibid.
Pommes en croix de Chevalier,	386
Pommes en surprise,	ibid.
Pommes en surtout,	387
Pain à la crême,	ibid.
Pain à la Bourgeoise,	388
Rissoles de différentes façons,	ibid.
Ecrevisses à la Provençale,	390
Ecrevisses masquées,	391
Ecrevisses aux fines herbes,	ibid.
Ecrevisses grillées,	392
Ecrevisses à la Hollandoise,	ibid.
Ecrevisses sans façon,	393
Fromage à l'écarlate,	ibid.
Ecrevisses pannées à la ravigotte,	395

Ecrevisses de différentes façons, 395
Huitres aux fines herbes au four, 398
Huitres marinées, 399
Huitres dans leur sauce aux croûtons, *ibid.*
Huitres farcies dans leurs coquilles, 400
Différens menus droits, 402
Différentes gelées, 404
Blanc-manger, 405
Crême légere frite, *ibid.*
Crême veloutée en rocher, 406
Différentes crêmes au bain-marie, 407
Crême de ris souflée, 408
Crême au naturel, 409
Crême croquante, *ibid.*
Crême au vin d'Espagne, 410
Crême à l'écarlatte, *ibid.*
Crême à la Moutier, 411
Crême froide au ris, 412
Crême de ris au bouillon, *ibid.*
Crême à la nompareille, 413
Crême de Verdun, *ibid.*
Crême à la Vestale, 414
Crême Françoise, *ibid.*
Crême couverte, 415
Omelette à la Princesse, 416
Omelette glacée au ris, 418

DES METS.

Omelette à la Bechamel, 418
Omelette au four au blond de veau, 420
Omelette au fumet, 423
Oeufs au falpicon, *ibid.*
Oeufs au petit lard, fauce au verjus, 425
Oeufs au citron, 426
Oeufs aux gobelets, 427
Oeufs en coque fans façon, *ibid.*
Oeufs au miroir aux afperges, 428
Oeufs en filets glacés, 431
Oeufs à la Royale, *ibid.*
Oeufs au fumet, 438
Oeufs à la liaifon au verjus de grain, 439
Oeufs à la Conti, 440

Table pour ordonnner des repas en maigre.

DES POTAGES.

POTAGE au potiron, 20
Potage à la Reine aux oignons, 21
Potage à la Provençale aux choux, 22
Potage au lait meringué, 24
Potage aux oeufs, 25

Potage aux filets de racines à la Julienne, 26
Potage au Parmesan, 28
Potage à l'Italienne au coulis de lentilles, *ibid.*
Potage à la purée de navets, 29
Potage à la Julienne Italienne aux lentilles, 30
Potage de croûtes de plusieurs façons, 7
Potage de bisque, 9
Potage de semouille, 17
Potage à la Turque, *ibid.*
Potage au ris à la Reine, & autres façons, *ibid.*

DES HORS-D'OEUVRES.

Toutes sortes de petits pâtés, 343 *jusqu'à* 348
Oignons à l'étuvée, 303
Haricots blancs au Maître d'Hôtel, 301
Haricots fricassés,
Lentilles.
Beurre de Bretagne.
Raves & Radix.
Melons.
Figues.

Huitres crues.
Oeufs frais à la coque.

Omelette en paupiettes,	417
Omelette à l'oseille,	*ibid.*
Omelette à la Bechamel,	418
Omelette aux croûtons,	419
Omelette en pannade,	420
Omelette en rôties aux filets d'anchois,	421
Omelette à la Flamande,	422
Oeufs à la Prussiene,	424
Oeufs pochés à la chapelure,	*ibid.*
Oeufs aux anchois glacés de Parmesan,	426
Oeufs à la crême,	429
Oeufs à la mie de pain,	430
Oeufs en Redingotte,	*ibid.*
Oeufs à la Genevoise,	432
Oeufs à la crême au Parmesan,	433
Oeufs à plusieurs verts,	*ibid.*
Oeufs aux fines herbes,	434
Oeufs au four,	*ibid.*
Oeufs en filets aux oignons,	436
Oeufs en caisses au Parmesan,	437
Oeufs à l'étuvée,	439
Oeufs à la moutarde,	440
Oeufs à la Villeroy,	441
Saumon en hatelet,	484

Saumon salé & fumé de différentes façons,	485
Harangs frais,	511
Harangs salés & sorés,	*ibid.*
Soles de différentes façons,	529

Toutes sortes de petites Entrées de filets de poissons se peuvent servir pour Hors-d'œuvre.

DES ENTRÉES.

Toutes sortes de pâtés de poissons,	352
Toutes sortes de tourtes de poissons,	354
Oignons à l'étuvée,	303
Petits pâtés dressés aux œufs,	348
Carpe au naturel,	443
Carpe à la Provençale,	*ibid.*
Carpe farcie à la Sainte-Menehould,	444
Carpe à l'Angloise,	445
Etuvée à la Flamande,	446
Pains de carpe à la sauce à la carpe,	*ibid.*
Filets de carpe aux fines herbes,	447
Carpe à la Tartare,	450
Perches dans leur sauce,	451
Perches grillées,	452

Perches à la sauce au Vertpré,	452
Perches à l'étuvée,	453
Perches de plusieurs façons,	454
Truite à l'Espagnole,	455
Truite au gros sel,	456
Filets de truites à la chapelure,	457
Truites au Vertpré.	458
Truites au four lardées d'anchois,	459
Tanches aux fines herbes,	460
Tanches frites en ragoût,	461
Tanches en Matelotte au blanc,	ibid.
Tanches pannées à la sauce hachée,	462
Tanches à la Bourgeoise,	463
Brochet au persil,	465
Brochet en Dauphin,	ibid.
Gros brochet à la broche,	466
Brochet à la Tartare,	467
Paupiettes de brochet,	469
Brochetons grillés à la ravigotte,	470
Lottes à différentes sauces,	471
Lottes à l'étuvée,	ibid.
Lottes à la Bourgeoise,	472
Lamproye à l'étuvée,	474
Lamproye aux champignons,	475
Filets de lamproye aux oignons,	476
Anguille à la sauce hachée,	477
Anguille aux croûtons,	ibid.
Anguille en bignets,	479

Anguille diversifiée,	481
Saumon farci,	483
Saumon à différentes sauces & ragoûts,	*ibid.*
Saumon en bresoles,	485
Saumon salé & fumé de différentes façons,	*ibid.*
Esturgeon à la Bourgeoise,	488
Esturgeon mariné & panné,	489
Esturgeon aux croûtons,	*ibid.*
Esturgeon de différentes façons,	490
Du Thon,	491
Turbot, Barbue, & Turbotin au consommé,	493
Turbot, Barbue, & Turbotin à la Sainte-Menehould,	494
Turbot diversifié,	495
Carlet, limande, plie, flet diversifié,	497
Raye à l'étuvée glacée de Parmesan,	499
Raye à la chapelure de pain,	500
Raye à la sauce à la raye,	501
Raye à la Minime,	*ibid.*
Raye diversifiée,	502
Alose de différentes façons,	504
Morue à la Sainte-Menehould,	506
Filets à la sauce à la morue,	507
Morue à la Bourgeoise,	*ibid.*

DES METS.

Queuë de moruë farcie à la Bourgeoife,	507
Morue marinée,	509
Morue à la mie de pain,	ibid.
Merluche à la sauce à la merluche,	510
Maquereau de plusieurs façons,	513
Maquereau frit,	514
Maquereau en paupiettes,	516
Maquereau au persil,	ibid.
Maquereau en papillottes,	517
Vives sur le gril à différentes sauces & ragoûts,	518
Vives farcies au four,	519
Vives aux anchois en papillottes,	520
Eperlans de différentes façons,	521
Eperlans grillés,	522
Eperlans au fenouil,	523
Eperlans à l'échalotte,	ibid.
Merlans de différentes façons,	524
Merlans au four,	525
Merlans roulés,	526
Merlans marinés,	ibid.
Macreuse de différentes façons,	527
Etuvée de macreuse aux navets,	528
Soles de différentes façons,	529
Soles au restaurant,	530
Soles au four,	531
Soles marinées & pannées,	532

f

Sole au beurre, 532
Rougets de différentes façons, 533

ROT MAIGRE.

Toutes sortes de poissons au bleu & au courtbouillon.
Toutes sortes de poissons frits.

DES ENTREMETS.

Ris meringué, 294
Ris marbré, *ibid.*
Ris au saffran, 295
Petits pois au naturel, 298
Petites féves à la Macedoine, 299
Haricots verts à la Flamande, 301
Poireaux en bignets, 305
Différens Entremets de laitues, 306
Asperges, 307
Asperges en petits pois, 428
Artichaux aux oignons, 308
Salade d'artichaux, 309
Culs d'artichaux en filets frits, 311
Artichaux à la braise, sauce Italienne à l'échalotte, *ibid.*
Artichaux au fromage, 312
Artichaux au cerfeuil, 313
Artichaux à la Piémontoise, *ibid.*

Artichaux à la poulette au verjus de grains,	314
Artichaux au four,	315
Culs d'artichaux au persinet,	ibid.
Artichaux à la Gascogne,	317
Artichaux à la Barigoult,	ibid.
Artichaux en pâte,	318
Entremets de choufleurs,	ibid.
Champignons au vin de Champagne,	322
Champignons aux croûtons en salade,	ibid.
Champignons aux filets de racines,	323
Morilles aux fines herbes,	324
Morilles grillées,	325
Truffes à la minute,	328
Truffes au naturel,	329
Epinards,	52
Gâteaux au ris,	341
Fleurons,	ibid.
Petits gâteaux au fromage,	342
Pâte au lait,	343
Tourtes de fruits,	355
Tourtes de crême,	356
Tourtes de massepains,	357
Tourtes à la glace,	358
Petits choux de confitures,	359
Gâteau à l'anis de Verdun,	360

Gâteau de Savoye,	362
Biscuits de différentes façons,	*ibid.*
Flans de deux façons,	363
Darioles,	364
Ramequins de deux façons,	365
Gâteaux au zephir,	366
Gâteaux à la Duchesse,	*ibid.*
Gâteaux à la Dauphine,	367
Différentes sortes de gâteaux sucrés,	*ibid.*
Gâteau à la Brie,	371
Gâteau à l'huile,	*ibid.*
Semelle glacée,	372
Différentes tartelettes,	373
Rôties de pâtes d'amandes,	*ibid.*
Rôties à l'Italienne,	374
Rôties de différentes légumes,	375
Rôties aux fines herbes,	377
Rôties meringuées,	*ibid.*
Rôties à la ravigotte,	379
Bignets de fraises,	380
Bignets de pistaches ou d'amandes,	*ibid.*
Bignets de différentes confitures,	381
Bignets printaniers,	*ibid.*
Bignets découpés,	382
Bignets de fruits,	383
Bignets à la Suisse,	384
Bignets de pâte,	*ibid.*

Bignets en couronne,	385
Bignets en pannade,	ibid.
Pommes en croix de Chevalier,	386
Pommes en surprise,	ibid.
Pommes en surtout,	387
Pain à la crême,	ibid.
Pain à la Bourgeoise,	388
Rissoles de différentes façons,	ibid.
Ecrevisses à la Provençale,	390
Ecrevisses aux fines herbes,	391
Ecrevisses grillées,	392
Ecrevisses à la Hollandoise,	ibid.
Ecrevisses sans façon,	393
Fromage à l'écarlatte,	ibid.
Ecrevisses pannées à la ravigotte,	395
Ecrevisses de différentes façons,	ibid.
Huitres aux fines herbes au four,	398
Huitres chaudes au naturel,	399
Huitres marinées,	ibid.
Huitres dans leurs sauces aux croûtons,	ibid.
Huitres farcies dans leurs coquilles,	400
Moules à la Hollandoise,	401
Moules aux fines herbes,	402
Différens menus droits,	ibid.
Crême légere frite,	405
Crême veloutée en rocher,	406
Différentes crêmes au bain-marie,	407

Crême de ris souflée,	408
Crême au naturel,	409
Crême croquante,	ibid.
Crême au vin d'Espagne,	410
Crême à l'écarlatte,	ibid.
Crême froide au ris,	412
Crême à la nompareille,	413
Crême de Verdun,	ibid.
Crême à la Vestale,	414
Crême Françoise,	ibid.
Crême couverte,	415
Omelette à la Princesse,	416
Omelette glacée au ris,	418
Omelette à la Bechamel,	ibid.
Omelette aux croûtons,	419
Omelette en pannade,	420
Omelette en rôties aux filets d'anchois,	421
Oeufs à la Prussienne,	424
Oeufs pochés à la chapelure,	ibid.
Oeufs au citron,	426
Oeufs aux anchois glacés de Parmesan,	ibid.
Oeufs au miroir aux asperges,	428
Oeufs à la crême,	429
Oeufs à la mie de pain,	430
Oeufs en filets glacés,	431
Oeufs à la Genevoise,	432
Oeufs à la crême au Parmesan,	433

DES METS. lxxj

Oeufs à plusieurs verts,	433
Oeufs aux fines herbes,	434
Oeufs au four,	ibid.
Oeufs masqués,	435
Oeufs en filets aux oignons,	436
Oeufs à la Reine,	ibid.
Oeufs en caisses au Parmesan,	437
Oeufs à la Gascogne,	438
Oeufs à la moutarde,	440
Oeufs à la Conti,	ibid.
Oeufs à la Villeroy,	441

SUITE DES QUATRE SAISONS.

LE *Printems* nous fournit la marée comme en Hyver; & pour nouveauté nous avons, l'alose de Seine & de Loire, l'esturgeon, la truite de mer, de riviere & de ruisseau, le saumon de Seine & de Loire, le maquereau, l'écrevisse, la lotte. En Avril & May le reste du poisson d'eau douce n'est pas bon, parce qu'il fraye.

En légumes & herbages.

Les mousserons & morilles, les asperges, les chiroüis, les scorsonaire & sarsifix, les cardes de poirée, les épinards, les petites raves, la laituë, l'oseille, cerfeuil, la bonne-dame; sur la fin du Printems les petits pois, les artichaux, les concombres.

L'Eté nous avons:

La truite, la perche, la carpe, il y a peu de bon poisson de mer, excepté la morue nouvelle de Terre neuve.

En légumes & herbages.

Les artichaux, les petits pois quarrés, les haricots verts, les féves de marais, les choufleurs, les concombres, la chicorée, toutes fortes de laituës pommée & romaine, les fournitures de falade.

L'Automne & l'Hyver.

En poiffon de mer nous avons le faumon, l'efturgeon, le turbot, la barbue, le carlet, la limande, la plie, le flet, la raye, la moruë fraiche, le cabiliot, le harang, la vive, les éperlans, le merlan, la fole, le rouget, la macreufe, les fardines, la tortue, les huitres, les moules, le homar, les crabes, la morue falée, la merluche, la lamproye.

En poiffons d'eau douce.

Les écreviffes, la carpe, la braime, la perche, la truite, la tanche, la tortue, le brochet, la lotte ou barbotte, la lamproye, l'anguille.

lxxiv SUITE DES QUATRE SAISONS.

En légumes & herbages.

Les truffes, les cardons d'Espagne, les choufleurs, les artichaux d'Automne, les épinards, les oignons, les choux de toutes especes, le celery, le poireau, les racines, les navets, les chicorées, & toutes sortes de petites herbes, les champignons de couche en toutes Saisons.

MENUS
Pour les quatre Saisons.

Diné de Printems servi à sept.

PREMIER SERVICE.

Une piéce de bœuf à la Sainte-Menehould, pour le milieu,
Un potage d'issus d'agneau à la Reine.
Un potage de Julienne aux filets de racines nouvelles.

Quatre Hors-d'œuvres.

Un de palais de bœuf roulé.
Un de caissons de cervelle de veau.
Un de saucisses à la moutarde au gratin.
Un de filets de volaille à la crême.

DEUXIÈME SERVICE.

Deux Entrées pour relever les potages.

Une d'un pâté chaud de cuisses de poularde.
Une d'un gigot de mouton au ris de veau.

TROISIÈME SERVICE.

Trois plats de Rôt. Deux Salades. Deux Sauces.

Un d'un quartier d'agneau.
Un de deux poulets à la Reine.
Un de deux petits lapreaux.
Une sauce à l'agneau.
Une sauce bachique.
Deux salades.

QUATRIÈME SERVICE.
Sept Entremets.

Un d'une Tourte de cerises.
Un d'épinards au jus.
Un d'asperges.
Un de crême au naturel.
Un de morilles.

POUR LES QUATRE SAISONS. lxxvij

Un d'écrevisses masquées.
Un de bignets de fraises.

Soupé de Printems servi à neuf.

PREMIER SERVICE.

UN quartier de veau de riviere, pour le milieu.

Quatre Entrées.

Une de filets de bœuf à l'estoufade.
Une de crépinettes de cotelettes de mouton.
Une de quartier d'agneau au Venitien.
Une de deux poulets à la minute au Vertpré.

Quatre Hors-d'œuvres.

Un de petits patés à la Reine.
Un de rissoles de fraises de veau.
Un de pieds de mouton en canellons.
Un de paupiettes de langue de bœufs.

DEUXIE'ME SERVICE.

Un pâté froid pour le milieu.

Quatre plats de Rôt.

Un d'une poularde nouvelle.
Un de levreau.
Un de petits pigeons.
Un d'un dindoneau.
Quatre salades.
Deux sauces.

TROISIE'ME SERVICE.

Neuf Entremets.

Le pâté restant pour le milieu.
Un de mousserons.
Un d'artichaux.
Un d'œufs au salpicon.
Un d'écrevisses grillées.
Un de crême à la nompareille.
Un de petits choux de confiture.
Un de rôties de pâte d'amandes.
Un de bignets printaniers.

Diné d'Eté servi à sept.

PREMIER SERVICE.

Une piéce de bœuf au naturel, pour le milieu.
Un potage au ris garni d'une poularde.
Un potage de croûtes à la purée verte nouvelle.

Quatre Hors-d'œuvres.

Un de queuë de veau à la remoulade.
Un de langues de mouton en filets.
Un de quenelles de poularde.
Un de palais de bœuf en bignets.

DEUXIE'ME SERVICE.

Deux Entrées pour relever les potages.

Une d'un dindoneau à la poële.
Une de pigeons accompagnés de grenadins.

TROISIE'ME SERVICE.

Rôt & Entremets.

Un gâteau à l'anis de Verdun, pour le milieu.

Deux plats de Rôt.

Un de ramereaux.
Un d'un coq vierge.

Quatre Entremets chauds.

Un de petits pois.
Un d'artichaux jumeaux.
Un d'une crême Françoise.
Un de bignets de pêches.
Deux salades.

Soupé d'Eté servi à neuf.

PREMIER SERVICE.

Un aloyau à la braise, pour le milieu.

Quatre Entrées.

Une de cotelettes de veau en surtout.
Une d'une poularde à la Toulouse.
Une de grenadins de canard glacés.
Une d'une tourte de lapreaux.

Quatre Hors-d'œuvres.

Un de pieds de mouton à l'Italienne.
Un de petits pâtés de champignons.
Un de savattes de veau.
Un de langue de bœuf aux fines herbes.

DEUXIE'ME SERVICE.

Pour le milieu un gâteau de mille-feuilles.

TROISIE'ME SERVICE.

Rôt & Entremets.

Un gâteau à l'anis de Verdun, pour le milieu.

Deux plats de Rôt.

Un de ramereaux.
Un d'un coq vierge.

Quatre Entremets chauds.

Un de petits pois.
Un d'artichaux jumeaux.
Un d'une crême Françoise.
Un de bignets de pêches.
Deux salades.

Soupé d'Eté servi à neuf.

PREMIER SERVICE.

UN aloyau à la braise, pour le milieu.

Quatre Entrées.

Une de cotelettes de veau en surtout.
Une d'une poularde à la Toulouse.
Une de grenadins de canard glacés.
Une d'une tourte de lapreaux.

Quatre Hors-d'œuvres.

Un de pieds de mouton à l'Italienne.
Un de petits pâtés de champignons,
Un de savattes de veau.
Un de langue de bœuf aux fines herbes.

DEUXIE'ME SERVICE.

Pour le milieu un gâteau de mille-feuilles.

Quatre plats de Rôt.

Un d'un dindoneau gras.
Un de pigeons en cailles.
Un d'un faifan d'eau.
Un de poulets gras.
Quatre falades.
Deux fauces.

TROISIE'ME SERVICE.

Neuf Entremets.

Le gâteau reftant pour le milieu.
Un d'artichaux à la gelée.
Un de petits haricots verts.
Un de choufleurs.
Un d'œufs aux gobelets.
Un de tartelettes de maffepains à la glace.
Un de crême veloutée en rocher.
Un de bignets en couronnes.
Un de ris de veau à la pluche verte.

Diné d'Automne & d'Hyver servi à onze, en maigre.

PREMIER SERVICE.

UN pâté chaud d'anguilles, pour le milieu.

Quatre potages.

Un potage au lait meringué.
Un potage au Parmesan.
Un potage aux filets de racines à la Julienne.
Un potage à l'Italienne au coulis de lentilles.

Six Hors-d'œuvres.

Un de petits pâtés de carpes.
Un de moules à la Hollandoise.
Un d'omelettes en paupiettes.
Un d'œufs frais.
Un d'œufs en caisses au Parmesan.
Un d'œufs pochés à la chapelure.

DEUXIÈME SERVICE.

Quatre Entrées pour relever les quatre potages.

Une de perches à la sauce au Vertpré.
Une de truites à l'Espagnole.
Une d'esturgeon aux croûtons.
Une de raye à l'étuvée.

TROISIÈME SERVICE.

Un gâteau de Compiegne, pour le milieu.

Pour les deux bouts.

Un de ramequins.
Un gâteau au zephir.

Quatre plats de Rôt.

Un de saumon au courtbouillon.
Un d'une carpe au bleu.
Un de soles frites.
Un de vives frites.
Quatre salades.

QUATRIE'ME SERVICE.

Huit Entremets chauds pour relever les quatre plats de Rôt, & les quatre salades.

Un de truffes au four.
Un de choufleurs au beurre.
Un d'écrevisses à la Provençale.
Un d'huitres farcies dans leurs coquilles.
Un de champignons aux filets de racines.
Un de rôties meringuées.
Un de pommes en surprise.
Un de crême croquante.

Soupé d'Automne & d'Hyver servi à neuf, en maigre.

PREMIER SERVICE.

UN gros brochet à la broche à la sauce au brochet, pour le milieu.

Quatre Entrées.

Une de saumon en ragoût.
Une d'une queuë de morue farcie à la Bourgeoise.
Une d'anguille en bignets.
Une de raye à la sauce à la raye.

Quatre Hors-d'œuvres.

Un de petits pâtés dressés aux œufs.
Un d'œufs aux anchois glacés de Parmesan.
Un d'œufs en Redingotte.
Un d'œufs aux fines herbes.

DEUXIÈME SERVICE.

Pour le milieu & les deux bouts.

Un buisson d'écrevisses.
Un de tartelettes.
Un de petits bonnets de Turquie.

Deux plats de Rôt.

Un d'un turbot au courtbouillon.
Un de grosses lottes frites.
Quatre salades.

TROISIÈME SERVICE.

Six Entremets pour relever les deux plats de Rôt & les quatre salades.

Un de truffes au naturel.
Un d'épinards.
Un de champignons au vin de Champagne.
Un de rôties aux fines herbes.
Un de pommes en croix de Chevalier.
Un d'un pain à la crême.

Diné d'Automne & d'Hyver servi à sept, en gras.

PREMIER SERVICE.

Une Ouille à la Fonbonne, pour le milieu.

Quatre Hors-d'œuvres.

Un de saucisses aux truffes.
Un de palais de bœuf au cingara.
Un de pieds d'agneau au gratin aux petits oignons.
Un de bresoles de mouton mêlées.

Deux Entrées.

Une de beccasses à la sauce à la beccasse.
Une d'aîlerons de dindons à l'étuvée.

DEUXIE'ME

POUR LES QUATRE SAISONS. lxxxix

DEUXIE'ME SERVICE.

Relever l'Ouille d'une piéce de bœuf.

TROISIE'ME SERVICE.

*Rôt & Entremets, une salade au milieu;
Deux plats de rôt.*

Un de pluviers.
Un de chapon de Bruges.

Quatre Entremets.

Un de semelles glacées.
Un de foyes gras en petites caisses.
Un de cardons d'Espagne.
Un de crême de ris souflée.

*Soupé d'Automne & d'Hyver servi
à neuf, en gras.*

PREMIER SERVICE.

UN quartier de mouton à la Sainte-Menehould, pour le milieu.

Quatre Entrées.

Une d'une poularde à la Cardinale.
Une d'un pâté chaud de perdreaux.
Une de pigeons aux oignons en crépines.
Une de tourtereaux à la cendre.

Quatre Hors-d'œuvres.

Un de cervelle de mouton à l'étuvée.
Un de petits grenadins de veau.
Un de cotelettes d'agneau en papillottes.
Un de filets de canards.

DEUXIE'ME SERVICE.

Un jambon à la broche, pour le milieu.

Quatre plats de Rôt.

Un d'une poule de Caux.
Un de beccaſſines.
Un de canard ſauvage.
Un de faiſan.
Quatre ſalades.
Deux ſauces.

TROISIE'ME SERVICE.

Neuf Entremets.

Le jambon reſtant au milieu.
Un d'omelette au fumet.
Un de fromage à l'écarlatte.
Un d'huitres aux fines herbes au four.
Un de truffes à la minute.
Un d'une tourte de confitures.
Un de bignets découpés.
Un de crême au vin d'Eſpagne.
Un de rôties de pâte d'amandes.

Table de vingt-cinq à trente couverts pour le mois de Février, servie à vingt-sept à souper.

PREMIER SERVICE.

Trois plats dormans.

Quatre Ouilles pour les bouts & flancs.

Une au ris aux écrevisses.
Une au blanc à la Reine.
Une aux racines.
Une à la Fonbonne.

Quatre Terrines pour les angles.

Une d'aîlerons à l'étuvée.
Une aux lentilles mêlées.
Une de perdrix aux choux.
Une de cuisses de poulardes en hauchepot.

Seize Entrées ou Hors-d'œuvres.

Un de petits pâtés de champignons.
Un de filets de faisan à l'Italienne.

POUR LES QUATRE SAISONS. xciij

Un de riſſoles de palais de bœuf.
Un de crépines de foyes gras.
Un de poulets à la ſauce à la raye.
Un de pigeons aux truffes.
Un de cervelle, ſauce à la Mantoue.
Un de filets de poularde à l'Angloiſe.
Un de balotine de perdreaux.
Un de cotelettes d'agneau au gratin.
Un de filets d'oiſeau de riviere à la rocambole.
Un de filets de liévre à la Flamande.
Un d'eſcalopes de lapreaux.
Un de quenelles de poularde.
Un de ris de veau à la Dauphine.
Un d'oreilles d'agneau, ſauce bachique à la ravigotte.

SECOND SERVICE.

Relever les quatre Ouilles.

Un quartier de veau de riviere.
Un rôt de bif de mouton.
Un quartier de chevreuil.
Une dinde graſſe.

TROISIE'ME SERVICE.

Rot.

Quatre grands plats de Rôt.

Un d'une hure de faumon.
Un d'une carpe au bleu.
Un de rôt de bif d'agneau piqué.
Un de marcaffin.

Huit petits plats.

Un de perdreaux rouges.
Un de poulets à la Reine.
Un d'oifeau de riviere.
Un de pigeons bardés en cailles.
Un de beccaffines.
Un d'une campine.
Un de pluviers.
Un de deux pigeons Romains.

Huit falades.

Quatre piéces de pâtifferie pour relever les terrines.

Un gâteau de liévre.
Une galantine.

POUR LES QUATRE SAISONS. xcv

Une croquante en caramel.
Un gâteau à l'anis de Verdun.

QUATRIE'ME SERVICE.

ENTREMETS.

Huit grosses piéces pour les bouts, flancs & angles.

Les quatre précédentes restent pour les angles.

Un d'un pâté de perdrix aux truffes.
Un de langues de Châlons.
Deux buissons d'écrevisses.

Seize Entremets.

Deux de truffes.
Deux de pieds de cochon de Châlons.
Un de cardes à la moële.
Un d'œufs à la Bechamel.
Un de cresson aux épinards.
Un de crêtes à la Sainte-Menehould.
Un de hatelets de foyes à la Sainte-Menehould.
Un de rôties aux anchois.
Un de rôties au salpicon.
Un de petites omelettes roulées.

Un de ris d'agneau en animelles.
Un de petits pots de crême au lait d'amandes.
Un d'œufs en pots d'Espagne dans les petits pots.
Un d'animelles de mouton.

CINQUIEME SERVICE.

Seize assiettes de petite pâtisserie pour relever les seize Entremets.

Deux de semelles glacées.
Deux de tartelettes.
Deux de petits bonnets de turban.
Deux de gâteaux au zephir.
Deux de rôties de pâte d'amandes.
Deux de petites Jacobines.
Deux de timbales à l'anis.
Deux de petits choux de confitures.

LA SCIENCE

DU

MAÎTRE D'HÔTEL,

CUISINIER,

Avec des Observations sur la connoissance & les proprietés des Alimens.

Différentes sortes de Coulis.

OUR faire le coulis ordi-   Blond
naire, que l'on appelle de veau.
blond de veau, vous foncez
une casserole de zestes de
lard, jambon, morceaux de ruelle
de veau, tranches d'oignons, carottes,

A

panais; faites suer avec attention pendant une demie heure à petit feu, vous le pousserez après à plus grand feu jusqu'à ce qu'il soit prêt à s'attacher; ôtez-en la viande que vous mettez sur un plat, remettez sur le feu la casserole avec son caramel, de la farine & du beurre, que vous remuez jusqu'à ce que la farine soit colorée, mouillez avec du bouillon & du jus; si le coulis n'a point assez de couleur, remettez la viande dedans, faites bouillir pendant une heure à petit feu, dégraissez souvent. Quand la viande est cuite, passez le sans expression à l'étamine, ce coulis doit être d'un beau blond, sans être trop clair ni trop lié.

Gibier & poisson. Si vous voulez faire un coulis de perdrix, de bécasses, de lapins, de carpes, de brochets, celui que vous voudrez; vous le coupez par morceaux, que vous faites suer dans une casserole, avec zestes de lard, de racines, jambon, oignons; étant prêt à former une glace, vous mouillez avec un verre de vin de Champagne, du bon bouillon, du blond de veau, faites bouillir à petit feu jusqu'à ce que la viande soit cuite, dégraissez, passez au tamis.

Le coulis blanc ou à la Reine; pour Blanc. le faire, vous foncez une casserole de veau, jambon, racines, oignons; faites suer de même jusqu'à ce qu'il soit prêt à s'attacher, sans avoir de la couleur, mouillez avec du bouillon qui ne soit point coloré, faites bouillir jusqu'à ce que la viande soit cuite, passez-le au tamis; vous mettrez dans le bouillon une mie de pain molet, quelques amandes douces, un peu de coriandre, quatre ou cinq jaunes d'œufs durs, le tout pilé avec du blanc de volaille cuite; délayez ce que vous avez pilé avec le bouillon, que vous passez à l'étamine bien blanche; mettez-y un peu de crême pour éclaircir le coulis, s'il est trop épais; pour vous en servir, vous le ferez chauffer sans qu'il bouille.

Le coulis d'écrevisses; vous faites Ecrevisses. suer tranche de veau, jambon, oignons, carottes, panais; étant prêt de s'attacher, mouillez avec bon bouillon, faites cuire à petit feu, passez après au tamis; vous avez des écrevisses que vous faites bouillir un moment dans l'eau, épluchez-en les coquilles que vous faites secher & bien piler, délayez-les avec le bouillon, passez-les à force deux fois à l'étamine. Si le coulis étoit trop clair, vous y pouvez mettre une croute de pain molet chapelé ; quand vous voudrez vous en servir, vous le ferez chauffer sans qu'il bouille.

Coulis maigre. En maigre, vous le ferez de même; à la place de viandes, vous vous servirez de poissons & bouillon maigre.

Légumes Le coulis de lentilles, coulis de pois, coulis de navets, celui que vous voudrez faire; vous ferez suer veau & jambon, comme à celui d'écrevisses ; le bouillon étant passé, si c'est un coulis de pois, vous ferez cuire un litron de gros pois verds avec bon bouillon, passez-les en purée bien épaisse à l'étamine, délayez après cette purée avec le coulis clair que vous avez tiré. Si c'est des pois secs, en les faisant cuire, mettez-y quelques queues de ciboules, un peu de sariette. Le coulis aux lentilles, vous ferez cuire des lentilles à la Reine, que vous passerez aussi en purée & finirez de même. Le coulis de navets, vous les coupez en morceaux, passez-les dans du saindoux pour les colorer, faites-les cuire avec bon bouillon ; quand ils font cuits, paffez-les en purée, finiffez comme les autres.

Les coulis d'haricots & de marons se font de même.

Tous ces coulis doivent être beaucoup plus clairs pour des potages que pour des sauces, vous mettrez plus ou moins de viande suivant la quantité que vous en voulez faire.

Du Sel.

Il y en a de plusieurs especes dont les usages sont différens. Le Sel commun est le seul qu'on employe dans les alimens. Il y en a de deux sortes : Le brun & le blanc. Le premier se forme ordinairement de l'eau de la mer qu'on laiffe évaporer aux rayons du soleil; au lieu que l'autre se tire des eaux salées des puits, des fontaines, ou même de la mer qu'on fait évaporer sur le feu dans des chaudieres. Ce dernier est plus net & plus blanc que le premier, mais il est moins piquant, & a moins de force. Le sel reveille l'appétit, & aide à la digestion : Mais il faut l'employer avec beaucoup de prudence. L'excès en est très-nuisible à la santé: Personne n'ignore qu'il releve le goût des viandes, & les garantit de la corruption.

DES POTAGES EN GRAS.

Potages d'issus d'Agneau de différentes façons.

En gras. PRENEZ un issu d'Agneau, qui comprend la tête, les pieds, le foye, le mou, faites-le dégorger deux heures dans de l'eau tiéde, après vous le ferez blanchir un moment dans l'eau bouillante, retirez-le à l'eau fraîche, faites-le cuire avec bouillon ou de l'eau, délayez avec de la farine plein une cuilliere à bouche, assaisonnez de sel, poivre, un bouquet de persil, ciboules, une gousse d'ail, deux cloux de gérofle, racines, oignons, un peu de beurre, la moitié d'un citron la peau ôtée, ou du verjus en grain; pour que l'issu soit blanc, mitonnez après le potage avec bon bouillon, servez la tête dans le milieu, la cervelle découverte, un cordon sur le bord avec le restant de l'issu. Si vous le servez au blanc, le potage étant mitonné avec un bon bouillon, vous mettrez dessus un coulis à la Reine, garnissez de même. Si vous le mettez au coulis vert, vous ferez cuire un morceau de petit lard avec l'issu, que vous entremêlez dans la garniture avec l'issu, servez avec un coulis de pois verts.

Potages de croûtes de plusieurs façons.

Si vous voulez faire un potage de croûtes à la Bourgeoise, vous prendrez les croûtes comme pour un autre potage, mettez-les dans le plat que vous devez servir, avec bon bouillon, faites mitonner & réduire en gratin, ôtez-en la graisse, mettez dessus un bouillon coloré d'un bon sel. Si vous le voulez changer, à la place de bouillon, servez dessus coulis de perdrix, coulis à la purée de navets, coulis à la purée de pois, coulis de lentilles, coulis à la Reine, pour ce dernier il ne faut pas que les croûtes soient colorées dans le plat, ce sera le coulis que vous servirez qui donnera le nom

En gras & en maigre.

aux croûtes; les croûtes au fromage de Gruyere ou de Parmesan se font de même, en mettant du fromage avec le pain, de bon bouillon sans sel; pour que les croûtes soient mieux, prenez un pain rond à potage, coupez-le en deux, ôtez-en la mie, que vous mettez dans le fond du plat, les deux moitiés entieres dessus, faites mitonner comme les précedentes, en les arrosant de tems en tems, avec du bouillon gras du plat; pour la bonne mine, empêchez qu'elles ne tombent en mitonnant, servez dessus le coulis que vous voudrez.

Potage de Bisque en gras & en maigre.

gras. Le potage de bisque se fait, en prenant quatre cailles ou pigeons, que vous troussez, les pattes en-dedans, faites-les cuire dans une braise blanche, avec bardes de lard, la moitié d'un citron en tranches pour les tenir blancs, bon bouillon, un bouquet de persil, ciboules, deux clous de gérofle, un peu de muscade, des champignons, crêtes, culs d'artichaux cuits à moitié dans l'eau; le tout étant cuit, vous avez six ris de veau, que vous faites cuire & glacer comme un fricandeau; prenez le plat que vous devez servir, mitonnez le potage comme les croûtes à la Bourgeoise, avec un excellent bouillon, garnissez le bord du plat avec les culs d'artichaux, coupez en deux les ris de veau glacés dans le milieu, avec les pigeons ou cailles, les champignons, les crêtes; laissez encore migeoter un demi quart d'heure le potage, servez dessus un bon consommé de bouillon d'un sel très-doux.

En maigre, vous faites un bon coulis d'écrevisses, *voyez page 3*. Vous gardez des écrevisses entieres suffisamment pour garnir le plat que vous voulez servir, faites-les cuire avec bon bouillon, des laitances de carpes, des champignons; étant cuites, mitonnez le potage dans le plat que vous devez servir, avec bon bouillon que vous faites réduire en gratin, faites un cordon d'écrevisses sur le bord du plat, au milieu les laitances & champignons, mettez dessus le bouillon où vous avez fait cuire les écrevisses, faites-le réduire sur le feu jusqu'à ce que le potage soit à sec, en servant mettez dessus un coulis d'écrevisses.

En maigre.

Des Epices.

On comprend ordinairement fous le nom *d'épices* plusieurs aromates qui nous viennent de l'Orient. Nous allons parler de quelques-uns.

Le poivre excite l'appétit, chasse les vents, fortifie l'estomac, & appaise la colique. Nous en avons de deux sortes, le noir & le blanc, celui-ci est moins âcre, moins piquant, & moins pésant que le premier, & il doit lui être préferé dans l'assaisonnement des viandes, parce qu'il convient mieux à l'estomac. Il a une superficie égale & unie, au lieu que celle du noir est ridée & inégale. Il faut l'employer sagement, parce qu'il échauffe beaucoup, ce qui fait que s'il est bon pour les Pituiteux & les Phlegmatiques, il est nuisible aux Sanguins & aux Bilieux, qui n'en font pas un usage moderé.

Le gérofle auquel sa figure a fait aussi donner le nom de clou de gérofle, croît sur un arbre des Indes. Outre qu'il fortifie l'estomac, la Médecine en fait usage dans l'apoplexie, la paralysie, les défaillances & d'autres maux.

Le plus noir, le plus péſant, & le plus caſſant, dont l'odeur & la ſaveur ſont plus piquantes, eſt le meilleur. Outre un ſel volatile, il renferme une huile dont on s'apperçoit en le preſſant avec l'ongle. Son uſage immoderé échauffe beaucoup.

La canelle eſt la ſeconde écorce ſéchée au ſoleil d'un arbriſſeau qui croît dans les Indes Orientales. Il nous en vient de l'Iſle de Ceylan, des Philippines & du Malabar. Celle de Ceylan eſt beaucoup meilleure que l'autre. Il faut choiſir celle qui eſt la plus mince & la plus haute en couleur. L'autre eſpece de canelle eſt plus épaiſſe, ſa couleur eſt plus foncée, mais elle eſt moins agréable au goût & moins aromatique. Elle excite une ſalive gluante quand on la mâche, & c'eſt à quoi on la connoît, la canelle a beaucoup d'eſprits volatiles qui la rendent propre aux maux de tête, à ranimer le ſang, à fortifier l'eſtomac, & à chaſſer les vents. Elle eſt d'un grand uſage dans les alimens; mais comme elle échauffe, il en faut uſer modérement.

Noix Muscade & Macis.

La muscade est le fruit d'un arbre qui croît en abondance en Asie dans l'Isle de Banda. C'est une espece de noyau ou d'amande couverte de deux enveloppes. La premiere est épaisse & charnuë à peu près comme celle de nos noix. La seconde est mince & couvre en forme de reseau la noix muscade. C'est cette seconde envelope qu'on appelle macis, qui a les mêmes proprietés, & même à un plus haut point, que la noix muscade. Ce fruit est cordial, stomachique, & bon pour le cours de ventre & les vents. On le place aussi au rang des Céphaliques, c'est-à-dire, des médicamens propres aux maux de tête. Celui qui est recent, gras, pésant, d'une couleur grisâtre en dehors, roussâtre & marbrée en dedans, est meilleur que celui qui est vieux, noir & sec. Son goût piquant & aromatique contribuë beaucoup à l'assaisonnement des viandes; mais comme il échauffe, c'est avec modération qu'il faut en user.

Le gingembre est une racine de

couleur rougeâtre en dehors, & blanche en dedans qu'on nous apporte des Antilles. On ne l'employe qu'après en avoir ôté la premiere écorce. Comme cette racine contient un sel un peu âcre, il en est qui ne veulent point en faire usage dans la cuisine, ni la mêler avec les autres épices. Elle est néanmoins apéritive, bonne contre les vents, la colique, & aide à la digestion.

La coriandre est une plante assez commune. Sa graine ou sa semence dont on fait usage, doit être blanchâtre, séche, quoique recente, & d'un goût fort & agréable. Elle est chaude, un peu purgative, & fortifie l'estomac. Elle a à peu près les mêmes vertus que l'anis, & assez souvent on substitue l'une à l'autre.

Les épices peuvent s'employer séparément, ou mêlées ensemble. On prend, par exemple, un gros de muscade, un gros de macis, un gros de gérofle, une pincée de coriandre, un peu de gingembre, une once de canelle, un peu de basilic, thin & laurier. On s'en sert pour les pâtés, les entremets de viande froide, & plusieurs autres choses.

On fait aussi une poudre à tous mets avec des champignons, des truffes, des mousserons, autant de l'un que de l'autre, que l'on fait sécher au four après que le pain est tiré. Ensuite on jette le tout dans un mortier, on le pile bien, on le passe ensuite au tamis, & on le serre dans une boëte bien fermée pour s'en servir dans le besoin.

Bisque de Gascogne, ou Potage de Garbure.

En gras. Mettez dans une marmite un combien de jambon lavé & ratissé, du petit lard blanchi & ficellé, un morceau de tranche de bœuf; faites rissoler le tout dans la marmite sur un fourneau, mouillez après avec du bouillon, faites cuire à petit feu; à la moitié de la cuisson, mettez-y deux cuisses d'oye, des choux verts que vous aurez fait blanchir, une mignonette qui veut dire un bouquet, où vous mettez une moitié de muscade, gingembre, trois cloux de gérofle, deux gousses d'ail; la viande étant cuite, le bouillon peu salé, mettez des croûtes de pain bis dans le plat que vous devez servir, mouillez de ce bouillon, que vous faites mitonner & gratiner comme les potages aux croûtes, dressez dans le milieu le combien de jambon, les cuisses d'oye à côté, le petit lard entre, & tout autour les choux, remettez du bouillon, servez-le potage un peu épais; vous pouvez faire des garbures avec d'autres légumes, quand vous n'avez point de choux, la façon est toujours de même.

Potage aux Marons au coulis de Perdrix.

Prenez un cent de marons que vous épluchez de la premiere peau, mettez-les sur une tourtiere entre deux feux pour ôter la seconde, faites-les cuire avec de bon bouillon gras; étant cuits gardez-en les plus beaux pour faire un cordon sur le bord du plat, pilez ceux qui sont cassés dans le mortier avec une perdrix cuite à la broche & froide, passez ce coulis à l'étamine avec un bon restaurant de bouillon; mitonnez le potage à l'ordinaire, une garniture de marons, dressez le potage, le coulis de perdrix dessus.

En gras.

Des Chataignes & Marons.

Les chataignes sont les fruits des maronniers qui viennent sans culture, au lieu que les marons sont produits par des arbres cultivés: aussi sont-ils plus gros & d'un meilleur goût que les chataignes. Les meilleurs qu'on voye à Paris viennent des environs de Lyon, du Vivarés, & de Limoge. Ce fruit est nourrissant, mais lourd, & difficile à digérer. Quelquefois il resserre & donne des vents. Il est plus sain bouilli qu'autrement. Je n'approuverois pas la méthode de ceux qui font cuire les marons sur la flamme dans des poëles percées. Car outre que la fumée qui s'y attache leur donne un mauvais goût, elle empêche l'évaporation de la viscosité qui les rend nuisibles à l'estomac. Ainsi, si l'on ne juge pas à propos de les manger bouillis, il faut les faire cuire dans la braise ou les cendres chaudes. Mais de quelque maniere qu'on les mange, que ce soit avec sobrieté.

Potage de Semouille.

La femouille se fait cuire, comme le ris, avec bon bouillon & du jus ; & quand elle est bien renflée, c'est une marque qu'elle est cuite. Pour être bonne, il faut qu'elle n'ait aucune odeur, d'un jaune clair & bien séche, c'est une espece de pâte qui nous vient d'Italie. *En gras & en maigre.*

Potage à la Turque.

Faites mitonner un potage à l'ordinaire avec bon bouillon, faites un cordon autour du plat avec la légume que vous voudrez, dressez le potage dans le plat que vous devez servir, mettez-y dessus du Parmesan rapé, il faut que le bouillon soit doux à cause que le Parmesan est salé. *En gras & en maigre.*

Potage au ris, à la Reine, & autres façons.

Prenez du ris, suivant le plat que vous voulez faire, épluchez-le & lavez trois ou quatre fois à l'eau tiéde, *En gras.*

B

faites-le cuire avec bon bouillon gras, remuez de tems en tems pour qu'il ne foit point en grumelot; étant cuit & de bon goût, mettez-y un coulis à la Reine, *voyez page 3*, faites attention que le potage ne foit pas épais. Si vous voulez le changer, à la place de coulis à la Reine, mettez-y du jus de veau jufqu'à ce qu'il foit d'un beau blond; vous pouvez auffi le mettre à la Hollandoife, c'eft la même façon. A cette différence que vous fervez une poularde au milieu, & jettez deffus du perfil blanchi haché.

En maigre. En maigre, vous faites cuire le ris avec bon bouillon maigre, un gros morceau de bon beurre, il faut le colorer avec jus d'oignons, fi vous voulez le diverfifier; étant cuit & prêt à fervir, mettez-y un coulis de pois verts, coulis de lentilles, ou coulis blanc. Si vous n'avez point de coulis blanc, mettez-y une liaifon de jaunes d'œufs avec de la crême, que vous ferez lier avant que de la mettre dedans, il faut que tous ces coulis foient bien clairs, parce qu'ils épaiffiroient trop le ris.

Ouille à la Fonbonne.

En gras. Foncez une marmite de tranches de bœuf, gigot de mouton, une vieille perdrix, faites rissoler sur un fourneau, mouillez après avec bouillon, ou de l'eau bouillante, mettez-y une mignonette de persil, ciboules, la moitié d'une muscade, un peu de gros poivre, gingembre, canelle, coriandre, cloux de gérofle, une gousse d'ail; à moitié de la cuisson, mettez-y toutes sortes de légumes blanchies, comme poireaux, oignons, carottes, panais, celery, navets, un litron de pois dans un linge. Quand ils seront cuits, vous les passerez en purée, que vous mettrez dans une petite marmite avec des feüilles d'oseille, de laituë, filets de racines, de celery, poireaux; le tout étant cuit, mitonnez le potage avec le bouillon de l'ouille, servez dans un pot à ouille avec la purée & filets de légumes.

Des Carottes & Panais.

Je joins ces deux plantes, parce

qu'elles ont à peu près les mêmes qualités. Elles sont bonnes pour l'estomac & la poitrine, surtout lorsqu'elles sont bien cuites, faute de quoi elles ne se digérent pas aisément. Elles sont apéritives, chassent les vents & le gravier des reins, surtout la carotte, dont la meilleure est celle qui est longue, charnuë, jaune, ou d'un blanc pâle, tendre & d'un goût doux & agréable. La Médecine employe les feüilles de ces plantes, dont la racine est seule d'usage en cuisine. Elle entre dans les ragoûts, dans les bouillons, & sert à garnir des potages.

POTAGES. MAIGRES.

Potage au Potiron.

En maigre.
FAITES cuire du potiron coupé en dez, avec de l'eau & du beurre, étant cuit & l'eau réduite à sec, mettez-y du lait suffisamment avec un morceau de sucre & un peu de sel, faites-le bouillir & le retirez dans le moment; prenez le plat que vous devez servir, arrangez dessus du pain tranché, mouillez avec

du lait de potiron pour le faire tremper, tenez-le sur de la cendre chaude sans qu'il bouille; en servant mettez-y le restant du bouillon.

Des Potirons ou Citrouilles.

La Citrouille, ou Potiron est assez connuë. Il faut choisir celles qui ont une chair ferme, compacte, rougeâtre ou blanchâtre. Elles sont rafraichissantes, & propres à adoucir l'âcreté du sang. La semence de Citrouille est une des quatre semences froides. Comme ce fruit excite des vents, & engendre des humeurs grossieres, ce qui le rend nuisible à l'estomac, il en faut faire un usage modéré.

Potage à la Reine, aux oignons.

Faites un bon corps de bouillon maigre avec toutes sortes de légumes & racines, une eau de pois; étant cuit, passé, & tiré au clair, prenez des petits oignons blancs ce qu'il en faut pour garnir le plat, coupez un peu la tête & la queuë pour les faire blanchir un demi quart d'heure, épluchez, faites

En maigre.

cuire avec du bouillon, beurre & sel ; étant cuits, mitonnez le potage avec le bouillon de légumes, garnissez avec les oignons bien blancs le bord du plat, dressez dedans le potage à court-bouillon, mettez-y dessus un coulis à la Reine. Pour faire ce coulis, prenez un morceau de brochet cuit, une mie de pain desseché dans du bouillon, six jaunes d'œufs durs, pilez le tout ensemble, & délayez avec de la crême, passez à l'étamine, assaisonnez légerement ; pour vous en servir, faites chauffer au bain-marie pour empêcher qu'il ne tourne ; vous pouvez aussi le faire chauffer dans une casserole sur le fourneau, en le remuant jusqu'à ce qu'il soit chaud, ne le risquez point prêt à bouillir.

Potage à la Provençale aux Choux.

En maigre. Faites cuire dans une marmite toutes sortes de légumes, un demi litron de pois, une mignonette, un chou blanchi coupé en quatre & ficelé, avec de l'eau & un verre d'huile ; les légumes étant cuites, le bouillon salé à propos, passez-le au clair, mitonnez le potage avec, servez garni de choux.

Des Choux.

Il y a plusieurs especes de choux qui sont assez connuës. On met le chou au rang des plantes pectorales; mais le chou pommé blanc n'est pas bon pour les estomacs foibles, surtout en bouillon maigre. Il produit beaucoup de phlegme & d'humeurs mélancoliques. On préfere le chou rouge aux autres especes pour les pulmoniques; le chou rave qui est de la grosseur d'une grosse pomme, est fort estimé. Il ne pousse point de feüilles, & veut être mangé jeune. Les tiges des choux qu'on laisse en terre, après en avoir coupé les têtes, produisent des rejettons, nommés brocolis, qui se mangent ordinairement en Carême en entremets, ou à la purée. Il faut en lever la premiere peau, comme aux montans de laituë romaine, sans ôter la petite graine, s'il y en a. On les mange à l'huile, comme les asperges, après les avoir fait cuire dans l'eau. En général le chou doit être bien cuit, autrement il donne des rapports, & se digére difficilement.

Potage au lait meringué.

En mai-gre. Prenez six œufs, mettez les jaunes dans une casserole & les blancs dans une terrine, foüettez les blancs, mettez-y du sucre fin, formez-en un cordon bien uni sur le bord du plat que vous devez servir, remettez pardessus du sucre fin, arrangez dans le milieu des tranches de pain molet, faites cuire la meringue dans un four, que la chaleur en soit très-douce; étant cuite, le pain séché, faites bouillir du lait avec du sucre, prenez-en la moitié que vous délayez avec les six jaunes d'œufs, que vous faites lier sur le feu, en les remuant avec une grande cuilliere; quand ils commencent à se lier, retirez-les promptement pour qu'ils ne tournent pas, servez le lait avec la liaison sur le pain tranché.

Du Lait.

Il y en a autant d'especes différentes, qu'il y a d'especes d'animaux qui en portent. Le lait de vache est celui dont la cuisine fait le plus d'usage. Sa bonté varie

varie selon les saisons & la qualité des herbages. Il faut qu'il soit nouvellement tiré, blanc, d'une bonne odeur, sans aigreur, sans amertume, & d'une consistance médiocre. Il fournit une nourriture aisée à digérer, propre à adoucir l'âcreté du sang, à modérer les douleurs de la goutte, & les ardeurs d'urine. Mais les billieux, ceux qui abondent en humeurs acides, & qui craignent les obstructions doivent s'en abstenir.

Potage aux Oeufs.

Faites un bon bouillon maigre avec légumes & pois; étant fini & passé au clair, prenez une concombre que vous coupez en filets, passez-les sur le feu avec des herbes à la Julienne & du beurre, mouillez avec du bouillon, faites cuire & mitonner le potage avec; faites une liaison de six jaunes d'œufs avec du bouillon, que vous faites lier sur le feu, en le remuant avec une grande cuilliere, servez sur le potage que vous garnissez avec un cordon de croûtons passés au beurre, & des œufs pochés à l'eau.

En maigre.

C

Potage aux filets de racines à la Julienne.

En maigre. Prenez deux carottes, un panais, un pied de celery, que vous coupez en petits filets, de l'oseille, laituë, cerfeuil, feuilles de pourpier, de la poirée de la bonne-dame; lavez toutes ces herbes que vous pressez sans les hacher, passez-les sur le feu dans une petite marmite avec les filets de racines & du beurre, mouillez avec bon bouillon maigre, une purée de pois claire, faites cuire, assaisonnez de sel, mitonnez le potage avec ce bouillon, servez.

En gras. Si vous le faites en gras, vous prendrez les mêmes herbes & filets de racines, que vous ferez cuire sans les passer, avec bon bouillon & jus de veau.

De la Poirée & de l'Oseille.

Il y a deux especes de poirée, la blanche & la rouge. Celle-ci se subdivise en deux autres. La premiere a les feuilles semblables à celle de la poirée blanche, excepté qu'elles sont rougeâtres. On ne fait usage dans les alimens que des feuilles de ces deux especes. L'autre espece s'appelle bete-rave, a les feuilles encore plus rouges & plus petites, & une racine longue & d'un rouge foncé, qui est la seule dont on fasse usage. Ces plantes sont apéritives, purifient le sang, & chassent les obstructions, mais elles lâchent un peu le ventre, & se digérent un peu difficilement. Les feuilles de la poirée mêlées avec celles de l'oseille modérent l'acide de celle-ci.

Il y a l'oseille cultivée & la sauvage. Les feuilles de celles-ci sont plus petites & plus acides que les feuilles de la cultivée, & sont plus d'usage dans les médicamens que dans les alimens. Quoiqu'il y ait aussi plusieurs especes d'oseilles cultivées, elles ont les mêmes vertus. Elles sont apéritives & rafraichissantes, leur acide tempere l'ardeur de la bile. Elles sont très-bonnes pour les Scorbutiques. L'usage immoderé peut nuire à l'estomac, parce que leur sel acide peut l'incommoder en le picotant trop fortement. Aussi les faut-il choisir tendres, sans être trop aigres.

Potage au Parmesan.

En maigre. Foncez le plat que vous devez servir de Parmesan rapé, une couche de pain tranché dessus, faites trois couches de cette façon l'une sur l'autre, mouillez de bon bouillon maigre fait avec toutes sortes de légumes & une purée de pois claire, peu de sel, un bon morceau de beurre, faites mitonner jusqu'à ce qu'il soit gratiné; en servant mettez-y du bouillon, que le potage soit un peu épais.

Potage à l'Italienne au coulis de lentilles.

En maigre. Mettez dans une marmite oignons, carottes, panais, choux, navets, celery, poireaux, racines de persil, un demi litron de pois, faites cuire le tout avec de l'eau; faites aussi cuire dans une autre marmite un demi litron de lentilles avec de l'eau & un demi verre d'huile, un peu de sel; étant cuites, passez-les en purée à l'étamine, & les mouillez avec le bouillon de légumes, mitonnez le potage avec le bouillon passé au clair, un peu d'huile & d'un bon sel ; garnissez le plat avec des croûtons passés à l'huile, dressez le potage un peu épais, le coulis de lentilles dessus.

Potage à la purée de Navets.

Prenez des navets suivant le potage que vous voulez faire, appropriez-en la moitié pour faire un cordon au plat; & l'autre moitié coupée simplement ; faites-les cuire un quart d'heure dans l'eau, rachevez-les de cuire avec bon bouillon maigre, jus d'oignons, du beurre, un peu de sel ; étant cuits, prenez ceux qui sont appropriés pour faire la garniture du potage, les autres passez-les en purée un peu claire de la couleur d'un blond de veau, mitonnez le potage avec un bon bouillon, dressez dans le plat, le coulis de navets dessus. *En maigre.*

Le potage en gras se fait de la même façon, avec bouillon & jus de veau. *En gras.*

Des Navets & des Raves.

Le navet cultivé est le seul qu'on employe en cuisine. Il est bon pour la poitrine & pour les Astmatiques. Il faut préférer celui qui est médiocrement gros, charnu, tendre, d'un goût agréable, quoique piquant, & de couleur blanche. Celui de Freneuse, quoique très-petit, est le plus estimé. Le gros navet, que l'on appelle rave en quelques Provinces, a les mêmes vertus, il a même une saveur plus douce. Sa racine est longue & plate pour l'ordinaire, de la figure à peu près des gros oignons plats, mais il en est de différente grosseur.

Le raifort est ce qu'on appelle rave à Paris. C'est une racine apéritive, & propre à chasser le sable & gravier des reins, mais elle est un peu indigeste, & engendre des vents. Il faut choisir celle qui est tendre, médiocrement grosse, d'un goût piquant & agréable.

Potage à la Julienne-Italienne aux Lentilles.

En maigre. Faites cuire un litron de lentilles avec de l'eau, un peu d'huile, deux oignons, carottes, un panais, un bouquet de fines herbes, ail, gérofle, un peu de sariette, un paquet fait d'un peu de poireaux, celery, une racine de persil ; les lentilles étant cuites à grand bouillon, ôtez les légumes, passez le bouillon au clair, les lentilles en purée, prenez des herbes à Julienne que vous passez avec de l'huile, mouillez avec le bouillon de lentilles ; étant cuites, mettez-y le coulis de lentilles, faites mitonner le potage avec, servez-le un peu clair & d'un bon sel.

Des Lentilles.

Il y en a de deux sortes : Celles à la Reine sont petites & ne sont d'usage que pour les coulis. Les lentilles ordinaires les plus grosses sont les plus estimées, il faut les choisir d'un beau blond, bien nourries, & faciles à cuire. Elles nourrissent médiocrement, & sont assez faciles à digérer. Elles tempérent l'ardeur du sang, & resserrent, surtout quand on les mange entieres, ce qu'il ne faut jamais faire qu'elles ne soient bien cuites. La purée resserre aussi un peu ; mais on prétend que, comme cet aliment épaissit beaucoup le sang & produit des humeurs grossieres, l'usage trop fréquent peut être suivi de mauvais effets.

DU BOEUF.

LA qualité de la chair de bœuf varie beaucoup, ſelon la diverſité des Païs & des pâturages. Il faut le choiſir d'une chair rouge foncé, & bien couvert. Il nous en vient d'excellens de Normandie, du Cotentin, d'Auvergne, & d'autres Païs; les parties du bœuf qui ſervent en cuiſine, ſont la langue, le palais, la cervelle, le gras-double, la graiſſe. La cuiſſe contient la culotte, la queuë, l'aloyau avec ſon filet, le cimier, la tranche, le gîte à la noix, la moëlle, la piéce ronde, le trumeau. Après la cuiſſe nous avons les charbonnées & flanchets, la poitrine & tendons, le gros-bout, les entre-côtes & le palleron.

Il y a des parties dans le bœuf qui ſe conſervent mieux que les autres. La graiſſe, le gras-double, le palais, la cervelle doivent être employées très-fraiches. Les morceaux les plus eſtimés ſont la culotte, l'aloyau & ſon filet. La chair de bœuf eſt très-nourriſſante, & fournit un aliment ſolide pour les gens d'exercice. Les autres en doivent user modérement, parce qu'elle est un peu difficile à digérer, & produit un sang épais.

Palais de bœuf en fricassée au blanc.

Epluchez trois palais de bœuf cuits à l'eau, ôtez-en la peau & le noir, coupez en quatre morceaux égaux, passez-les sur le feu avec du beurre, des champignons, un bouquet de persil, ciboules, une gousse d'ail, deux clous de gérofle, une tranche de jambon, mettez-y une pincée de farine, mouillez avec du bouillon, un verre de vin blanc, un peu de sel & gros poivre; faites cuire jusqu'à ce qu'il n'y ait presque plus de sauce, mettez-y une liaison de trois jaunes d'œufs avec de la crême, faites lier sur le feu, en servant un filet de verjus. Hors-d'œuvres

Palais de bœuf grillés.

Epluchez des palais de bœuf cuits à l'eau, coupez chacun en deux, rachevez de faire cuire avec un morceau de beurre manié de farine, du lait, sel, poivre, persil, ciboules, ail, échalottes, Hors-d'œuvre.

un oignon en tranches, remuez sur le feu jusqu'à ce qu'il bouille; mettez-y les palais de bœuf cuire une demie heure à petit feu, vous les retirez pour les panner avec de la mie de pain; faites griller à petit feu, en les arrosant avec un peu d'huile, servez avec une sauce bachique ravigotte que vous trouverez à l'article des sauces.

Palais de bœuf marinés.

Hors-d'œuvre. Faites une marinade avec un morceau de beurre manié de farine, un peu d'eau, sel, poivre, vinaigre, ail, échalottes, rocamboles, trois cloux de gérofle, persil, ciboules; faites-la tiédir, en la remuant sur le feu, mettez-y trois palais de bœuf coupés en deux & bien épluchés, laissez mariner deux heures, mettez-les égouter & farinez-les, faites frire de belle couleur, servez garnis de persil frit.

Palais de bœuf en crépine.

Hors-d'œuvre. Faites prendre goût dans une braise trois palais de bœuf cuits à l'eau & bien épluchés, retirez-les pour couper chacun en deux, & chaque moitié en deux tranches, que vous arrondissez avec un coupe-pâte à petit pâté, mettez sur chaque morceau un peu de farce, un peu de salpicon cuit sans sauce, ou des petits morceaux de foyes de volaille mêlés avec les rognures des palais de bœuf, le tout coupé en dez, recouvrez avec de la farce & un morceau de palais de bœuf, comme le dessous, enveloppez de crépine, trempez le dessus dans de l'œuf battu, pannez de mie de pain, arrangez-les sur une tourtiere, faites cuire au four ; étant de belle couleur, mettez-les essuyer de leur graisse sur un linge blanc, servez avec une sauce legere de bon goût.

Palais de bœuf roulés.

Epluchez trois palais de bœuf cuits à l'eau, faites leur prendre goût & bouillir un quart d'heure dans une braise blanche faite avec bouillon, sel, poivre, bardes de lard, la moitié d'un citron en tranches la peau ôtée, un bouquet de fines herbes, ail, échalottes ; mettez égouter, coupez-les

Hors-d'œuvre.

en deux, & chaque moitié en deux tranches minces dans leur longueur & largeur; mettez sur chaque de la farce de volaille bien assaisonnée, roulez-les & soudez avec de l'œuf battu, trempez-les dans une pâte faite avec de la farine, une cuillerée d'huile, sel, délayez avec du vin blanc, que cette pâte soit consistante sans être trop épaisse, faites frire de belle couleur.

Palais de bœuf en bignets.

Hors-d'œuvre. Faites prendre goût dans une bonne braise pendant une demie heure, trois palais de bœuf cuits à l'eau & bien épluchés; coupez après en rond de grandeur d'une petite piéce, trempez dans une pâte comme la précédente, faites-les frire de belle couleur, servez.

Palais de bœuf au cingara.

Hors-d'œuvre. Faites prendre goût dans une braise très-douce, trois palais de bœuf cuits à l'eau & bien épluchés, coupez après chacun en trois morceaux égaux, faites suer six tranches de jambon coupées minces dans une casserole sur de la cendre chaude; étant cuites & un peu gratinées, dreſſez les palais de bœuf dans le plat que vous devez ſervir, les tranches de jambon deſſus; vous mettrez dans la caſſerole au jambon un peu de blond de veau, deux cuillerées de bouillon, un filet de vinaigre, de l'échalotte hachée, détachez ce qui tient à la caſſerole, faites bouillir un inſtant, ſervez ſur les palais de bœuf.

Langue de bœuf aux fines herbes.

Coupez en tranches très-minces une langue de bœuf cuite à la broche ou à la braiſe; prenez le plat que vous devez ſervir, mettez dans le fond un peu de bouillon, un filet de vinaigre, capres, anchois, perſil, ciboules, échalottes, un peu de cerfeuil, le tout haché très-fin, ſel, gros poivre, de la chapelure de pain, arrangez deſſus les tranches de langue, aſſaiſonnez le deſſus, comme vous avez fait deſſous, & finiſſez par la chapelure de pain; mettez le plat ſur un fourneau à petit feu, faites bouillir juſqu'à ce qu'il ſe faſſe un gratin au fond du plat, en ſervant mettez-y un peu de bouillon. Hors-d'œuvre.

Hauchepot de langue de bœuf.

Entrée. Faites cuire à moitié dans l'eau, ou dans la marmite du commun une langue de bœuf, ôtez-en la peau, coupez la langue en six morceaux, que vous mettez dans une petite marmite avec un morceau de petit lard blanchi coupé en tranches tenant à la coüene & ficelé, toutes sortes de légumes coupés proprement & blanchis, comme carottes, panais, celery, oignons, un bouquet de fines herbes, cloux de gérofle, une gousse d'ail, mouillez de bon bouillon, un verre de vin blanc, un peu de sel, gros poivre, faites cuire à petit feu; étant cuit, dressez le tout proprement dans le plat que vous devez servir, ou dans une terrine, passez la sauce au tamis, dégraissez-la, mettez-y un peu de blond de veau, faites réduire au point d'une sauce, servez sur la langue & légumes.

Paupiettes de langue de bœuf.

Hors-d'œuvre. Faites cuire aux trois quarts une langue de bœuf avec du bouillon, peu de sel, un bouquet, deux oignons, deux racines, mettez après refroidir quand vous aurez ôté la peau; étant froide, coupez-la en tranches minces dans sa longueur & largeur, mettez sur chaque tranche une bonne farce de veau, ou de volaille, unissez avec de l'œuf battu, roulez-les de la grosseur d'un petit pigeon, enveloppez de bardes de lard, faites cuire à la broche enveloppées de papier; étant cuites, pannez avec de la mie de pain, faites prendre belle couleur, servez dessous une sauce relevée, que vous trouverez dans l'article des sauces.

Cervelle de bœuf marinée.

Faites une marinade comme celle des palais de bœuf marinés, *page* 34, mettez dedans une cervelle de bœuf dégorgée à l'eau tiéde, coupez par tranches épaisses d'un demi doigt, faites mariner deux heures, mettez égouter & farinez, faites frire, servez garni de persil frit.

Hors-d'œuvre.

Queuë de bœuf en remoulade.

Hors-d'œuvre. Coupez une queuë de bœuf par morceaux longs de trois doigts, faites-la cuire dans une bonne braise bien assaisonnée, mettez réfroidir, trempez dans de l'œuf battu, pannez de mie de pain, trempez après dans de l'huile, & repannez de mie de pain, faites griller de belle couleur, en l'arrosant avec un peu d'huile; servez à sec une remoulade dans une sauciere; délayez dans une casserole persil, ciboules, une pointe d'ail, échalottes, capres, anchois, le tout haché, sel, gros poivre, un peu de moutarde, huile & vinaigre.

Vous pouvez la servir grillée avec une sauce à ravigote.

De la Moutarde, ou Senevé.

La moutarde, tant la cultivée que la sauvage, est une plante apéritive, antiscorbutique & stomacale. Sa semence est la seule dont on fasse usage en cuisine, on en fait une espece de pâte liquide dont le goût piquant excite l'appétit, & releve la saveur des alimens.

alimens. Outre qu'elle facilite la digestion, elle est singulierement bonne pour les personnes scorbutiques & vaporeuses. Il n'y a que l'excès surtout aux jeunes gens qui puisse être pernicieux.

Grillade de rognon de bœuf.

Coupez en deux tranches un rognon de bœuf, que vous mettez dans une casserole, avec un morceau de beurre, persil, ciboules, ail, échalottes, rocamboles, le tout haché, sel, gros poivre; faites rissoler à petit feu une demie heure, pannez ensuite & l'arrosez avec le beurre de sa cuisson, faites griller de belle couleur, servez avec une sauce piquante claire. *Hors-d'œuvre.*

Gras-double à la ravigote.

Ratissez des morceaux de gras-double, gras, bien épais & cuits à l'eau avec tranches d'oignons, ail, cloux de gérofle; mettez-les après mariner avec de l'huile, sel, poivre, ail, échalottes, persil, ciboules, le tout haché, pannez avec de la mie de pain; faites *Hors-d'œuvre.*

D

les griller, en les arrosant du restant de la marinade, servez avec une sauce au jus de ravigote, que vous trouverez dans l'article des sauces.

Gras-double à la sauce à la raye.

Hors-d'œuvre. Prenez du gras-double cuit à l'eau, qu'il soit gras & bien épais, faites-le encore cuire dans une bonne braise bien assaisonnée pour lui faire prendre du goût, mettez-le égouter & essuyer de sa graisse, dressez-le dans le plat que vous devez servir, mettez dessus une sauce à la raye, que vous ferez en prenant deux foyes de volaille, que vous faites cuire un moment dans l'eau, pilez-les dans un mortier avec persil, ciboules, échalottes, rocamboles, délayez avec un peu de vinaigre, deux cuillerées de bouillon, sel, gros poivre, mettez le tout dans une casserole avec un pain de beurre manié de farine, faites lier sur le feu, servez-vous de cette sauce pour sauce piquante.

Filets de bœuf à l'estoufade.

Entrée. Lardez un filet d'aloyau avec lardons de lard, filet d'anchois, passez-le dans une casserole avec deux cuillerées d'huile, persil, ciboules, champignons, échalottes, le tout haché ; foncez une casserole de quelques tranches de veau blanchi un instant, mettez dessus le filet de bœuf avec tout l'assaisonnement qui vous a servi à le passer, couvrez de bardes de lard & d'une feuille de papier, faites cuire sur de la cendre chaude ; à moitié de sa cuisson, mettez-y un peu de vin blanc. Quand il est cuit, servez avec le fond de sa sauce bien dégraissée, que vous passez au tamis, un peu de blond de veau, & un jus de citron.

Filets d'aloyau à la sauce d'aloyau.

Prenez un filet de bœuf entier, lardez-le de lard, & le faites cuire dans une braise ; mettez dans une casserole un morceau de beurre, persil, ciboules, champignons, rocamboles, le tout haché, un peu de thin, laurier, basilic en poudre, passez sur le feu, mouillez de blond de veau, sinon une pincée de farine avec du jus, du bouillon, un verre de vin blanc, capres, *Entrée.*

anchois hachés; faites bouillir un quart d'heure, dégraissez, servez, assaisonnez de sel, gros poivre sur le filet.

Hors-d'œuvre. Vous pouvez vous servir d'un reste de filet cuit à la broche, ou à la braise que vous émincez; mettez-le chauffer dans la sauce sans qu'il bouille, servez.

Filet de bœuf à différentes légumes & sauces.

Entrée. Prenez un filet d'aloyau de la premiere piéce que vous appropriez, lardez-le de lard, & faites cuire à la braise avec bon bouillon, vin blanc, un bouquet garni de toutes sortes de fines herbes, racines, oignons, sel, gros poivre. Quand il est cuit, vous pouvez le servir entier sur un ragoût de légumes, comme ragoût de celery, de concombres, de chicorée, de cardons d'Espagne, de truffes. L'aloyau, vous le servez pour piéce de bœuf, le filet étant ôté. Pour diversifier un filet qui est cuit à la braise, vous le servez avec différentes sauces relevées, sauce à la raye, sauce piquante Italienne, sauce bachique à la ravigote, sauce aux cornichons & citrons verts. Il se fert en fricandeau, vous le piquez de petit lard, faites blanchir un instant, & cuire avec bon bouillon, un bouquet; la cuisson faite, retirez-le, pour réduire le bouillon en glace; pour ne point casser le lard, prenez quelques plumes de volaille attachées ensemble bien lavées, que vous trempez dans la glace pour la mettre également sur le lard, mettez un peu de bouillon & blond de veau dans la casserole pour détacher ce qui reste, faites chauffer, en servant jus de citron.

Toutes sortes de viandes en fricandeaux se font de la même façon; le filet cuit à la broche qui a servi sur table, il faut l'émincer, & le servir avec les mêmes ragoûts de légumes & sauces.

Hors-d'œuvre.

DU VEAU.

LE veau de six semaines ou de deux mois est le plus estimé. Plus petit, il n'a ni goût ni saveur; plus gros, il n'est pas si délicat. Il faut qu'il tete encore, parce qu'alors sa chair & ses autres parties sont tendres, délicates & faciles à digérer ; au lieu que lorsqu'il ne tete plus, ses parties deviennent plus compactes & plus séches, & par conséquent se digérent plus difficilement. Celles qui sont d'usage en cuisine sont la tête en entier, ou séparément, la cervelle, la langue, les oreilles, les yeux ; ensuite la fraize, le cœur & le mout, le foye, les pieds, les boyaux, la toile, les amourettes, le quasi, la queuë, la poitrine, le tendon, le quarré, le filet, le collet, le rognon, le ris, le jarret, la rouelle, le cuissau, la longe, l'épaule.

Le bon veau nous vient de Pontoise, de Roüen, de Caën, de Montargis, & des environs de Paris. Les issus ne se gardent pas, & il faut les employer le plutôt que l'on peut. Pour que la tête de veau soit blanche, il ne faut pas qu'il ait été assommé. Sa chair donne une bonne nourriture qui rafraichit & humecte ; comme elle lâche un peu, ceux qui ont le cours de ventre doivent s'en abstenir. Le foye est de toutes ses parties la moins salutaire ; la meilleure chair de veau est celle qui est blanche, tendre, & pleine de suc.

Tête de veau marinée.

Appropriez une tête de veau, que vous faites dégorger dans l'eau & blanchir à l'eau bouillante; faites cuire dans une eau blanche, que vous faites avec un peu de farine délayée, assaisonnée de sel, poivre, oignons, racines, elle se fait cuire de cette façon pour la servir au naturel, avec une sauce au vinaigre. Pour la mariner ne la faites cuire qu'aux trois quarts, mettez égouter, prenez-en la langue pour ôter la peau, les bas-joués, la cervelle, coupez la langue par le milieu, faites-la mariner comme les palais de bœuf marinés, *page* 34, finissez de la même façon; vous ne faites cette marinade que pour employer le reste des têtes dont on a pris la cervelle pour faire des entrées.

Hors-d'œuvre.

Tête de veau au four.

Faites cuire une tête de veau au naturel, mettez-la égouter, découvrez la cervelle, ôtez la peau de la langue; foncez une tourtiere de bardes de lard,

Entrée.

dressez la tête dessus, faites une sauce très-liée avec un morceau de beurre, du blond de veau, un filet de vinaigre, sel, gros poivre, trois jaunes d'œufs crus, une pincée de farine, persil, ciboules, ail, échalottes, rocamboles, le tout haché, faites lier sur le feu, mettez-la également sur toute la tête de veau, pannez avec de la mie de pain, arrosez légerement avec de l'huile, faites prendre couleur au four, servez dessous une sauce au jus de ravigote, ou sauce piquante.

Saucisson d'une tête de veau.

Entrée. Faites dégorger dans l'eau une tête de veau avec la peau bien échaudée & blanche, étendez la peau sur la table, coupez la langue en filets, faites une farce avec mie de pain desséchée avec du lait, que vous mettez dans un mortier avec la cervelle, six jaunes d'œufs durs, persil, ciboules, rocamboles, échalottes, le tout haché, sel, poivre, lard rapé, ou tetine de veau blanchie, pilez le tout ensemble, mêlez cette farce avec six jaunes d'œufs crus, mettez-la sur la peau, les filets de la langue

langue entre, unissez avec de l'œuf battu, roulez la peau en forme de saucisson, couvrez de bardes de lard, enveloppez dans une étamine bien serrée & ficellée, faites cuire dans une braise bien assaisonnée, servez avec une sauce piquante.

Queuës de veau de différentes façons.

Faites cuire deux ou trois queuës de veau dans une bonne braise, vous les servez après de la façon que vous voulez, comme à la moutarde, au Parmesan, avec des petits oignons, en terrine avec différentes légumes, au gratin à différentes sauces, comme sauce relevée, à la raye, à la poulette, à l'oseille à la liaison bachique, à la ravigote, ragoût de cornichons, ou le ragoût que vous voudrez. *Entrée.*

Queuës de veau à la remoulade.

Faites cuire trois queuës de veau dans une braise faite avec bouillon, un bouquet de toutes sortes de fines herbes, sel, poivre, du verjus en grain, ou la moitié d'un citron pour les tenir *Hors-d'œuvre.*

blanches, mettez-les égouter & tremper dans de l'œuf battu, pannez de mie de pain, retrempez-les dans de l'huile, & repannez, faites griller de belle couleur, en les arrofant légerement avec de l'huile, fervez une remoulade dans une fauciere. *Voyez p.* 40.

Queuës de veau à la Flamande.

Entrée. Coupez un chou en quatre, que vous faites blanchir un quart d'heure avec deux queuës de veau, un morceau de petit lard coupé en tranches tenant à la couëne, ficellez le lard & le chou que vous mettez cuire avec les queuës, bon bouillon, un bouquet de fines herbes, fel, gros poivre, dreffez fur le plat que vous devez fervir le petit lard fur les choux, fervez deffus une fauce liée de blond de veau avec un pain de beurre.

Veau à l'Efturgeon.

Entrée. Prenez du veau le morceau que vous voulez, comme ruelle, longe, quafi, épaule, lardez le avec du gros lard, affaifonnez de fel, poivre, perfil, ciboules, échalottes hachées, faites cuire avec bon bouillon, un peu de vin blanc; la cuisson faite, dégraissez la sauce que vous passez au tamis, & faites réduire en glace, glacez le dessus du morceau de veau, servez dessous une sauce à l'esturgeon, que vous faites avec un peu de blond de veau, bon bouillon, persil, ciboules, une gousse d'ail, deux échalottes, peu de thin, laurier, basilic, du vinaigre, sel, gros poivre, faites bouillir cette sauce un quart d'heure, passez-la au tamis, & vous en servez.

Ruelle de veau au verjus.

Coupez de la ruelle de veau en petits carrés de l'épaisseur d'un doigt, lardez-les avec des lardons de lard, assaisonnez de fines herbes hachées, sel, fines épices, faites cuire dans leur jus, entre des bardes de lard; la cuisson faite, ôtez les bardes, dégraissez la sauce que vous faites réduire en glace, glacez les morceaux de veau, détachez ce qui reste dans la casserole avec un peu de bouillon, servez-vous de ce bouillon pour faire une liaison avec

Hors-d'œuvre.

trois jaunes d'œufs, un filet de verjus, faites lier sur le feu, servez dessous le veau.

Veau aux épinards.

Entrée. Faites cuire un morceau de veau, comme celui à l'esturgeon, *page 50*, que vous servirez dessus un ragoût d'épinards; faites blanchir des épinards, pressez-les & hachez de deux ou trois coups de couteau, passez-les sur le feu pendant une demie heure avec une tranche de jambon, un morceau de bon beurre, mouillez avec blond de veau, du bouillon; faites cuire jusqu'à ce qu'il n'y ait plus de sauce sans être sec, assaisonnez légerement avec du sel, servez dessous la viande, ôtez le jambon.

Entremets. La même façon sert pour entremets, en mettant des croûtons autour. Ceux en maigre se servent avec de la crême en place de blond de veau.

Des épinards.

Les épinards sont assez connus, il faut les choisir tendres, nouveaux & bien verts. C'est une plante émoliante, propre à adoucir les âcretés de la poitrine, & à appaiser la toux. Il est des personnes à qui elle tient le ventre libre, mais on remarque qu'elle est bonne pour l'estomac de celles qui sont billieuses.

Epaule de veau à la farce glacée de Parmesan.

Desossez une épaule de veau à la reserve du manche, levez-en la peau sans la détacher tout-à-fait, lardez la viande comme du bœuf à la mode, remettez la peau comme elle étoit, ficelez l'épaule que vous faites cuire avec un peu de bouillon, racines, oignons, un bouquet de fines herbes, sel, poivre; la cuisson faite, prenez le plat que vous devez servir, mettez dans le fond un ragoût de farce, l'épaule dessus ; entre la chair & la peau, mettez-y de la farce, de façon qu'il n'y paroisse pas, beurrez le dessus de l'épaule pour le couvrir de Parmesan rapé, faites prendre couleur au four, servez.

Grosse entrée.

Le ragoût se fait avec de l'oseille, laitue, poirée, cerfeuil, pourpier, le tout bien lavé & haché, passez sur le feu avec bon beurre, mouillez de blond de veau, jus & bouillon; la cuisson de l'épaule faite, vous y pouvez mettre de son bouillon; faites cuire & réduire presque à sec & d'un bon sel.

Blanquette couverte d'épaule de veau.

Grosse entrée. Faites cuire à la broche une épaule de veau enveloppée de papier, passez sur le feu des champignons coupés en filets, avec un morceau de beurre, un bouquet de fines herbes, mettez-y une pincée de farine, mouillez de bon bouillon, sel, gros poivre, faites bouillir & réduire; prenez l'épaule cuite, levez-en la peau sans la détacher tout-à-fait, prenez de la chair de l'épaule que vous coupez en filets, mettez-les dans le ragoût de champignons avec une liaison de trois jaunes d'œufs & de la crême, faites lier sur le feu, en finissant jus de citron, servez dessous l'épaule, couvrez avec la peau comme si elle étoit entiere.

Epaule de veau au four à la chapelure.

Grosse entrée. Coupez un peu le manche d'une petite épaule de veau bien blanche, faites-la entrer dans une chaponiere, mettez-y deux verres de bon bouillon, un demi verre de vinaigre blanc, un morceau de beurre, tranches d'oignons, de racines, sel, poivre, un bouquet de fines herbes, cloux de gérofle, une gousse d'ail, couvrez la chaponiere avec son couvercle, bouchez le tour avec une pâte faite de farine & vinaigre, faites cuire trois heures au four; la cuisson faite, dégraissez la sauce, passez au tamis, & faites réduire sur le feu au point d'une sauce, mettez-y une pincée de persil blanchi haché, servez sur l'épaule, jettez dessus de la chapelure de pain fine.

Poitrine de veau en pâte.

Levez les tendons d'une poitrine de veau que vous coupez larges d'un doigt, faites-les blanchir & cuire dans une braise; la cuisson faite & refroidie, trempez-les dans une pâte faite avec farine, une cuillerée d'huile, deux blancs d'œufs fouettés, du sel, délayez avec du vin blanc, faites frire de belle couleur, servez garni de persil frit.

Entrée.

Poitrine de veau à la purée verte, & petit lard.

Entrée. Coupez une poitrine de veau en morceaux larges d'un doigt, faites-les blanchir avec un morceau de petit lard coupé en tranches tenant à la coüene; faites cuire avec un peu de bon bouillon, fel, poivre, un bouquet de fines herbes, racines, oignons; mettez cuire un litron de gros pois verts, avec queues de ciboules, bon bouillon, paffez après en purée claire, mouillez avec un peu de confommé, dreffez les tendons avec le petit lard dans une terrine, le coulis de pois deffus.

Poitrine de veau en marinade.

Entrée. Levez les tendons d'une poitrine de veau que vous coupez de la largeur d'un doigt, faites-les blanchir & cuire dans une marinade, maniez un morceau de beurre avec de la farine, que vous mettez dans une cafferole avec du bouillon, fel, poivre, vinaigre, trois cloux de gérofle, une gouffe d'ail, perfil, ciboules, tranches d'oignons, zestes de carottes & panais ; faites bouillir, mettez-y les tendons, que vous faites cuire à petit feu ; la cuisson faite, mettez refroidir, trempez-les dans du blanc d'œufs battu, pannez de mie de pain, faites frire, servez garni de persil frit.

Hauchepot de poitrine de veau.

Coupez une poitrine de veau par morceaux, que vous faites blanchir avec un morceau de petit lard, navets, carottes, panais, oignons, un pied de celery, faites cuire le tout ensemble avec bon bouillon, un bouquet de persil, ciboules, cloux de gérofle, une gousse d'ail, une feuille de laurier, basilic, sel, poivre ; la cuisson faite, dressez le veau, le petit lard avec les légumes dans une terrine, prenez le fond de la sauce que vous dégraissez, passez au tamis, faites réduire au point d'une sauce, mettez-y un peu de blond de veau, servez à courte sauce dans la terrine. *Entrée.*

Poitrine de veau à la persillade en crepine.

Faites blanchir une poitrine de veau *Entrée.*

que vous appropriez après par les bouts, levez la peau qui est dessus les tendons; mettez-la cuire avec bardes de lard, du bouillon, une tranche de citron, sel, poivre, un bouquet; la cuisson faite, mettez réfroidir, prenez un morceau de beurre que vous mêlez avec persil en feuilles blanchi, un peu de sel, deux jaunes d'œufs que vous étendez sur la poitrine, enveloppez avec une crepine, pannez de mie de pain, faites prendre couleur dessous un couvercle de tourtiere ou au four, dégraissez le fond de la cuisson que vous passez au tamis, mettez-y un peu de blond de veau, une pincée de persil blanchi haché, faites réduire au point d'une sauce, servez dessous la poitrine.

Poitrine de veau aux petits pois.

Entrée. Coupez par morceaux une poitrine de veau que vous faites blanchir, passez-la sur le feu avec un litron de pois fins, un morceau de bon beurre, un bouquet de persil, ciboules, mouillez avec du blond de veau, un peu de jus & du bouillon; la cuisson faite, mettez-y du sel, servez à courte sauce;

si vous n'avez point de blond de veau, mettez-y une bonne pincée de farine & plus de jus ; pour les mettre au blanc vous les passerez de la même façon, singez fort, mouillez avec bouillon qui ne soit point coloré ; la cuisson faite, mettez-y une liaison de trois jaunes d'œufs avec de la crême.

Poitrine de veau farcie de différentes façons.

Prenez une poitrine couverte par- Entrée. tout de sa peau, détachez la peau de la chair jusqu'au bout du tendon, mettez dessus une bonne farce de viande, couvrez la farce avec la peau, cousez tout autour avec une ficelle & une éguille à brider, faites-la blanchir un instant dans de l'eau bouillante, mettez cuire avec bardes de lard, bon bouillon, sel, poivre, un bouquet ; la cuisson faite, prenez le fond de la sauce que vous dégraissez, passez au tamis, mettez-y un peu de blond de veau, faites réduire au point d'une sauce, servez sur la poitrine avec un jus de citron ; étant cuite de cette façon, vous pouvez la servir avec différens ragoûts de légumes. Si vous la faites cuire à la broche, vous la couvrirez de lard & de papier ; servez avec une sauce ou ragoût comme aux truffes, au ris de veau, aux champignons, celui que vous voudrez. Vous la servez de la même façon étant cuite à la braise. La poitrine glacée, après que vous l'avez farcie, faites-la blanchir un instant, piquez le dessus avec du petit lard, mettez cuire avec bon bouillon, un bouquet, glacez & finissez comme un fricandeau.

Cotelettes de veau au petit lard.

Entrée. Coupez des cotelettes un peu minces que vous mettez dans une casserole, avec tranches de petit lard, gros comme une noix de beurre, persil, ciboules, échalottes, le tout haché, gros poivre, très-peu de sel, faites cuire à petit feu, en les retournant de tems en tems ; la cuisson faite, ôtez les cotelettes, mettez dans la casserole un peu de bouillon, un demi verre de vin blanc, faites bouillir un demi quart d'heure, remettez dedans les cotelettes avec trois jaunes d'œufs délayés avec un peu de bouillon, faites lier sur le feu, en servant mettez-y un filet de verjus ou vinaigre blanc.

Cotelettes de veau farcies frites.

Prenez cinq ou six cotelettes que Entrée. vous défossez tout-a-fait, prenez-en la chair que vous hachez avec graisse de bœuf, persil, ciboules, champignons, un peu de rocamboles, le tout haché, sel, poivre, quatre jaunes d'œufs, un peu d'eau-de-vie, pilez le tout ensemble, que la farce soit ferme & bien liée, mettez de cette farce sur la table, formez-la comme une poire, faites un trou dans le milieu pour y mettre du salpicon cuit, froid sans sauce, enveloppez de farce, mettez y un os de cotelettes, unissez avec de l'œuf battu, pannez de mie de pain, faites frire de belle couleur, servez. Le salpicon se fait avec ris de veau blanchi coupé en petits dez, des champignons passez sur le feu avec un peu de beurre, un bouquet, mettez-y une pincée de farine, mouillez de bouillon, un peu de blond de veau, sel, poivre, faites cuire & réduire, qu'il ne reste point de sauce.

Cotelettes de veau frites.

Entrée. Coupez proprement des cotelettes, que vous faites cuire dans leur jus avec un peu de lard fondu & toutes sortes de fines herbes hachées, un peu de vinaigre, sel, poivre; faites réduire la sauce pour la faire tenir après les cotelettes; farinez, faites frire, servez garni de persil frit. Autre façon, ne faites point cuire les cotelettes, mettez-les mariner avec du beurre manié de farine, sel, poivre, persil, ciboules, vinaigre, ail, cloux de gérofle, thin, laurier, basilic, faites mariner trois heures, égouter; farinez, & faites frire, servez garni de persil frit. Les cotelettes cuites dans une braise, vous les trempez dans de l'œuf battu, pannez de mie de pain, faites frire.

Cotelettes de veau en Surtout.

Entrée. Coupez un carré de veau en six cotelettes que vous appropriez, faites-les mariner avec lard rapé, persil, ciboules, champignons, une pointe d'ail, le tout haché, sel, gros poivre, deux jaunes d'œufs crûs, maniez le tout en-semble, mettez chaque côtelette dans un morceau de pâte brisée avec leur assaisonnement, soudez la pâte avec de l'eau & quelques fleurs de lys dans le bas, dorez avec de l'œuf battu, dressez-les sur un plafond la côte droite, faites cuire au four; la cuisson faite, coupez la pâte dans le haut de la cotelette, faites entrer dedans une sauce légere de bon goût avec un jus de citron.

Carré de veau en bœuf à la Royale.

Désossez dessous le filet, un carré de veau, lardez-le de lard manié de fines herbes hachées, sel, fines épices, mettez-le dans une terrine foncée de quelques petites bardes de lard, couvrez de tranches d'oignons, de carottes, panais, un demi poisson d'eau-de-vie, bouchez la terrine, faites cuire à petit feu, servez avec sa sauce chaud ou froid. *Entrée.*

Carré de veau à l'esturgeon.

Appropriez un carré de veau, piquez le dessus du filet avec du menu *Entrée.*

lard, faites mariner deux heures dans une marinade tiéde, comme celle des palais de bœuf marinés, *page* 34, essuyez après avec un linge, faites cuire à la broche enveloppé de papier beurré, servez dessous une sauce relevée que vous trouverez à l'article des sauces.

Fricandeau de veau à l'Autriche.

Entrée. Préparez de la ruelle de veau comme pour des fricandeaux ordinaires, lardez chaque morceau de filets de cornichons & d'anchois, piquez le dessus avec du petit lard, faites blanchir un moment & cuire avec du bouillon sans sel, un bouquet de fines herbes, finissez & glacez comme les autres fricandeaux.

Quasi de veau aux oignons d'Hollande.

Entrée. Lardez un quasi de veau avec du gros lard manié de persil, ciboules hachées, sel, fines épices, prenez six oignons d'Hollande, ou six gros oignons rouges, que vous faites blanchir, lardez-les de gros lard & filets d'anchois, faites-les cuire dans une

marmite

marmite avec le quafi, fur des bardes de lard, un peu d'eau-de-vie, ou un verre de vin blanc, étouffez la marmite pour faire cuire à très petit feu fur de la cendre chaude; la cuiffon faite, dreffez le quafi, les oignons autour, dégraiffez la fauce, mettez-y un peu de blond de veau, paffez au tamis, fervez à courte fauce fur la viande & les oignons.

Noix de veau en paupiettes à la poële.

Coupez deux noix de veau en tranches fort minces de largeur de deux pouces, étendez deffus une bonne farce de volaille cuite ou de rognon de veau, roulez & foudez les bouts avec de l'œuf battu, ficelez & faites cuire dans une cafferole foncée de tranches de veau minces, couvrez de bardes de lard, une moitié de citron en tranches, un bouquet de fines herbes, deux oignons en tranches, carottes, panais, un demi verre de vin blanc, autant de bouillon, fel, gros poivre; faites cuire à petit feu fur de la cendre chaude; la cuiffon faite, paffez la fauce au tamis, dégraiffez, mettez-y un peu de

Hors-d'œuvre.

F

blond de veau, faites réduire au point d'une sauce, servez sur les paupiettes.

Poupeton de veau au ragoût mêlé.

Entrée. Hachez un morceau de ruelle de veau avec graisse de bœuf, persil, ciboules, champignons, mettez-y six œufs les blancs fouettés, sel, poivre, un demi poisson d'eau-de-vie, mêlez le tout ensemble dans le mortier, foncez une poupetonniere de bardes de lard, mettez la farce dessus, faites un trou dans le milieu pour y mettre un ragoût cuit & froid sans sauce, couvrez avec de la farce, unissez avec de l'œuf battu, faites cuire au four, ou sur de la cendre chaude feu dessus & dessous; la cuisson faite, renversez-le doucement sans le rompre, ôtez les bardes, essuyez de sa graisse, servez dessus une sauce claire au blond de veau.

Le ragoût vous le faites avec ris de veau blanchi coupé en quatre, deux culs d'artichaux cuits à moitié dans l'eau coupés en quatre, des champignons, quelques cornichons, un bouquet de fines herbes, que vous mettez dans une casserole avec un morceau de beurre, passez sur le feu, mettez-y un pincée de farine, mouillez avec bouillon, du blond de veau, sel, poivre, faites cuire jusqu'à ce qu'il n'y ait plus de sauce.

Vous pouvez faire des poupetons sans mettre de ragoût dedans, vous les servez de même avec une sauce; ceux aux pois se font sans mettre de ragoût dedans, en place de sauce vous mettez dessus un ragoût de petits pois.

Ruelle de veau en salpicon.

Coupez de la ruelle de veau en quarré de largeur d'un pouce que vous lardez de lard, filets d'anchois & truffes si vous voulez, maniés de fines herbes, échalottes hachées, peu de sel, fines épices; foncez une casserole de bardes de lard, mettez dessus les morceaux de veau, couvrez de bardes de lard, mouillez avec un verre de vin blanc, couvrez avec une feuille de papier & un couvercle de casserole, faites cuire à petit feu sur de la cendre chaude; la cuisson faite, prenez le fond de la sauce que vous dégraissez & passez au tamis, mettez-y un peu de blond

Horsd'œuvre & entrée.

F ij

de veau, un jus de citron, ou un filet de vinaigre blanc, servez sur le veau.

Fricandeau de plusieurs façons.

Entrée. Prenez de la ruelle de veau dans sa largeur épaisse de deux doigts, ou deux noix de veau que vous unissez proprement, piquez tout le dessus de lard fin, faites blanchir un moment à l'eau bouillante, mettez cuire avec bon bouillon, un bouquet de fines herbes; la cuisson faite, passez la sauce au tamis, dégraissez & faites réduire en glace, glacez le fricandeau, détachez ce qui reste dans la casserole avec un peu de bouillon que vous mettez dans le ragoût, que vous servirez dessous; vous pouvez les servir avec ragoût de chicorée, d'épinards, de farce, de petits pois au roux & au blanc, comme vous voudrez; vous faites le ragoût que vous devez servir de même que si vous le vouliez servir pour entremets.

Caisson de cervelle au citron.

Hors-d'œuvre. Faites dégorger dans l'eau deux cervelles de veau, faites-les blanchir un moment à l'eau bouillante, mettez égouter & essuyer, prenez du lard fondu avec persil, ciboules, champignons, échalottes, rocamboles, le tout haché, sel, gros poivre, coupez les cervelles en six morceaux, mettez-les dans cet assaisonnement ; faites six petites caisses de papier que vous frotez avec de l'huile, mettez dans le fond une petite barde de lard, un morceau de cervelle dessus avec son assaisonnement, couvrez d'une barde de lard, faites cuire sur le gril, ayez soin de les retourner, en servant pressez-y un grand jus de citron.

Des Oranges & Citrons.

Il y a deux especes d'oranges, les unes douces & d'un jaune doré, les autres plus petites, ameres, acides, jaunâtres & verdâtres. Elles sont toutes deux d'usage dans les alimens. Il faut les choisir pésantes, pleines de suc, d'une odeur agréable & d'une écorce fine. Les meilleurs nous viennent des Païs chauds. Leur jus, leur fleur, & leur écorce s'employent en cuisine. Le jus est apéritif & excite l'appétit, la fleur est cordiale & céphalique, ou bonne pour les maux de tête. L'écorce est stomacale, surtout celle de l'orange aigre, mais prise avec excès elle échauffe beaucoup.

Le jus de citron reveille aussi l'appétit, est bon pour chasser les sables des reins, & pour tempérer l'ardeur du sang. Mais comme il est un peu froid, il faut en modérer l'usage & la quantité. Son écorce confite ou séche est cordiale & facilite la digestion.

Roties de cervelle de veau au Parmesan à la moutarde.

Hors-d'œuvre. Faites cuire deux cervelles de veau avec du bouillon, la moitié d'un citron en tranches, un bouquet de fines herbes, ail, cloux de gérofle, peu de sel, poivre; la cuisson faite, mettez-les sur des roties de pain passé au beurre, arrosez le dessus avec du beurre délayé avec de la moutarde, pannez moitié mie de pain & moitié Parmesan, dressez sur le plat que vous devez servir, faites prendre couleur au four, ou sous un couvercle de tourtiere, servez le bord du plat netoyé avec une sauce à la moutarde.

Foye de veau à la Mariniere.

Coupez un foye de veau en tranches épaisses, que vous mettez dans une casserole avec un morceau de beurre, sel, gros poivre, faites rissoler dans le beurre. Quand elles sont cuites d'un côté, retournez de l'autre & rachevez de cuire, ôtez-les de la casserole, mettez dedans persil, ciboules, rocamboles, échalottes, capres, le tout haché, un demi septier de vin rouge, faites bouillir un moment, remettez dedans les morceaux de foye, faites chauffer sans qu'il bouille, servez.

Hors-d'œuvre.

Foye de veau à la Hollandoise.

Coupez par tranches un peu minces un foye de veau, que vous mettez dans une casserole avec un morceau de beurre, persil, ciboules, champignons, échalottes, rocamboles, le tout haché, sel, gros poivre, passez sur le feu, mettez-y une pincée de farine, mouillez avec bouillon; la cuisson faite, mettez-y une liaison de trois jaunes d'œufs délayés avec du bouil-

Hors-d'œuvre.

lon & du persil blanchi haché, faites lier sur le feu, en servant grand filet de vinaigre blanc, que le ragoût ait de la pointe.

Foye de veau au Chevreuil.

Hors-d'œuvre. Lardez en travers un foye de veau, piquez le dessus de menu lard, faites-le mariner deux heures dans une marinade, comme celle des palais de bœuf marinés, *pag.* 34. Faites cuire à la broche, servez avec une sauce relevée que vous trouverez à l'article des sauces.

Rissolles de fraize de veau.

Hors-d'œuvre. Faites blanchir une fraize de veau, & cuire dans un blanc de farine, sel, poivre, oignons, carottes, panais; la cuisson faite, mettez égouter & essuyez avec un linge, coupez-la par petits bouquets gros comme le pouce, faites mariner avec sel, poivre, basilic, thin, laurier en poudre, persil, ciboules, ail, échalottes, le tout haché, mettez-y après un filet de vinaigre, un jaune d'œuf, un peu de farine, maniez le tout ensemble, faites frire & servez.

Fraize

Fraize de veau au Parmesan & croûtons.

Faites un petit roux de farine & de beurre, mouillez de bouillon, faites cuire dedans des petits oignons blancs, blanchis un quart d'heure, un peu de sel, poivre ; les oignons cuits, retirez-les, laissez réduire la sauce jusqu'à ce qu'elle soit liée, mettez-y un peu de beurre & de la moutarde ; prenez une fraize de veau cuite comme la précedente, dégraissée & coupée en petits bouquets, faites lui prendre goût dans la sauce sans la faire bouillir, faites un gratin au fond du plat que vous devez servir avec deux jaunes d'œufs, mie de pain, fromage rapé, faites attacher sur de la cendre chaude, dressez dessus la fraize les petits oignons autour avec des croûtons de pain passés au beurre, la sauce pardessus, pannez de mie de pain & de fromage, faites prendre couleur au four, servez.

Hors-d'œuvre.

Fraize de veau à la Bourgeoise.

Mettez blanchir une fraize de veau à l'eau bouillante, faites cuire après

Hors-d'œuvre.

avec un morceau de beurre manié de farine, de l'eau, fel, poivre, oignons, carottes, panais, un bouquet de perfil, ciboules, ail, cloux de gérofle; la cuiſſon faite, mettez-la égouter & ſervez chaudement, une ſauce au vinaigre dans une ſauciere.

Griblettes de différentes viandes.

Hors-d'œuvre. Prenez de la ruelle de veau, ou tranche de bœuf, gigot de mouton, du cochon, ce que vous voudrez, c'eſt la même façon; coupez-les de largeur de quatre doigts, de l'épaiſſeur de deux écus, faites mariner avec un peu d'huile, ſel, gros poivre, perſil, ciboules, échalottes, rocamboles, le tout haché, thin, laurier, baſilic en poudre, faites refaire ſur le feu; prenez une caiſſe de papier, que vous frottez partout avec de l'huile, mettez les griblettes dedans avec tout leur aſſaiſonnement, faites cuire à petit feu ſur le gril couvert d'une feuille de papier; à meſure qu'elles cuiſent, mettez-y un peu de chapelure de pain; la cuiſſon faite, mettez-y un grand jus de citron, ſervez avec la caiſſe; de crainte que le papier ſe perce ſur le gril, mettez dessous deux feuilles de papier bien huilé.

Savates de veau de plusieurs façons.

Coupez de la ruelle de veau de largeur de trois doigts, & de l'épaisseur d'un doigt, passez-les dans une casserole sur le feu avec un morceau de beurre, sel, poivre, persil, ciboules, champignons, échalottes, le tout haché; foncez une casserole de zestes de jambon, bardes de lard, mettez dessus les savates avec tout leur assaisonnement, faites-les cuire à petit feu dans leur jus; à moitié de la cuisson, mettez-y un demi verre de vin blanc; la cuisson faite, dressez dans le plat que vous devez servir, mettez dans la sauce un peu de blond de veau, dégraissez & passez au tamis, pressez-y un jus d'orange, servez dessus. Vous en faites de la même façon cuites sur le gril, que vous faites mariner avec de l'huile, fines herbes hachées; pannez, grillez, & servez avec une sauce. Vous en faites à la coüenne; vous lardez les savates comme du bœuf à la mode, mettez avec des tranches de coüenne nou-

Hors-d'œuvre.

velle & bien propre, faites cuire & servez comme le bœuf à la mode.

Cotelettes de veau à la Bourgeoise.

Entrée & Hors-d'œuvre. Faites mariner six cotelettes de veau avec du beurre frais fondu, persil, ciboules, champignons, échalottes, sel, poivre, mettez-les cuire sur le gril avec leur marinade enveloppées de papier beurré; la cuisson faite, ôtez le papier & les fines herbes, servez dessus une bonne sauce.

Filets de veau à la Bourdeaux.

Hors-d'œuvre. Prenez du veau cuit à la broche & froid, coupez-le en filets émincés, faites une sauce avec un morceau de bon beurre manié de farine, un demi verre d'huile, persil, ciboules, rocamboles, échalottes, le tout haché, sel, gros poivre, faites lier la sauce sur le feu sans que l'huile paroisse, pressez un jus de citron dedans, mettez-y les filets de veau chauffer sans qu'ils bouillent, servez.

Du Veau.

Bresoles de différentes façons.

Coupez de la ruelle de veau de la grandeur d'un écu & très-mince, faites-les mariner avec beurre ou lard fondu, persil, ciboules, champignons, échalottes, le tout haché, sel, gros poivre, arrangez-les dans une casserole ronde sans être l'une sur l'autre, avec tout leur assaisonnement, poussez-les à grand feu. Quand elles seront cuites d'un côté, retournez de l'autre, ôtez-les de la casserole, mettez-y un peu de bouillon & blond de veau pour détacher ce qui reste, passez la sauce au tamis, remettez les bresoles dedans pour les faire chauffer sans qu'elles bouillent, servez avec un jus de citron. Celles d'un gigot de mouton se font de la même façon. Les bresoles à la braise se préparent de même. Vous les arrangez l'une sur l'autre dans une petite casserole avec leur assaisonnement, faites cuire à très-petit feu; la cuisson faite, détachez-les l'une après l'autre avec le couteau, prenez le fond de la sauce, mettez-y un peu de blond de veau, dégraissez, passez au tamis, servez avec un jus de citron, ou un filet de vinaigre blanc.

Hors-d'œuvre.

Grenadins de veau.

Hors-d'œuvre.
Prenez de la ruelle de veau, que vous coupez par morceaux de rondeur & grosseur de la moitié d'un œuf, unissez proprement & piquez tout le dessus de menu lard, faites blanchir & cuire avec bon bouillon, un bouquet de fines herbes, finissez & glacez comme des fricandeaux, en servant un jus de citron.

Andouillettes au petit lard.

Hors-d'œuvre.
Coupez très-mince de la ruelle de veau de longueur de quatre doigts & large de trois, étendez dessus une farce que vous faites avec les rognures de la ruelle que vous avez coupées; vous les passez sur le feu avec un morceau de beurre, persil, ciboules, échalottes hachées; la viande étant froide, hachez-la avec de la graisse de bœuf, assaisonnez de sel, poivre, liez de trois jaunes d'œufs, roulez en long & ficelez les andouillettes, faites cuire avec bon bouillon, un bouquet; la cuisson faite, prenez le fond de la sauce que vous passez au tamis, dégraissez, mettez-y

un peu de blond de veau, faites réduire au point d'une sauce, déficelez les andouillettes que vous essuyez de leur graisse, dressez dans le plat que vous devez servir, mettez pardessus du petit lard coupé en dez que vous aurez fait cuire dans une friture, servez la sauce dessus avec un filet de vinaigre.

DU MOUTON.

LA grosseur & la qualité du mouton varient beaucoup selon la diversité des climats & la nature des pâturages. Au rapport des Voyageurs, il est des Païs où les brebis ont des queuës si lourdes & si grosses qu'à peine peuvent-elles les traîner. En d'autres au lieu de laine, elles ont un poil hérissé comme les chameaux : Ailleurs les brebis & les beliers naissent avec des cornes, tandis qu'en d'autres contrées ils n'en ont jamais. On ne fait pas usage de la chair de belier, à cause de son odeur forte & desagréable qui tient de celle du bouc. Celle de brebis, quoique meilleure, est visqueuse & fade, ainsi on n'en fait pas grand cas.

G iiij

Mais la chair du mouton jeune, tendre, bien nourri, sans être trop gras, donne une fort bonne nourriture qui se digére facilement. En Hyver il vient à Paris de bons moutons de Présalée, de Beauvais, de Cabour, de Reims, des Ardennes, de Diepe. Au Printems les gros Flamands, aussi-bien que ceux de Reims, de Beauvais, & d'autres endroits. En Eté les moutons de pâture après la levée des grains. Il faut le choisir d'une chair noire, gras en dedans, & le laisser mortifier pour qu'il soit tendre. En général le mouton nourri dans des lieux secs, où il croît beaucoup de serpolet & d'autres herbes odoriferantes, est le meilleur. Ses parties à l'usage de la cuisine sont la langue, la cervelle, la queuë, les pieds, les rognons, le rôt de bif, le gigot, le quartier, le filet, le quarré, l'épaule, la poitrine, le colet ou bout-seigneux, les carbonades, le quasi, les animelles. Les morceaux les plus estimés sont le quartier de derriere & le quarré.

Je crois inutile d'avertir que le belier est le mâle de la brebis, & s'il est coupé, qu'il retient le nom de mouton.

Gigot de mouton au ris de veau.

Lardez de gros lard un gigot de mouton que vous faites cuire à la braise, passez sur le feu un ris de veau blanchi coupé en deux, des champignons, deux culs d'artichaux coupés en deux & cuits à moitié dans l'eau, avec un morceau de beurre & un bouquet; mettez-y une pincée de farine, mouillez de bouillon, blond de veau, sel, gros poivre; faites cuire, dégraissez; le ragoût étant cuit, pressez-y un jus de citron, servez sur le gigot. *Entrée.*

Gigot de mouton en venaison.

Piquez de menu lard le dessus d'un gigot, faites-le mariner pendant douze heures dans une marinade tiéde faite avec de l'eau, vinaigre, un citron en tranches, ail, muscade, cloux de gérofle, tranches d'oignons, coriandre écrasée, thin, laurier, basilic, persil, ciboules, sel, poivre; faites-le cuire à la broche en l'arrosant de sa marinade, servez avec une sauce relevée que vous trouverez dans l'article des sauces. Ou *Entrée.*

si vous voulez, prenez la marinade qui vous a servi pour arroser le gigot, passez-la au tamis, faites réduire sur le feu au point d'une sauce, mettez-y un peu de beurre, faites lier & servez. Si vous servez cette sauce, ne mettez que très-peu de sel dans la marinade.

Gigot au naturel, à plusieurs légumes au Parmesan.

Entrée. Lardez de gros lard un gigot de mouton, faites-le cuire avec carottes, panais, oignons, navets blanchis, un peu de bouillon, très-peu de sel; la cuisson faite, prenez le fond de la sauce que vous passez au tamis, mettez-y un peu de blond de veau; faites réduire à courte sauce, mettez-en un peu dans le plat que vous devez servir, du Parmesan dessus, dressez le gigot les légumes autour, le restant de la sauce dessus, couvrez de Parmesan, faites prendre couleur au four, ou dessous un couvercle de tourtiere.

Mouton à la Sainte Mennehould.

Grosse entrée. Prenez du mouton, comme rôt de bif ou gigot, queue ou épaule, celui que vous voulez, lardez-le de gros lard & le faites cuire dans une bonne braise bien assaisonnée, dressez-le sur le plat que vous devez servir, mouillez le dessus avec de l'œuf battu, pannez de mie de pain, arrosez légerement le dessus avec de l'huile, faites prendre couleur au four, ou sous un couvercle de tourtiere, égoutez-en la graisse, servez dessous une bonne sauce.

Gigot de mouton à la Flamande.

Faites cuire simplement un gigot de mouton avec un peu de bouillon, du sel, un bouquet, dressez-le sur le plat que vous devez servir, mettez dessus une sauce faite avec du beurre manié de farine, sel, muscade, délayez avec du bouillon, un filet de vinaigre, capres hachés, faites lier sur le feu. *Entrée.*

Vous pouvez servir ce gigot avec un ragoût de navets à la moutarde, à la place de la sauce au beurre.

Gigot de mouton en bœuf à la mode.

Coupez un peu le manche d'un gigot, lardez-le de gros lard assaisonné de sel, *Entrée.*

fines épices, perfil, ciboules, échalottes hachées; foncez une marmite de terre avec bardes de lard, ficelez le gigot & le mettez deffus, avec tranches d'oignons, carottes, panais, un bouquet de perfil, ciboules, thin, laurier, bafilic, une gouffe d'ail, trois cloux de gérofle, deux cuillerées d'eau-de-vie, bouchez bien la marmite, faites cuire à très-petit feu pendant quatre heures; la cuiffon faite, dégraiffez la fauce, fervez fur le gigot.

Epaule de mouton à l'oignon en filets.

Entrée. Faites cuire une épaule de mouton à la broche, paffez fur le feu avec du beurre de l'oignon coupé en filets & de l'échalotte hachée, mettez-y une pincée de farine, mouillez de bouillon, fel, poivre, faites cuire & réduire à peu de fauce; l'épaule étant cuite, levez-en la peau fans la détacher tout-à-fait, prenez la viande qui eft deffous que vous coupez en filets, mettez-la dans le ragoût d'oignons avec une liaifon de trois jaunes d'œufs délayés avec du bouillon, faites lier fur le feu, mettez-y un filet de vinaigre blanc, dreffez l'épaule dans le plat, le ragoût dessous la peau, de façon qu'elle paroisse entiere.

Epaule de mouton au ris au Parmesan.

Coupez un peu le bout du manche d'une épaule de mouton, que vous faites cuire à la braise, prenez une demie livre de ris bien lavé, que vous faites cuire avec bon bouillon gras d'un bon sel; quand il est cuit & épais, mettez-en au fond du plat que vous devez servir, l'épaule dessus que vous couvrez avec le restant du ris, unissez le dessus & le couvrez de Parmesan, faites prendre une couleur dorée dans le four, égoutez la graisse, servez avec un peu de blond de veau. *Entrée.*

Epaule au four en pannade.

Lardez de gros lard une épaule de mouton que vous faites cuire avec du bouillon, un bouquet, peu de sel; la cuisson faite, passez le bouillon au tamis, dégraissez & faites réduire en glace, glacez avec tout le dessus de l'épaule, mettez dessus la glace de la *Entrée.*

mie de pain, que toute l'épaule en soit couverte, arrosez légerement avec la graisse de l'épaule, faites prendre couleur au four, ou dessous un couvercle de tourtiere, mettez un peu de bouillon & du blond de veau dans la casserole, détachez ce qui reste, passez au tamis, mettez-y sel, gros poivre, un peu de verjus, servez dessous l'épaule.

Epaule de mouton à la Cuisiniere.

Entrée. Prenez une épaule que vous lardez de gros lard, & les filets de trois anchois, faites cuire avec du bouillon sans sel, un bouquet de persil, ciboules, une gousse d'ail, trois cloux de gérofle, une feuille de laurier, un peu de basilic; la cuisson faite, passez le bouillon au tamis, dégraissez, faites réduire en glace, glacez le dessus de l'épaule, détachez ce qui reste dans la casserole avec un peu de bouillon, du blond de veau, mettez-y un peu de persil blanchi haché, sel, gros poivre, servez dessous l'épaule.

Quarré à la pluche verte.

Appropriez un quarré de mouton, que vous mettez cuire dans une casserole avec du bouillon, un verre de vin blanc, un bouquet de persil, ciboules, deux gousses d'ail, deux cloux de gérofle, un peu de sel, gros poivre ; la cuisson faite, passez la sauce au tamis, dégraissez & faites réduire au point d'une sauce, mettez-y un pain de beurre manié de farine, persil blanchi haché, faites lier sur le feu, mettez-y un jus de citron, servez sur le quarré & courte sauce.

Entrée.

Cotelettes de mouton à la purée de navets.

Coupez un quarré de mouton en cotelettes, que vous faites cuire avec du bouillon, un bouquet ; quand elles sont cuites, vous en passez le bouillon que vous dégraissez, & faites réduire en glace, glacez avec le dessus des cotelettes, servez-les dessus une purée de navets ; faites blanchir des navets & cuire avec du bouillon, jus, lard fondu, sel, peu de poivre. Quand ils

Entrée.

font bien cuits & plus de sauce, mettez un peu de bouillon dans la casserole des cotelettes pour détacher ce qui reste, mettez-le avec les navets, que vous passez en purée dans une étamine, qu'elle soit ni trop claire, ni trop liée, & d'un beau blond.

Quarré de mouton sans façon.

Entrée. Desossez le filet du quarré de mouton, faites-le cuire dans une terrine à petit feu, avec bardes de lard, une tranche de jambon, un bouquet de persil, ciboules, une gousse d'ail, deux clous de gérofle, peu de sel & gros poivre, un demi verre de bouillon ; la cuisson faite, passez le fond de la sauce, dégraissez, servez dessus le quarré.

Cotelettes de mouton farcies.

Entrée. Prenez un quarré de mouton cuit à la broche & froid, faites une farce de la chair, avec graisse de bœuf, persil, ciboules, champignons, sel, fines épices, quatre jaunes d'œufs crus, de la mie de pain passé avec du lait, pilez le tout ensemble dans un mortier, prenez

prenez autant de morceaux de crepine que vous voulez faire de cotelettes, mettez de cette farce dessus un os de cotelette bien ratissé, enveloppez de crepine, & donnez la forme d'une cotelette, trempez dans de l'œuf battu, pannez de mie de pain, faites prendre couleur au four, servez dessous une sauce de blond de veau; vous les faites cuire sur le gril si vous ne voulez pas les mettre au four.

Crepines de cotelettes de mouton.

Coupez six cotelettes de mouton la côte courte, faites cuire avec du bouillon, un bouquet; la cuisson faite, passez le bouillon au tamis, dégraissez, faites réduire en glace, mettez dedans les cotelettes pour qu'elles prennent toute la sauce, coupez une douzaine de moyens oignons en dez, passez-les sur le feu jusqu'à leur parfaite cuisson avec un morceau de beurre, mettez-y un anchois haché, sel, poivre, une liaison de trois jaunes d'œufs avec de la crême, faites lier sur le feu, mettez réfroidir, prenez de la crepine que vous coupez en six morceaux, mettez

Entrée.

H

sur chaque une cotelette avec du ragoût d'oignons dessus & dessous, enveloppez avec la crepine, trempez dans de l'œuf battu, pannez moitié mie de pain, moitié Parmesan, faites prendre couleur au four, égoutez-en la graisse, servez dessous une bonne sauce un peu claire.

Quarré de mouton aux légumes.

Entrée. Prenez un quarré de mouton, ôtez les os de dessous le filet, appropriez le dessus & le piquez de menu lard, faites-le cuire à la broche ou en fricandeau, servez dessous un ragoût de légumes, comme épinards, chicorée, farce d'oseille, de concombre.

Cotelettes de mouton en cingara.

Entrée. Coupez un quarré en cotelettes, faites-les cuire dans une braise sans sel, prenez autant de tranches de jambon que de cotelettes, coupez-les minces & les faites tremper dans l'eau pour les faire un peu défaler, mettez suer dans une casserole. Quand elles sont cuites d'un côté, vous les retournez pour rachever de cuire, ôtez de la casserole le jambon, détachez ce qui reste avec un peu de bouillon, du blond de veau, passez au tamis, mettez-y un filet de vinaigre ; vous avez six rôties de pain passés à l'huile, que vous mettez sur le plat que vous devez servir, dressez une cotelette sur chaque, le jambon sur les cotelettes, arrosez avec la sauce.

Du celeri, de la chicorée, & du cresson.

Le celeri est une plante chaude & apéritive. Il faut le choisir blanc, tendre, & d'une saveur douce quoiqu'un peu âcre. Il ne différe de l'ache que parce qu'il est cultivé, & que l'ache ne l'est pas. Il excite l'appétit, calme les coliques venteuses, & appaise les maux de poitrine. Quelques-uns le défendent aux Epileptiques.

Il y a deux especes de chicorée, la cultivée & la sauvage ou amére. La premiere est la plus usitée dans les alimens, & il y en a aussi de plusieurs especes. Il faut la choisir jeune, tendre & bien blanche. Elle est apéritive & rafraichissante, propre à ceux qui sont attaqués du foye, de la jaunisse, & d'obstructions dans les visceres. Elle est moins apéritive étant cuite qu'en salade ; la sauvage a les mêmes proprietés, & elle est encore plus rafraichissante.

On distingue aussi deux sortes de cresson, le cresson alenois qu'on cultive dans les jardins, & le cresson de fontaine ou aquatique qui croît sur les bords des fontaines. Le premier s'employe dans les salades, mêlées avec d'autres plantes, parce qu'il a un goût âcre & piquant. Le second se mange souvent seul en salade, parce qu'il a moins d'âcreté. L'un & l'autre sont des plantes antiscorbutiques, apéritives, propres à nettoyer les reins & le foye, & à purifier le sang. Ils ont un sel volatile âcre qui desobstruë la rate, attenuë & chasse les humeurs visqueuses, & par-là fortifie l'estomac. L'excès échauffe beaucoup.

Cotelettes de mouton à toutes légumes.

Entrée. Appropriez des cotelettes de mouton que vous faites suer sur le feu avec un morceau de beurre, un bouquet de persil, ciboules, deux cloux de gérofle, une gousse d'ail, un peu de sariette, mouillez avec un verre de bouillon, autant de vin blanc, un peu de blond de veau, une tranche de jambon en filets, un panais & une carotte en filets; faites cuire, dégraissez, ôtez le bouquet, servez à courte sauce avec les filets de jambon, de racine, & un jus de citron; les cotelettes cuites à la braise se servent avec toutes sortes de ragoûts de légumes, comme ragoûts de petits oignons, de concombres, de navets, de petits pois, de chicorée.

Langues de mouton en Surtout.

Faites cuire deux langues de mouton à la braise, coupez-les en deux, mettez entre chaque morceau de la farce de volaille, deux tranches de veau dessus & dessous, soudez les bords des tranches avec de l'œuf battu pour les faire tenir, que la farce & les langues ne paroissent point, enveloppez de crepine, mettez le reste de la crepine dans le fond d'une casserole, les langues dessus avec un bouquet, vin blanc, un peu de sel, fines épices, faites cuire à

Entrée & Hors-d'œuvre.

très-petit feu; la cuisson faite, prenez-en le fond de la sauce que vous passez au tamis, dégraissez, mettez-y un peu de blond de veau, mettez égouter les langues & les essuyez de leur graisse avec un linge blanc, dressez sur le plat la sauce dessus.

Langues de mouton à l'Italienne.

Hors-d'œuvre. Mettez cuire des langues de mouton à la braise, passez sur le feu dans une casserole de l'oignon tranché avec de l'huile; à la moitié de la cuisson, mettez-y persil, ciboules, champignons hachés, une pincée de farine, mouillez de vin blanc, blond de veau, faites cuire doucement; sur la fin de la cuisson, mettez les langues dedans pour leur faire prendre goût, avec sel, gros poivre, un filet de vinaigre, servez garni de croûtons passés à l'huile, la sauce dessus un peu claire.

Langues de mouton en filets.

Hors-d'œuvre. Coupez trois langues de mouton cuites à l'eau, en filets mincés, prenez le plat que vous devez servir, mettez

Du Mouton.

dans le fond une couche de filets de langues, & dessus toutes sortes de fines herbes hachées, comme persil, ciboules, ail, échalotes, rocamboles, thin, laurier, basilic en poudre, le tout délayé avec un morceau de beurre & blond de veau, sel, poivre; faites une couche de langues, une couche de fines herbes avec le beurre, continuez de cette façon jusqu'à la fin, finissez par le beurre, pannez le dessus avec de la mie de pain, faites un cordon de croûtons autour passés au beurre, faites prendre couleur au four, dégraissez & servez.

Canellons de différentes façons.

Prenez deux langues de mouton cuites dans une braise, laissez réfroidir, coupez en filets de leur longueur, large d'un demi doigt, enveloppez chaque morceau avec une bonne farce, que vous mettez sur des morceaux de pâte brisée de la longueur des langues, enveloppez les langues avec la pâte, mouillez les bords pour les bien souder & de la longueur d'une moyenne saucisse, faites frire de belle couleur,

Hors-d'œuvre.

servez, la farce doit être légere; vous la faites avec blanc de volaille cuite, ou des foyes, moële de bœuf, perfil, ciboules, champignons hachés, un peu de bafilic très-fin, deux jaunes d'œufs, fel, poivre; vous pouvez faire des canellons de différentes viandes cuites à la braife, coupées comme les langues, ou fimplement avec une farce de gaudiveau ou de volaille; un refte de ragoût qui vous aura fervi étant bien lié & refroidi, vous en faites auffi des canellons, en leur donnant la même façon qu'aux précedens.

Langues de mouton à différens ragoûts.

Hors-d'œuvre. Faites cuire trois langues dans une braife affaifonnée de bon goût; la cuiffon faite, fervez deffus ragoût de ris de veau, de cornichons, de truffes, de champignons, ou fauce au jus de ravigote, fauce à l'ofeille à la liaifon, fauce Françoife ou fauce bachique à l'Italienne.

Langues de mouton au fenouil.

Hors-d'œuvre. Mettez dans une cafferole trois langues cuites à l'eau avec perfil, ciboules,

les, champignons, échalottes, le tout haché, un peu de beurre, une tranche de jambon, passez sur le feu, mouillez de bouillon & blond de veau ; faites cuire, dégraisser & réduire la sauce, servez les langues avec la sauce, un jus de citron dedans, mettez sur chaque un brin de fenouil cuit à l'eau & bien égouté.

Cervelle de mouton aux petits oignons à l'étuvée.

Prenez six cervelles de mouton que vous faites dégorger dans l'eau tiéde, & blanchir un moment, mettez cuire avec bardes de lard, une chopine de vin blanc, un bouquet de persil, ciboules, une gousse d'ail, deux rocamboles, trois cloux de gérofle, une branche de basilic, des petits oignons blancs & blanchis un demi quart d'heure à l'eau bouillante, sel, gros poivre ; la cuisson faite, dressez les cervelles sur le plat, les petits oignons autour, garnissez avec des croûtons de pain passés au beurre, servez dessus une bonne sauce au blond de veau.

Hors-d'œuvre.

Pieds de mouton à l'Italienne.

Hors-d'œuvre. Faites cuire douze pieds de mouton dans une bonne braise assaisonnée de bon goût, après ôtez-en les os & laissez les pieds entiers, coupez autant que de pieds des filets de pain, que vous passez à l'huile, mettez-en un dans chaque pied, dressez sur le plat, servez dessus une sauce piquante à l'Italienne, que vous trouverez dans l'article des sauces.

Pieds de mouton au Parmesan.

Hors-d'œuvre. Mettez dans une casserole douze pieds de mouton cuits à l'eau & desossés, coupez en deux, passez sur le feu avec du beurre, des champignons, un bouquet de persil, ciboules, une gousse d'ail, deux rocamboles, trois cloux de gérofle, mouillez de bouillon, blond de veau, peu de sel, poivre, faites cuire & réduire à peu de sauce, mettez-y un filet de vinaigre, dressez sur le plat, unissez-les avec un couteau, mettez dessus une farce de volaille ou de godiveau, que vous étendez de l'épaisseur d'un écu, unissez avec de l'œuf battu, pannez moitié mie de pain & moitié Parmesan, faites prendre couleur au four, servez.

Pieds de mouton en canellons.

Faites cuire douze pieds dans une bonne braise, désossez-les & faites mariner avec un peu de verjus, sel, poivre, échalottes, essuyez de leur marinade pour farcir le dedans d'une farce faite de foyes de volaille, moële de bœuf, fines herbes, assaisonnez & liez de quatre jaunes d'œufs, roulez les pieds & trempez de leur longueur dans une pâte faite avec farine, un peu d'huile, deux blancs d'œufs foüettés, sel, délayez avec vin blanc, faites frire, servez garnis de persil frit.

Hors-d'œuvre.

Pieds de mouton frits.

Prenez douze pieds de mouton cuits à l'eau, que vous désossez & faites migeoter une heure dans une marinade, comme celle des palais de bœuf marinés, *page* 34; après mettez refroidir & farcissez-en dedans d'une farce,

Hors-d'œuvre.

trempez-les dans de l'œuf battu, pannez de mie de pain, faites frire de belle couleur, servez garnis de persil frit.

Queuës de mouton en pannade au gratin.

Entrée.   Faites cuire six queuës de mouton à la braise, coupez autant de filets de pain, même longueur, larges d'un doigt, que vous passez sur le feu avec de l'huile; prenez le plat que vous devez servir, mettez au fond un peu de blond de veau délayé avec deux jaunes d'œufs, du Parmesan, faites gratiner sur de la cendre chaude; après arrangez dessus les queuës de mouton, filets de pain entre; mettez dans une casserole un peu de beurre que vous faites fondre, délayez-y de la moutarde, dorez-en les queuës avec, pannez moitié mie de pain & Parmesan, faites prendre couleur au four ou sous un couvercle de tourtiere, servez de belle couleur.

Queuës de mouton à la farce de choux.

Hors-œuvre.   Mettez six queuës de mouton cuire à la braise, que vous servirez sur une farcé de choux. Pour la faire, prenez la moitié d'un gros choux, que vous lavez & faites cuire une demie heure dans l'eau, retirez après à l'eau fraiche, pressez-le fort pour qu'il ne reste point d'eau, hachez-le & passez sur le feu avec un peu de beurre, du petit lard coupé en petits dez ; mouillez de bon bouillon, blond de veau, gros poivre, ne mettez point de sel qu'en servant, à cause du petit lard ; servez à courte sauce. Si vous voulez mettre cette farce au blanc, après qu'elle est passée, mettez-y une pincée de farine, mouillez de bouillon, faites cuire & reduire sans sauce, mettez-y une liaison de trois jaunes d'œufs avec de la crême.

Vous servez cette farce avec toutes sortes de viandes qui se servent aux choux.

Filets de mouton en venaison.

Prenez les filets d'un quarré de mouton, ou la chair d'un gigot, que vous coupez, comme vous le jugez à propos, en morceaux égaux, piquez le dessus de menu lard, faites mariner deux heures avec une marinade, comme *Hors-d'œuvre.*

celle de palais de bœuf mariné, *pag. 34*, après faites cuire à la broche, servez dessous une sauce relevée.

Bresoles de mouton mêlées.

Hors-d'œuvre. Coupez fort mince dans sa largeur les filets d'un quarré de mouton, ôtez-en les filandres, coupez de même façon des truffes ; faites mariner ensemble avec de l'huile, sel, gros poivre, persil, ciboules, champignons, le tout haché, foncez une casserole de deux tranches de jambon, arrangez dessus les filets de mouton & de truffes avec tout leur assaisonnement, couvrez de bardes de lard, faites cuire à petit feu ; la cuisson faite, détachez les filets & truffes avec un couteau l'un après l'autre, prenez le fond de la sauce que vous dégraissez, mettez-y un peu de blond de veau, faites chauffer les bresoles dedans, servez avec un jus de citron.

Autre façon : Faites les bresoles, comme je viens de le marquer, sans mettre de truffes, coupez des concombres comme le mouton, que vous faites mariner avec un peu de vinaigre, sel, un oignon piqué de deux clous de gérofle. Quand elles ont rendu leur eau, pressez-les fort dans les mains, passez sur le feu avec un peu de beurre, mettez-y une pincée de farine, mouillez de bouillon, jus blond de veau, faites cuire, dégraisser & réduire sans sauce, dressez sur le plat, servez les bresoles dessus.

Hachis de mouton à la bonne femme.

Faites un roux de farine & de beurre d'un beau blond, passez-y trois ou quatre oignons hachés très-fins jusqu'à moitié de leur cuisson, mouillez avec du bouillon ou de l'eau, assaisonnez de sel, poivre, un filet de vinaigre; les oignons étant cuits, & la sauce de l'épaisseur d'une crême double, mettez-y de la viande hachée & cuite à la broche, faites chauffer sans qu'elle bouille, servez. *Hors-d'œuvre.*

Filets de mouton au coulis d'oignons au blanc.

Prenez du mouton cuit à la broche & refroidi, que vous coupez en filets; hachez une demie douzaine d'oignons *Hors-d'œuvre.*

très-fins, que vous paffez dans une cafferole fur le feu avec un morceau de beurre, mouillez de bouillon qui ne foit point coloré, fel, poivre ; faites bien cuire à petit feu, qu'il ne refte point de fauce, écrafez-les avec une cuilliere pour les paffer à l'étamine; mettez ce coulis dans une cafferole avec les filets de mouton, une liaifon de trois jaunes d'œufs avec de la crême, faites lier fur le feu, en fervant un jus de citron.

DU COCHON.

LA chair de cochon eft froide & humide, ce qui en rend la digeftion difficile, furtout aux vieillards & aux perfonnes qui font peu d'exercice. Elle lâche le ventre, parce que les principes huileux & flegmatiques qu'elle contient, détendent les fibres de l'eftomac & des inteftins. Celle du cochon de lait eft la moins faine, & la plus difficile à digérer; ainfi les eftomacs foibles doivent s'en abftenir. La meilleure chair de cochon eft celle qui eft ferme & rougeâtre, fans mauvais goût

& sans taches de ladrerie, qui sont des marques blanches dont elle est parsémée. Elle est d'un grand usage en cuisine, aussi-bien que la graisse, les intestins, & les autres parties de cet animal. On employe la tête entiere, ou séparément la langue, & les oreilles.

Les boyaux, gros & petits, servent à faire toutes sortes de boudins, andouilles & saucisses. Les pieds se mettent en menus droits, à la braise, à la Sainte-Menehoult. La queuë se sert cuite à la braise avec plusieurs sauces & ragoûts, les oreilles en menus droits, salées & fumées comme la langue fourée.

L'échigné se met en chevreuil cuit à la broche, ou avec une sauce-robert. Le filet & la poitrine s'employent en petit salé, les cotelettes se mettent à la poële, en crépine, grillées, à la braise, avec plusieurs sortes de sauces.

Le lard est d'un usage général dans la cuisine. La cuisse & l'épaule se mettent en jambons. La graisse ou la panne sert à faire des saucisses, à nourrir des farces, & à faire du sain-doux. La chair de cochon est la meilleure, lorsqu'il a sept ou huit mois, mais il faut préferer la panne & le lard de celui qui a environ quinze mois. Lorsque le cochon est vieux, sa chair est dure, coriasse & très-difficile à digérer.

Plusieurs sortes de boudins fins.

Hors-d'œuvre. Le boudin ordinaire ; vous faites cuire de l'oignon haché, suivant la quantité que vous en voulez faire, avec du sain-doux que vous passez sur le feu jusqu'à ce qu'il soit cuit ; mettez avec de la panne coupée en dez, du sang & un quart de crême, sel fin, fines épices, mêlez le tout ensemble, & l'entonnez dans des boyaux de la grandeur que vous jugerez à propos, ficellez à chaque bout ; que les boyaux ne soient pas trop pleins, mettez-les dans l'eau bouillante pour les faire cuire. Pour voir s'ils sont cuits, vous les piquez ; si le sang ne sort plus, c'est une marque qu'ils sont cuits.

Si vous les voulez plus délicats, faites cuire de l'oignon de la même façon ; sur une chopine de sang mettez un demi septier de crême, huit jaunes d'œufs avec les blancs foüettés, une livre & demie de panne coupée en filets ; l'affaisonnement & la façon de même.

Le boudin de foye ; hachez six foyes gras, autant de panne en dez, un demi septier de sang, un demi septier de crême, oignons passés comme aux précédens avec un peu d'échalottes, sel, fines épices, finissez de même ; cette quantité peut vous fournir six morceaux de boudin.

Le boudin blanc ; vous passez de l'oignon comme aux précédens. Quand il est cuit, mettez-y de la mie de pain dessechée dans du lait, de la panne coupée en dez, de la chair de volaille cuite à la broche, hachée, une chopine de bonne crême épaisse, six jaunes d'œufs, sel, fines épices, mêlez le tout ensemble, & faites cuire comme les précédens ; il faut moins de tems pour la cuisson. Si vous les faites cuire dans du lait, ils seront meilleurs. Etant froids, vous les faites griller sur une caisse de papier ; le boudin noir se met simplement sur le gril.

Le boudin blanc commun se fait à moins de frais ; mettez dans une casserole de l'oignon haché, faites cuire de même ; mettez-y deux poignées de mie de pain que vous avez fait tremper deux heures avec trois demi septiers de lait ou de crême, dix jaunes d'œufs, une livre de panne coupée en dez, assaisonnez de sel, fines épices, finissez comme le précédent.

Le boudin de perdrix, faisan, lapin se fait de même ; prenez celui que vous voulez qui a été cuit à la broche, hachez-en la chair, mettez les débris infuser au moins deux heures dans une chopine de crême, passez après cette crême au tamis, & mettez-y un peu de mie de pain, la chair du gibier hachée, de la panne coupée en dez, huit jaunes d'œufs, sel, fines épices, oignon cuit haché, mêlez le tout ensemble, & finissez comme le boudin blanc.

Le boudin d'écrevisses ; vous prenez un quarteron d'écrevisses que vous faites bouillir un moment, épluchez-en les queuës, que vous mettez à part avec les œufs, si elles en ont, pilez toutes les coquilles pour faire un beurre d'écrevisses, coupez les queuës en dez, de la panne en dez, que vous mêlerez avec le beurre d'écrevisses, blanc de volaille cuit à la broche & haché, de la mie de pain mitonnée dans de la crême, les œufs d'écrevisses, & dix jaunes d'œufs crus, sel, fines épices, délayez bien le tout ensemble, & l'entonnez dans des boyaux, faites cuire comme le boudin blanc, & grillez de même.

Pour faire le beurre d'écrevisses, vous prenez les coquilles qui doivent être pilées très-fines, mettez-les dans une casserole avec trois quarterons de beurre fin, faites bouillir à petit feu pendant une heure, passez ensuite dans une étamine à force de bras, en le bourant avec une cuilliere de bois. Il faut que ce beurre soit d'un beau rouge, & peut vous servir pour toutes sortes de sauces qui sont aux écrevisses.

Plusieurs sortes de saucisses délicates.

Prenez de la chair de cochon, où il y a plus de gras que de maigre, que vous hachez avec persil, ciboules, sel, fines épices, plein une cuilliere à bouche d'eau-de-vie, mêlez le tout ensemble, & le mettez dans des boyaux de la grosseur que vous voulez faire les saucisses, ficelez, faites griller. — Hors-d'œuvre.

Les saucisses aux truffes; à la place

de perſil & ciboules, vous y mettez des truffes hachées, finiſſez de même.

Les ſauciſſes au vin de Champagne & au vin du Rhin; vous prenez de la chair comme les précédentes, que vous ne hachez pas ſi fine; faites-la prendre goût dans le vin, mettez après égouter, & aſſaiſonnez de ſel, fines épices, finiſſez de même.

Les ſauciſſes à la moële ſe font, en prenant de la ruelle de veau que vous hachez, de la moële de bœuf coupée en dez, aſſaiſonnez de perſil, ciboules, ſel, fines épices, finiſſez de même.

Les ſauciſſes plates ſe font de la même façon, en mettant la même compoſition dans de la crépine.

Sauciſſes à différentes légumes.

Hors-d'œuvre. Faites cuire à la braiſe des ſauciſſes un peu groſſes & de moyenne longueur, ou ſur le gril; vous les ſervirez avec le ragoût que vous jugerez à propos, comme ragoût de pois, de navets, de choux, d'oignons, de concombres, ou purée de pois, de lentilles, de navets, de choux.

Saucisses aux fines herbes.

Mettez dans une casserole des saucisses plates, avec persil, ciboules, champignons, échalottes, le tout haché, mouillez avec du blond de veau, un demi verre de vin blanc, faites migeoter à petit feu une demie heure, dégraissez & servez.

Hors-d'œuvre.

Saucisses à l'étuvée.

Mettez blanchir un quart d'heure des petits oignons blancs, que vous ferez cuire avec des saucisses plates, un morceau de beurre manié de farine, mouillez de vin rouge, un peu de bouillon, un bouquet de persil, ciboules, deux cloux de gérofle, une feuille de laurier, thin, basilic; les oignons cuits, dégraissez l'étuvée, mettez-y un peu de sel, gros poivre, un anchois & capres hachés, servez les saucisses avec les oignons garnis de croûtons frits.

Hors-d'œuvre.

Du Thim, Laurier, Basilic & Sariette.

Le thim & la sariette sont des plantes aromatiques qui ont presque les mêmes vertus. La sariette est même plus agréable que le thim dans les ragoûts. Elles excitent l'appétit, fortifient l'estomac, & soulagent les poulmons. On les place aussi dans la classe des plantes céphaliques, ou propres aux maux de tête.

Le laurier est un arbrisseau, dont les feuilles sont d'un grand usage en cuisine. Il contient une huile aromatique & un sel volatile & âcre, ce qui le rend bon pour les maladies des nerfs, la colique & la foiblesse d'estomac.

Le basilic est aussi une plante aromatique fort connuë, qui fortifie les nerfs & l'estomac, & aide à la digestion. Il est encore apéritif, propre à chasser les vents, & à guérir les maux de tête.

Toutes ces plantes aromatiques ne doivent s'employer qu'avec prudence & en petite quantité. Mais aussi quand on sçait en faire un usage convenable, la cuisine en peut tirer de grands secours. Sur quoi il ne sera pas hors de propos de rapporter les paroles d'un célébre Medecin : *Il y a des Cuisiniers assez habiles pour employer avec tant d'art le basilic, le thim, le laurier, le serpolet, la sariette, & nos autres aromatiques, que les mets qu'ils préparent avec ces assaisonnemens, sont aussi agréables au goût, que s'ils y employoient les épices des Païs étrangers.* Chomel. Abregré de l'Histoire des Plantes usuelles. Tome 2, page 370.

Saucisses à la moutarde au gratin.

Prenez des saucisses de moyenne longueur, que vous faites cuire dans du vin, tranches d'oignon, après mettez refroidir; prenez le plat que vous devez servir, mettez dans le fond un petit gratin fait avec un peu de blond de veau, du Parmesan rapé, de la moutarde, deux jaunes d'œufs, le tout délayé ensemble ; faites gratiner le plat sur de la cendre chaude ; vous arrangerez après sur le gratin les saucisses, la peau ôtée, trempez-les dans un peu de beurre & moutarde, avec

Hors-d'œuvre.

des filets de pain passés au beurre de la longueur des saucisses, que vous trempez de même dans le beurre & moutarde, pannez le dessus moitié mie de pain & Parmesan, faites prendre couleur au four, ou sous un couvercle de tourtiere, égoutez-en le beurre avant que de servir.

Andouilles au fumet.

Hors-d'œuvre. Désossez un lapreau, coupez-en la chair en filets, prenez aussi de la poitrine de porc bien grasse, que vous coupez en filets ; mettez dans une casserole quelques oignons coupés en filets, un quarteron de panne coupée en dez, faites cuire l'oignon à moitié, mettez-le après avec les filets de viande, persil, ciboules, échalottes, le tout haché, thim, laurier, basilic en poudre, sel, fines épices, le quart d'un poisson d'eau-de-vie, emplissez les boyaux de façon qu'ils ne soient pas trop pleins de crainte qu'ils ne crêvent, ficelez les deux bouts, faites-les cuire dans une braise où il y a du vin blanc, laissez refroidir dans la braise ; pour vous en servir, trempez-les dans le gras de la braise & les pannez de mie de pain, faites griller, servez à sec ou avec une sauce.

Andouilles de Troyes.

Prenez des boyaux de cochon propres pour faire des andouilles; après qu'ils sont bien lavés, faites-les tremper avec une fraize de veau ou d'agneau dans du vin blanc, sel, poivre, oignons en tranches, ail, thim, laurier, basilic; mettez après égouter, coupez la fraize en filets avec de la panne en filets, assaisonnez de sel fin, fines épices, un peu d'anis pilé, emplissez les boyaux de façon qu'ils ne soient pas trop pleins, ficelez les deux bouts, faites cuire dans du bouillon avec un peu de panne, un bouquet de persil, ciboules, ail, thim, laurier, basilic, sel, poivre, oignon; la cuisson faite, laissez refroidir dedans, servez grillées.

Hors-d'œuvre.

Andouilles de veau, de bœuf & de coüene.

Faites tremper des boyaux de cochon dans de l'eau, un quart de vinaigre, sel, poivre, fines herbes; faites

Hors-d'œuvre.

blanchir des oreilles de veau, que vous coupez en filets, avec du petit lard & de la tetine de veau que vous coupez auffi en filets, paffez de l'oignon coupé en filets avec du lard ; à la moitié de la cuiffon, mettez le avec tous les filets que vous mêlez enfemble avec perfil, ciboules, échalottes hachées, fel, fines épices, entonnez dans des boyaux, finiffez & faites cuire comme les andouilles de Troyes.

Celles de bœuf fe font de la même façon ; à la place des oreilles de veau, vous prenez du gras double bien entrelardé, & de la langue de bœuf coupée en filets.

Vous en faites auffi avec des palais de bœuf blanchis, épluchés & coupés en filets.

Celles à la coüene fe font avec la coüene d'un jeune cochon bien fraiche, coupée en filets & de la panne en filets, affaifonnez & faites comme celles de veau & de bœuf.

Cochon de lait farci.

Rôt. Echaudez bien blanc un cochon de lait, ôtez-en la freffure, prenez le foye

& le moû pour en faire une farce, que vous hachez fine avec tetine de veau blanchie, assaisonnez de persil, ciboules, échalottes hachées, sel, fines épices, liez de six jaunes d'œufs, un peu de crême; mettez cette farce dans le corps du cochon, que vous cousez pour empêcher qu'elle ne sorte, troussez les pieds pardessous, faites-les tenir avec des brochetes; faites cuire à la broche & l'arrosez souvent avec de l'huile pour rendre la peau croquante.

Si vous le voulez servir pour entremets, vous le désossez tout-à-fait hors la tête & les pieds, farcissez-le. Faites une farce avec une noix de veau, le foye & le moû du cochon, tetine de veau, graisse de bœuf, & le même assaisonnement que la farce précédente; mettez-y du petit lard coupé en dez, farcissez le cochon de façon qu'il ne paroisse pas désossé, enveloppez-le dans une serviette, des bardes de lard sur le dos, faites cuire dans une poissonniere avec du bouillon, vin blanc, un gros bouquet de persil, ciboules, ail, échalottes, cloux de gérofle, thim, laurier, basilic, oignons, racines, sel, poivre; la cuisson faite, laissez refroidir dans

Entremets.

sa braise, servez froid sur une serviette.

DU SANGLIER
ET DU MARCASSIN.

LE sanglier, qu'on appelle aussi porc sauvage, parce qu'il habite dans les Forêts, & qu'il ressemble au porc domestique, quoiqu'il soit plus féroce, plus agile, & qu'il ait le poil plus rude & plus hérissé, fournit une assez bonne nourriture, surtout s'il n'a pas été renfermé dans des Parcs, mais qu'il ait eu la liberté de courir de tous côtés, & de vivre des différens fruits de son goût que la nature lui offre en divers endroits. Sa chair pour être bonne, doit être ferme, tendre & grasse. La hure est la piéce la plus estimée, & se sert pour gros entremets froids.

Celle du jeune sanglier qu'on appelle marcassin, est bien supérieure en goût & en bonté. Celle du sanglier pris à la chasse & couru long-tems doit aussi être préferée, parce que le mouvement a dissipé une partie des sucs grossiers qui peuvent nuire à l'estomac. Comme la chair de sanglier est moins visqueuse que celle du porc domestique, elle est aussi plus facile à digérer. Mais elle est si nourrissante à cause des sucs huileux qu'elle contient, & d'ailleurs si compacte, qu'elle convient mieux aux personnes qui fatiguent beaucoup, qu'aux autres.

DES ENTRÉES EN TERRINE.

Terrine d'Hauchepot.

Entrée.

METTEZ cuire des tendons de bœuf avec bon bouillon; à la moitié de la cuisson, mettez-y des carottes, panais, navets, oignons, le tout blanchi & coupé proprement, une demie douzaine de petites saucisses; faites cuire à petit feu; la cuisson faite, prenez le fond de la sauce que vous dégraissez & faites réduire; mettez-y un peu de blond de veau, dressez les tendons de bœuf dans la terrine, les légumes autour, les saucisses dessus, arrosez avec la sauce finie & assaisonnée de bon goût.

Terrine de queues de bœuf en étuvée.

Entrée. Coupez une queue de bœuf par morceaux, que vous faites blanchir & cuire à la braise; à moitié de la cuisson, mettez-y cuire six gros oignons blanchis, faites un ragoût avec des champignons, que vous passez sur le feu avec un morceau de beurre, un bouquet de fines herbes, mettez-y une pincée de farine, mouillez avec du jus, du bouillon, un verre de vin blanc, faites cuire & dégraissez, mettez-y peu de sel, gros poivre, en finissant un anchois haché, des capres fines entieres, dressez la queue de bœuf dans la terrine avec les gros oignons, garnissez de croûtons ronds passés au beurre, servez dessus le ragoût de champignons.

Des Capres.

C'est le fruit du caprier. On en cueille les boutons de fleurs, avant qu'ils soient épanouis, que l'on confit au vinaigre avec un peu de sel. Cela leur ôte le goût désagréable qu'on leur trouve, & les rend propres à être conservées

servées plus longtems. On fait un grand usage de capres dans les ragoûts dont elles relevent le goût, & reveillent l'appétit. Il faut les choisir bien confites & très-vertes, les plus petites sont les meilleures, elles fortifient l'estomac & sont apéritives ; mais l'usage immoderé échauffe beaucoup, & donne trop d'agitation au sang.

Terrine à l'Angloise.

Arrangez dans une marmite quatre queuës de mouton à moitié cuites avec quatre aîlerons de Dindons, deux gros pigeons, des tendons de veau, un morceau de petit lard, six saucisses, mouillez avec vin blanc, du bouillon, peu de sel, poivre, un bouquet de persil, ciboules, une gousse d'ail, trois cloux de gérofle, une feuille de laurier, faites cuire à petit feu ; la cuisson faite, retirez le tout proprement, mettez égouter & essuyer de sa graisse, dressez dans la terrine, entremêlez l'un avec l'autre, servez dessus un ragoût de petits pois. Prenez un litron & demi de petits pois, que vous passez sur le feu avec un morceau de beurre, un bouquet de persil, ciboules, mettez-y une pincée de farine, mouillez de bouillon, un peu de blond de veau, faites cuire, servez à courte sauce; en finissant un peu de sel.

Terrine de Boucherie.

Entrée.   Prenez la viande de Boucherie que vous jugerez à propos, comme queues de bœuf, de veau, de mouton, langues, culotte, carbonade, selle de mouton, gigot, poitrine, de quel endroit que ce soit, lardez-la de gros lard, hors les queues; faites cuire dans une bonne braise, dressez dans la terrine que vous devez servir, servez dessus la sauce, ou le ragoût que vous voulez.

Terrine de volaille.

Entrée.   Flambez, vuidez, épluchez la volaille que vous voulez, comme poularde, poulet, pigeons, Dindon, troussez les pates en dedans, lardez la chair de gros lard, faites cuire dans une braise bien nourrie, dressez dans la terrine que vous devez servir, servez avec la sauce, ragoût ou coulis que vous jugerez à propos.

Terrine de Gibier.

Entrée.

Coupez par membres lapin ou lièvre, laissez entiers perdrix, faisan, bécasse, sercelle; ceux dont vous vous servirez, lardez-les de gros lard, faites cuire dans une bonne braise, où vous mettrez du vin blanc, que la viande ne soit point trop cuite, dressez dans la terrine que vous devez servir avec la sauce, ragoût de légume, ou coulis que vous voulez.

Terrine d'étuvée aux Ecrevisses.

Entrée.

Prenez de la ruelle de veau, de la noix la plus tendre, coupez large de trois doigts & dans sa longueur le plus mince que vous pouvez, mettez dessus une farce, roulez comme des paupiettes, faites-en six que vous ficelez; mettez cuire avec de petits oignons blancs blanchis, six belles écrevisses entieres, entre des bardes de lard, un peu de bon bouillon, vin blanc, assaisonnez légerement de sel, poivre, un bouquet de persil, ciboules, deux cloux de gérofle, une feuille de laurier, basilic, faites cuire à petit feu; prenez le fond de la sauce que vous dégraissez, faites réduire, mettez-y un peu de blond de veau, dressez les morceaux de veau dans la terrine avec des croûtons de pain rond passés à l'huile, les petits oignons & les écrevisses, arrosez avec la sauce.

Terrine de Matelotte accompagnée.

Entrée. Coupez des tendons de veau que vous faites blanchir, & cuire entre des bardes de lard, la moitié d'un citron en tranches, bon bouillon; à moitié de la cuisson, mettez-y des petits oignons blanchis, deux cuisses de poularde, une anguille coupée par tronçons, faites cuire le tout ensemble à petit feu; prenez le fond de la sauce que vous passez au tamis, dégraissez, mettez-y du blond de veau, capres, anchois hachés, sel, gros poivre, dressez les tendons dans le fond de la terrine, les cuisses de poularde & l'anguille dessus, les petits oignons autour avec des croûtons de pain ronds & passés au beurre, arrosez partout avec la sauce.

Terrine d'étuvée à la mariée.

Passez sur le feu avec un peu de beurre, de la ruelle de veau coupée par morceaux, faites-en une farce avec de la graisse de bœuf blanchie, persil, ciboules, champignons hachés, sel, poivre, liez de quatre jaunes d'œufs, le quart d'un poisson d'eau-de-vie. Prenez cette farce pour farcir six gros oignons blanchis & creusés en dedans, le restant de la farce formez-en des boulettes, que vous farinez & faites frire un moment avant que de servir, faites cuire les oignons entre des bardes de lard avec six foyes gras, mouillez de bouillon, un bouquet; la cuisson faite, dressez les oignons, les foyes, les boulettes; entremêlez, garnissez de croûtons passés au beurre, servez dessus une bonne sauce.

Entrée.

DE L'AGNEAU
ET DU CHEVREAU.

LA chair de l'agneau nouveau né est très-humide & phlegmatique, ce qui est cause qu'alors elle fait une nourriture rafraichissante, mais peu saine, & qui forme un mauvais sang. On ne doit en manger que fort modérement, & lorsqu'elle est bien rôtie, & assaisonnée de sel. Celle d'un agneau de six mois est bonne : elle doit être délicate, tendre, blanche, & bien nourrie.

L'Hyver & surtout le Printems sont les deux saisons de l'année où l'on en mange le plus. Les parties que l'on employe en cuisine sont la tête seule, ou séparément la cervelle, la langue, les oreilles, les yeux ; ensuite la fraize, les pieds, la fressure, le ris, la queuë, le colet, le quartier de derriere, & celui de devant qui est le plus estimé.

Les Medecins conviennent assez unanimément que la chair du chevreau est de tous les quadrupedes la meilleure & la plus saine. Mais il faut que l'animal tete encore, & qu'il ait moins de six mois: alors il fournit une bonne nourriture, & fort propre surtout aux convalescens, dont les forces sont épuisées par une longue maladie.

Quartier d'Agneau farci à plusieurs légumes.

Désossez un quartier d'agneau de derriere hors le manche, prenez la chair de dessous sans toucher à la peau, faites-en une farce avec de la tetine de veau, persil, ciboules, champignons hachés, sel, fines épices, liez de six jaunes d'œufs, un peu de crême, mettez cette farce dans le quartier d'agneau & le cousez; foncez une chaponiere de bardes de lard, le quartier d'agneau dessus, un bouquet de persil, ciboules, une gousse d'ail, trois cloux de gérofle, thin, laurier, basilic, sel, poivre, mouillez de bouillon, tranches d'oignons, carotes, panais, faites cuire à petit feu; la cuisson faite, essuyez-le de sa graisse, servez dessus une bonne sauce, comme vous jugerez à propos, ou un ragoût de petits pois, ragoût de ris de veau, ou ragoût à la farce, ra-

Entrée.

goût de petits oignons, ragoût d'épinards.

Pieds d'Agneau au gratin, aux petits oignons.

Hors-d'œuvre. Faites blanchir douze pieds d'agneau & cuire dans une bonne braise avec des petits oignons blancs, faites un gratin sur le fond du plat que vous devez servir avec un foye gras que vous hachez, persil, ciboules, champignons mêlés avec du lard rapé, sel, poivre, deux jaunes d'œufs, faites gratiner sur un petit feu, renversez-en la graisse, dressez dessus les pieds & les petits oignons, arrosez avec une bonne sauce.

Saucissons d'Agneau au restaurant.

Entrée. Désossez à forfait un quartier d'agneau de derriere, prenez un tiers de la chair du dedans, que vous coupez en dez pour en faire un salpicon, avec un ris de veau blanchi, quelques cornichons coupez en dez, persil, ciboules, champignons, échalottes hachées, sel, gros poivre, trois jaunes d'œufs, mêlez le tout ensemble, lardez la chair du restant de l'agneau, que vous étendez sur la table pour y mettre le salpicon cru, roulez le quartier d'agneau en forme de saucisson, cousez & ficelez, faites cuire dans une chaponiere foncée de tranches de veau blanchies, couvrez de bardes de lard, tranches d'oignons & racines, faites suer à petit feu, mouillez avec un peu de bouillon, peu de sel, gros poivre, faites cuire; prenez-en le fond de la sauce que vous dégraissez, passez au tamis, mettez-y un peu de blond de veau, essuyez le saucisson de sa graisse, dressez sur le plat, la sauce dessus avec un jus de citron; cette sauce doit être claire & de bon goût.

Si vous voulez servir ce saucisson pour entremets, faites-le cuire dans une bonne braise avec un peu de vin, laissez-le refroidir dedans, servez sur une serviette. *Entremets.*

Têtes d'Agneau à la Sainte-Mennehoult.

Appropriez deux têtes d'agneau, que vous faites dégorger & blanchir à l'eau bouillante, faites cuire avec bon bouillon, bardes de lard, une moitié *Entrée.*

de citron en tranches, un bouquet, sel, poivre, ne laissez cuire qu'aux trois quarts, mettez-les égouter, ôtez-en la cervelle pour mettre à la place un ragoût de salpicon cuit à courte sauce, couvrez ce ragoût avec la cervelle, faites lier sur le feu un peu de blond de veau avec un morceau de beurre, trois jaunes d'œufs, persil, ciboules hachées, peu de sel, que vous mettez partout sur les têtes d'agneau, pannez avec de la mie de pain, arrosez légerement avec de l'huile, faites prendre couleur au four, servez dessous une sauce à la poulette que vous trouverez à l'article des sauces.

Cotelettes à la cendre, à la Perigord.

Entrée. Passez sur le feu des cotelettes d'agneau que vous avez appropriées, avec un peu d'huile, persil, ciboules, champignons hachés, sel, gros poivre; mettez-les dans une casserole foncée de tranches de veau blanchies avec leur assaisonnement, & sept ou huit truffes en tranches ou entieres, couvrez de bardes de lard, la moitié d'un citron en tranches, faites suer à petit feu, mouillez avec un peu de bouillon; la cuisson faite, prenez le fond de la sauce que vous dégraissez, passez au tamis, mettez-y du blond de veau, dressez les cotelettes avec les truffes, arrosez avec la sauce.

Filets d'agneau de différentes façons.

Prenez de l'agneau cuit à la broche & refroidi, coupez-le en filets, servez avec différentes sauces, comme sauce au jus de ravigotte, ou une sauce mêlée que vous ferez avec un morceau de beurre, persil, ciboules, champignons, échalottes, capres, anchois, truffes, le tout haché, passez sur le feu, mettez-y une pincée de farine, mouillez moitié vin blanc, moitié bouillon, faites cuire & réduire la sauce, mettez les filets dedans avec une liaison de trois jaunes d'œufs & de la crême, faites lier sur le feu; en servant jus de citron.

Hors-d'œuvre.

Vous pouvez mettre ces mêmes filets dans une sauce à Bechamel passée, ou une sauce à la poulette que vous trouverez dans l'article des sauces.

Epaule d'Agneau roulée.

Entrée. Désossez à forfait deux épaules d'agneau, le quarré vous servira à faire des cotelettes; mettez dedans des foyes gras, truffes, lard, jambon, le tout coupé en filets, avec persil, ciboules, échalottes, champignons hachés, mêlez avec deux jaunes d'œufs, du gros poivre, roulez les épaules, cousez & ficelez, faites cuire dans une bonne braise, servez avec la sauce ou ragoût que vous jugerez à propos.

Entremets. Si vous les voulez servir pour entremets, laissez refroidir dans la braise, servez sur une serviette.

Filets d'Agneau en crépine.

Entrée. Lardez les filets de deux quarrés d'agneau avec lardons de cornichons & d'anchois, mettez mariner avec de l'huile, sel, gros poivre, persil, ciboules, rocamboles hachées, thim, laurier, basilic en poudre, de la mie de pain, trois jaunes d'œufs, dressez les filets dans une crépine avec tout l'assaisonnement, faites cuire à la broche enveloppés de papier. Quand ils sont presque cuits, pannez avec de la mie de pain, faites prendre couleur, servez dessous une sauce de blond de veau, un peu de bon beurre, sel, gros poivre, faites lier sur le feu; en servant jus de citron.

Agneau au Venitien.

Prenez un quartier d'agneau de devant, ôtez-en l'épaule que vous faites cuire à la broche; quand elle est froide, hachez-la, passez sur le feu persil, ciboules, champignons, deux rocamboles, le tout haché, avec un peu de beurre, mettez-y une pincée de farine, mouillez de bouillon, faites bouillir jusqu'à ce qu'il n'y ait plus de sauce, mettez dedans la viande hachée avec une liaison de trois jaunes d'œufs, faites lier, assaisonnez de sel, gros poivre; en servant un jus de citron. Le quarré coupez-le en cotelettes, que vous faites mariner avec de l'huile, jus de citron, sel, poivre, persil, ciboules hachées, pannez de mie de pain, faites griller en les arrosant en cuisant avec le restant de la marinade, faites un bord de pain au plat que vous devez servir,

Entrée & Hors-d'œuvre.

mettez les cotelettes sur le bord, le hachis dans le milieu.

Quartier d'Agneau de derriere, à la Provençale.

Entrée. Levez proprement la peau d'un quartier d'agneau de derriere sans la détacher du manche, ciselez partout la chair à un doigt de distance, mettez dans les ciselures des filets d'anchois, de jambon, d'oignons; faites une petite farce de six jaunes d'œufs durs, lard rapé, persil, ciboules, échalottes, basilic, muscade, sel, poivre, liez de quatre jaunes d'œufs crus; mettez cette farce sur la viande, couvrez avec la peau du quartier d'agneau, ficelez & mettez cuire à petit feu avec bon bouillon, un bouquet; la cuisson faite, passez la sauce au tamis, dégraissez, faites réduire en glace, glacez-en tout le dessus de l'agneau, détachez ce qui reste dans la casserole avec un peu de bouillon, du blond de veau, un jus de citron & d'un bon sel, servez dessous l'agneau.

Vous pouvez servir de cette façon, gigot, selle, épaule de mouton & rôt de bif d'agneau.

Agneau rôti, sauce à l'Agneau.

Faites cuire un quartier d'agneau à la broche, servez avec une sauce faite avec un morceau de bon beurre, mie de pain, un peu de bouillon, autant de vin, sel, gros poivre, persil, ciboules, échalottes hachées, faites bouillir un quart d'heure, en servant jus de citron.

Entrée.

Cotelettes d'Agneau grillées au persinct.

Appropriez des cotelettes d'agneau que vous faites mariner avec un peu d'huile, sel, poivre, persil en branches, mettez-les griller, arrosez avec la marinade ; faites suer dans une casserole zestes de carottes, panais, jambon, une demie gousse d'ail, mouillez avec bouillon & autant de vin blanc, faites bouillir un quart d'heure, passez au tamis, mettez-y un pain de beurre de Vamvre manié de farine, faites lier sur le feu ; en servant du persil blanchi haché, un jus de citron, servez dessus les cotelettes.

Entrée & Hors-d'œuvre.

Cotelettes d'Agneau en papillottes.

Hors-d'œuvre.
Mettez mariner des cotelettes d'agneau avec perfil, ciboules, deux rocamboles, champignons, le tout haché, de l'huile, fel, gros poivre, mettez les cotelettes entre deux bardes de lard, & tout l'affaifonnement dans du papier blanc, tortillez tout autour comme une papillotte, huilez le papier, faites cuire à petit feu fur le gril, fervez avec.

Iffu d'Agneau au petit lard.

Hors-d'œuvre.
Faites dégorger un iffu d'agneau à l'eau tiéde, & blanchir à l'eau bouillante, mettez-le cuire avec du bouillon, un morceau de petit lard blanchi coupé en tranches tenant à la coüene, un bouquet, racines, oignons; faites infufer fans bouillir fur de la cendre chaude, perfil, ciboules, deux feuilles de laurier, une gouffe d'ail, trois cloux de gérofle, échalottes, fel, poivre, le quart d'un poiffon de vinaigre blanc, un verre de bouillon, un peu d'huile, dreffez l'iffu bien égouté
dans

dans le plat que vous devez servir, la tête au milieu, la cervelle découverte, la fressure & les pieds autour, les morceaux de petit lard dessus, passez la sauce au tamis, que vous servez dans une sauciere, le tout chaudement.

DE LA POULARDE
ET DU CHAPON.

Les poulardes sont de jeunes poules engraissées. Pour qu'elles soient bonnes, il faut qu'elles n'ayent point encore pondu. Leurs qualités différent beaucoup selon la nature des Païs où elles s'élevent, & de la nourriture qu'on leur donne. Outre celles de Caux qui sont fort estimées, il nous en vient de bonnes d'Anjou, du Mans, du Berry. Autant que la chair d'une vieille poule est dure, séche, & de difficile digestion, quoiqu'elle soit très-bonne pour les bouillons, autant celle de la poularde est tendre, succulente, & facile à digerer.

Les chapons sont de jeunes poulets chaponnés & engraissés. Il faut qu'ils soient tendres, gras, bien nourris, & de sept à huit mois. Il nous en vient de bons de Bruges, de Blanzac, de Barbesieux, du Mans & de Caux. Le chapon fournit une nourriture très-saine, quoiqu'an peu plus solide que la poularde. Il faut choisir l'un & l'autre d'une chair blanche & fine, la crête petite, la peau délicate, les pates d'un petit gris cendré, & les ergots du chapon petits. Sur l'arriere saison que les poulardes ont pondu, elles ont le derriere vermeil, bordé & bien ouvert, c'est une marque qu'elles font dures & coriasses. La chair des vieux coqs l'est encore davantage : aussi n'est-elle gueres d'usage que pour faire des bouillons, des consommés, des glaces, & des gelées de viandes, pour réparer les forces des malades, & pour ranimer la chaleur de leur estomac. Il faut en excepter les crêtes qui font un met délicat.

Poularde à la Reine.

Entrée.
Flambez & vuidez une poularde, troussez les pates dans le corps, applatissez-la un peu, & la faites refaire sur le feu avec du beurre, persil, ci-

boules, échalottes, champignons, le tout haché, sel, gros poivre, mettez-la dans une casserole foncée de tranches de veau blanchies avec tout son assaisonnement, couvrez de bardes de lard, la moitié d'un citron en tranches, un verre de bouillon ; faites cuire à petit feu, prenez le fond de la sauce, mettez-y une liaison de trois jaunes d'œufs avec de la crême, faites lier sur le feu, dressez sur la poularde.

Poularde frite.

Coupez par membres une poularde après l'avoir flambée, vuidée & épluchée, faites-la cuire aux trois quarts avec du bouillon, un morceau de beurre manié de farine, sel, poivre, cloux de gérofle, persil, ciboules, thim, laurier, basilic, vinaigre, mettez refroidir & la trempez dans de l'œuf battu, pannez de mie de pain, faites frire de belle couleur, servez garnie de persil frit. Vous pouvez sans la panner la tremper dans une pâte à vin, la faire frire de belle couleur.

Si vous voulez vous servir d'une poularde qui a servie sur la table, vous

Hors-d'œuvre.

lui ferez seulement prendre goût dans une braise, & la ferez frire de la même façon.

Poularde masquée.

Entrée. Prenez une poularde que vous flambez, vuidez ; troussez les pates en dedans, applatissez-la un peu & lardez avec des filets d'anchois, du petit lard, foncez une casserole de bardes de lard, mettez la poularde dessus avec persil, ciboules, ail, cloux de gérofle, un peu de beurre, mouillez avec du lait, faites cuire à petit feu, assaisonnez, peu de sel & poivre ; la cuisson faite, mettez égouter, foncez une tourtiere de bardes de lard, mettez la poularde dessus; faites lier sur le feu un peu de blond de veau avec trois jaunes d'œufs, un morceau de beurre, mettez cette sauce sur toute la poularde, pannez avec de la mie de pain, remettez de la sauce & pannez une seconde fois, que toute la poularde soit bien couverte, arrosez légerement le dessus avec de l'huile, faites prendre couleur au four, ou sous un couvercle de tourtiere, servez avec une sauce au jus de ravigote que vous trouverez dans l'article des sauces.

Poularde à la Toulouſe.

Deſoſſez à forfait une poularde, en *Entrée.* commençant par le col, prenez garde de percer la peau, rempliſſez-la d'un ragoût de ris de veau, truffes, champignons, bien fini & courte ſauce, foncez une caſſerole de tranches de veau blanchies, mettez la poularde deſſus après l'avoir couſuë & donné la forme comme ſi elle n'étoit point déſoſſée; couvrez de bardes de lard, une moitié de citron en tranches, mouillez avec un verre de bouillon, un peu de ſel, gros poivre, faites cuire à petit feu; la cuiſſon faite, prenez le fond de la ſauce que vous dégraiſſez, paſſez au tamis, mettez-y un peu de blond de veau, ſervez ſur la poularde.

Poularde au perſil.

Flambez & vuidez une poularde, *Entrée.* que vous coupez en quatre; foncez une caſſerole de tranches de veau blanchies, mettez la poularde deſſus avec quatre racines de perſil cuites à moitié dans l'eau, & du perſil blanchi en branches, une moitié de citron en tranches, couvrez de bardes de lard, assaisonnez de sel, gros poivre, mouillez de bouillon, faites cuire à petit feu; la cuisson faite, dressez la poularde, les racines à côté, le persil en branches dessus, passez la sauce au tamis, servez.

Poularde aux choux & saucisses.

Entrée. Coupez un moyen chou en quatre, que vous faites cuire un quart d'heure à l'eau bouillante, retirez à l'eau fraîche pour le presser & ficeler, faites cuire avec bon bouillon ; à moitié de la cuisson, mettez-y une poularde bien troussée & blanchie un instant, avec six grosses saucisses courtes, très-peu de sel, gros poivre ; la cuisson faite, dressez dans le plat, les choux autour de la poularde, les saucisses sur les choux, arrosez avec une sauce au blond de veau assaisonnée de bon goût.

Poularde farcie en ragoût.

Entrée. Flambez & vuidez une poularde, que vous fendez en deux le long de l'estomac, désossez à forfait, mettez dessus une farce faite de blanc de volaille cuite à la broche, tetine de veau blanchie, persil, ciboules, champignons, sel, fines épices, liez de six jaunes d'œufs, roulez chaque morceau de poularde, enveloppez de bardes de lard & morceau d'étamine, ficelez, faites cuire dans une braise avec bouillon, vin blanc, un bouquet, racines, oignons, sel, poivre ; la cuisson faite, ôtez de l'étamine, essuyez de sa graisse, dressez sur le plat, servez dessus un ragoût, que vous ferez avec un ris de veau blanchi coupé en six morceaux, des champignons, un bouquet, un peu de beurre, passez sur le feu, mettez-y une pincée de farine, mouillez de bouillon, blond de veau, sel, gros poivre, faites cuire, dégraissez, en servant jus de citron. Si vous avez des petits œufs, vous les mettrez dans le ragoût un peu avant que de servir.

Poularde à la Lyonoise.

Troussez en dindoneau une poularde, que vous passez sur le feu, faites-la cuire dans une casserole foncée de tranches de veau blanchies, couvrez

Entrée

de bardes de lard, tranches d'oignons & racines, un bouquet, mouillez avec un peu de bouillon & vin blanc, sel, gros poivre; la cuisson faite, passez le fond de la sauce que vous dégraissez, mettez-y un peu de blond de veau, servez dessus la poularde, semez légerement dessus & sur la sauce du persil blanchi haché.

Poularde glacée au blond de veau.

Entrée. Prenez une poularde que vous flambez; vuidez, troussez les pates dans le corps, applatissez sans la déchirer, piquez tout le dessus & les cuisses avec du menu lard, faites tremper dans l'eau & blanchir un moment à l'eau bouillante; faites cuire dans une casserole avec bon bouillon, tranches de veau coupées fort minces & blanchies un moment, un peu de jambon, un bouquet; la cuisson faite, passez la sauce au tamis, faites réduire en glace; prenez trois ou quatre plumes de volaille bien propres, que vous trempez dans la glace, que vous mettez à mesure sur la poularde de cette façon; vous ne cassez point le lard & glacez également,

détachez

détachez ce qui reste dans la casserole avec un peu de bouillon, du blond de veau, mettez-y un jus de citron, servez.

Poularde au fumet.

Flambez & vuidez une poularde, désossez l'estomac, mettez à la place du brichet & dans le corps des filets de lapreau, prenez un moyen lapreau, levez-en tous les filets que vous émincez, faites mariner avec de l'huile, sel, gros poivre, persil, ciboules, échalottes, champignons, le tout haché, cousez la poularde, faites cuire dans une casserole foncée de tranches de veau blanchies, couvrez-la de bardes de lard, mettez dessus les débris du lapreau avec tranches d'oignons & racines, sel, gros poivre ; faites suer à petit feu une demie heure, mouillez avec un peu de bouillon, vin blanc ; la cuisson faite, prenez le fond de la sauce que vous passerez au tamis, dégraissez, mettez-y un peu de blond de veau, dressez la poularde & la sauce dessus.

Entrée.

Poularde en feuilletons.

Levez la peau d'une grosse poularde,

Hors d'œuvre.

prenez toute la chair que vous coupez par feuillets très-minces, coupez six truffes de la même façon, foncez une casserole de tranches de veau blanchies, mettez dessus persil, ciboules, champignons, le tout haché, sel, gros poivre, un peu d'huile; mettez dessus une couche de feuillets de poularde & de truffes, remettez après persil, ciboules, champignons, un peu de sel, gros poivre & de l'huile, une couche de filets ou feuillets de poularde, continuez de même, couvrez de bardes de lard, faites cuire à petit feu sur de la cendre chaude; la cuisson faite, détachez chaque feuillet sans les casser, dressez sur le plat que vous devez servir, prenez le fond de la sauce que vous passez au tamis, dégraissez, mettez-y un peu de blond de veau, un jus de citron, servez.

Poularde au naturel.

Entrée. Prenez une poularde que vous flambez & vuidez; troussez les pates dans le corps, laissez les aîles & le foye, lardez de gros lard si vous voulez, faites cuire avec du bouillon, sel, gros poivre, un bouquet de persil, ciboules, une gousse d'ail, trois clous de gérofle, une feuille de laurier, oignons, racines, un verre de vin blanc, ne la faites point trop cuire; tâtez-la sur la cuisse, si elle flechit sous le doigt, c'est une marque qu'elle est cuite comme il faut, servez avec un peu de bouillon de sa cuisson, ou une autre sauce.

Poularde à la Conty.

Entrée. Flambez & vuidez une poularde, farcissez de son foye, & faites cuire à la broche, enveloppée de lard & de papier, dressez sur le plat que vous devez servir, ciselez le dessus comme un canneton de Rouen, arrosez avec une sauce faite avec oignons hachés, persil, ciboules, échalottes, un morceau de beurre passez sur le feu, mouillez avec bouillon, blond de veau, vin blanc, un peu de sel, poivre, faites cuire; mettez-y après un anchois, grosses capres hachées, faites faire encore quelques bouillons; la sauce étant finie, mettez de la moutarde que vous délayez dans la sauce, passez-la au tamis, qu'elle ne soit ni trop claire ni trop liée & d'un bon goût, faites chauffer sans qu'elle bouille, servez.

Poularde à la Cardinale.

Entrée. Trouffez en dindoneau les pates d'une poularde après l'avoir flambée & vuidée, détachez la peau d'avec la chair fur l'eftomac, mettez-y partout du beurre d'écreviffes, farciffez le dedans avec fon foye, lard rapé, perfil, ciboules hachées, fel, gros poivre, deux jaunes d'œufs, coufez la poularde, faites-la cuire à la broche enveloppée de lard & de papier, fervez avec un ragoût de queuës d'écreviffes; mettez les queuës & les œufs d'écreviffes, fi vous en avez, cuire avec un peu de bon bouillon, un demi verre de vin blanc, du blond de veau, fel, gros poivre; en fervant mettez-y un peu de beurre d'écreviffes, faites lier fans qu'il bouille, fervez deffus la poularde. Vous trouverez la façon de faire le beurre d'écreviffes à la fin du boudin fin, *page* 109.

Quenelle de Poularde.

Hors-d'œuvre. Gratez avec un couteau auffi fin que s'il étoit haché le blanc d'une poularde cruë, mettez-le dans un mortier avec un peu de panne ou lard rapé, mie de pain, deux ou trois jaunes d'œufs crus, perfil, ciboules, un peu d'échalottes hachées fines, fel, poivre, pilez le tout enfemble, retirez-les après & les roulez fur une table en forme de petites faucifles courtes; mettez dans une cafferole un bon corps de bouillon ou reftaurant, faites-le bouillir. Quand il bout à gros bouillons, mettez dedans les quenelles pour que la chaleur les faififfe, après vous les ferez cuire une demie heure à petit feu, dreffez-les fur le plat que vous devez fervir, paffez leur cuiffon au tamis, dégraiffez, fervez à courte fauce fur les quenelles.

Cuiffes de Poularde à la Gafcogne.

Faites blanchir un moment à l'eau bouillante quatre cuiffes de poularde, lardez-les avec filets de jambon & d'anchois défalés, faites mariner les cuiffes avec un peu d'huile & jus de citron, prenez un morceau de beurre ou lard rapé que vous mêlez avec perfil, ciboules, champignons, écha-

Hors-d'œuvre.

lottes hachées, fines épices, point de sel, abattez une pâte brisée en quatre morceaux de l'épaisseur d'un petit écu, mettez une cuisse dans chaque morceau avec les fines herbes, enveloppez, faites cuire au four; la cuisson faite, ôtez la pâte, dressez les cuisses sur le plat que vous devez servir, mettez dessus une sauce à la Gascogne que vous trouverez dans l'article des sauces.

Cuisses de Poularde aux fines herbes.

Hors-d'œuvre. Mettez dans une casserole quatre cuisses de poularde avec persil, ciboules, champignons, échalottes hachées, sel, gros poivre, un demi verre d'huile, faites refaire sur le feu; foncez une casserole avec tranches de veau blanchies, une tranche de jambon, mettez les cuisses de poularde dessus avec leur assaisonnement, une moitié de citron en tranches, couvrez de bardes de lard, mouillez avec un verre de bouillon, couvrez d'une feuille de papier & du couvercle de casserole, faites cuire à très-petit feu; prenez le fond de la sauce que vous dégraissez, passez au tamis, mettez-y un peu de blond de veau, servez sur les cuisses.

Culote de Poularde en Matelotte.

Coupez une poularde par la moitié, prenez le côté des deux cuisses, il faut qu'elles tiennent ensemble avec le croupion, cassez un peu les os pour qu'elles se tiennent à plat, faites cuire entre des bardes de lard, un peu de bouillon; mettez dans une casserole une anguille coupée par tronçons, des petits oignons blancs cuits à moitié dans l'eau, des laitances de carpe avec du blond de veau, vin blanc, un bouquet de persil, ciboules, une gousse d'ail, trois cloux de gérofle, sel, gros poivre; la cuisson de la culote de poularde finie, faites cuire une demie heure votre matelotte, qu'elle soit de bon goût, servez sur la culote de poularde, garnie de croûtons frits. *Entrée.*

Cuisses de Poularde au Prince.

Prenez quatre cuisses de poularde, que vous passez sur le feu avec un peu d'huile, faites cuire avec bon bouillon, ou consommé, un demi verre de vin blanc, un pain de beurre de Vamvre, une *Hors-d'œuvre.*

tranche de jambon, la moitié d'un citron, un bouquet de perfil, ciboules, une gousse d'ail, sel, gros poivre, faites cuire à très petit feu, passez la cuisson au tamis, dégraissez, servez à courte sauce sur les cuisses.

Filets de Poularde au Vertpré.

Entrée & Hors-d'œuvre. Foncez une casserole de tranches de jambon, de veau, zestes de lard & de racines, tranches d'oignons; faites suer à petit feu, mouillez avec du bouillon, vin blanc, faites bouillir cette sauce à petit feu pendant une heure, passez au tamis & faites réduire au point d'une sauce; prenez de la poularde cuite à la broche & refroidie, coupez en filets que vous mettez dans la sauce avec un pain de beurre manié de farine, faites chauffer sans qu'elle bouille; en servant mettez-y une pincée de persil blanchi haché, & un jus de citron.

Poularde en paupiettes.

Hors-d'œuvre. Flambez & vuidez une poularde, que vous coupez en deux, désossez-la à forfait, coupez chaque moitié en trois morceaux, battez-les bien pour les élargir, mettez sur chaque un peu de farce fine, roulez & ficelez, foncez une casserole de tranches de veau, les paupiettes dessus, que vous couvrez de bardes de lard, & faites cuire avec un peu de bouillon, la moitié d'un citron, un bouquet de persil, ciboules, une gousse d'ail, trois rocamboles, une feuille de laurier, peu de sel, gros poivre ; la cuisson faite à petit feu, prenez le fond de la sauce que vous dégraissez, passez au tamis, mettez-y un peu de blond de veau, servez sur les paupiettes.

DU DINDON.

ON sçait que le Dindon est un jeune coq d'Inde. Cet oiseau inconnu autrefois dans l'Europe y a d'abord été apporté de la Numidie, & ensuite des Indes, dont il a tiré son nom. Quand il est petit, il n'est point de volaille qui demande plus de soin pour l'élever, mais aussi il en demande très-peu, lorsqu'il est fort. Il faut préferer pour la table celui qui est jeune, tendre, gras, qui n'ait point souffert dans son bas âge, dont la chair soit blanche, & les pates noires. Sa chair fournit une très-bonne nourriture, facile à digérer, & propre à rétablir les forces des convalescens. Elle approche beaucoup en ses qualités de celle du poulet, quoiqu'elle soit plus solide.

On préfere pour la délicatesse la femelle au mâle.

Dindon en Grenadins.

Entrée. Coupez un dindon en quatre après l'avoir flambé & vuidé, prenez chaque morceau que vous arrondissez, en cousant le dessous avec une ficelle, piquez tout le dessus avec du menu lard, faites blanchir un moment à l'eau bouillante, mettez cuire avec bon bouillon, une tranche de jambon, des petits morceaux de veau blanchis, un bouquet; la cuisson faite, ôtez les grenadins, passez le bouillon au tamis, dégraissez, faites réduire en glace, glacez comme les fricandeaux; en servant ayez soin d'ôter les ficelles.

Du Dindon.

Dindoneau à différens ragoûts.

Entrée. Prenez un dindoneau gras, que vous flambez, vuidez, faites une petite farce de son foye avec lard rapé, persil, ciboules, sel, poivre, mettez cette farce dans le corps, troussez-le proprement & refaites dans une casserole sur le feu avec du beurre, faites-le cuire à la broche enveloppé de lard & de papier; pour le conserver blanc, mettez sur l'estomac des tranches de citron; vous le servirez avec la sauce que vous jugerez à propos, ou avec un ragoût de ris de veau, ragoût de concombres, d'huitres, de truffes, celui que vous voudrez.

Dindoneau gras au beurre d'écrevisses.

Entrée. Flambez & vuidez un dindoneau gras & bien blanc, mettez dans le corps une farce de son foye, détachez la peau de dessus l'estomac d'avec la chair, mettez-y du beurre d'écrevisses le plus que vous pouvez, cousez le dindoneau pour que rien ne sorte, faites refaire avec un peu de beurre dans une casserole sur le feu, faites cuire à la broche enveloppé de lard & de papier, mettez dans une casserole du blond de veau, du beurre d'écrevisses, un peu de sel, gros poivre, faites lier sur le feu sans bouillir, servez sur le dindoneau. *Voyez beurre d'écrevisses, p. 109.*

Dindon dans son jus.

Entrée. Troussez un dindon après l'avoir flambé & vuidé, faites-le revenir dans un peu de graisse du derriere de la marmite; foncez une casserole de tranches de veau blanchies, mettez le dindon dessus, l'estomac en dessous, couvrez de bardes de lard, mouillez avec un demi verre de bouillon, sel, gros poivre, un bouquet, faites cuire à très-petit feu, passez la sauce au tamis & dégraissez, mettez-y un peu d'échalottes, si vous voulez, servez sur le dindon.

Dindon gras farci de truffes.

Entrée. Prenez un petit dindoneau bien gras que vous flambez & vuidez, faites une farce avec son foye, quatre truffes hachées, persil, ciboules, un peu de sel, gros poivre, lard rapé, liez de deux jaunes d'œufs, détachez la peau de l'estomac d'avec la chair, mettez-y de cette farce & le reste dans le corps, cousez-le pour qu'elle ne sorte pas ; faites cuire à la broche enveloppé de lard & de papier, après l'avoir fait refaire sur le feu avec du beurre. Pour la sauce mettez dans une casserole un peu de beurre avec persil, ciboules, truffes, le tout haché, passez sur le feu, mettez-y une pincée de farine, mouillez de bouillon, vin blanc, un peu de blond de veau, faites cuire, dégraisser & réduire au point d'une sauce, assaisonnez de sel, gros poivre, servez sur le dindoneau.

Dindon à la poële.

Flambez & vuidez un petit dindon, troussez les pates dans le corps, faites-le revenir avec un peu d'huile, sel, gros poivre, persil, ciboules, champignons, truffes, le tout haché ; foncez une casserole de tranches de veau blanchies, mettez le dindon dessus avec tout l'assaisonnement, couvrez de

Entrée.

bardes de lard, une moitié de citron en tranches, un demi verre de bouillon, faites cuire à très-petit feu; la cuisson faite, essuyez le dindon de sa graisse, mettez du blond de veau, & un peu de bouillon dans la cuisson, faites bouillir, dégraissez, passez au tamis, servez assaisonné de bon goût.

Aîlerons supposés.

Hors-d'œuvre. Prenez des peaux de volaille, ce que vous ferez aisément quand vous en employez pour tirer des filets ou d'autres entrées où vous n'avez que faire de la peau; après avoir flambé vos volailles & bien épluché, levez-en la peau sans la déchirer, mettez-les dans des moules de cuivre faits en aîlerons, remplissez le dedans d'une bonne farce de volaille cuite & bien finie, enveloppez la farce de la peau, & colez avec de l'œuf battu, mettez cuire dessous un couvercle de tourtiere un bon quart d'heure, dressez dans le plat que vous devez servir, servez avec une sauce comme aux autres aîlerons.

Ailerons de Dindon à l'étuvée.

Entrée.

Echaudez & faites blanchir six aîlerons, prenez une carpe œuvée, que vous coupez comme pour mettre à l'étuvée, mettez les œufs à part, foncez une casserole de bardes de lard, dessus les tronçons de carpes, & sur la carpe quelques tranches de veau blanchies, arrangez dessus les aîlerons, couvrez de bardes de lard, un bouquet de persil, ciboules, une gousse d'ail, trois cloux de gérofle, une feuille de laurier, thim, basilic, mouillez de vin blanc; à la moitié de la cuisson, mettez-y des petits oignons cuits un quart d'heure dans l'eau, sel, gros poivre, les œufs de la carpe; faites rachever de cuire, dressez les aîlerons dans le plat, les œufs de carpes & les petits oignons autour, garnissez de croûtons de pain passés au beurre, mettez du blond de veau dans la cuisson, faites bouillir un instant & dégraissez, passez au tamis, que la sauce soit d'un bon goût & relevée, mettez-y un peu de capres entieres, servez.

Aîlerons de Dindon à la cendre.

Entrée. Foncez une casserole de tranches de veau blanchies, mettez dessus huit aîlerons bien échaudés avec persil, ciboules, champignons, échalottes, le tout haché, de l'huile, sel, gros poivre, une moitié de citron coupé en tranches, mouillez d'un verre de bouillon, couvrez de bardes de lard & d'une feuille de papier, un couvercle de casserole, faites cuire sur de la cendre chaude feu dessus & dessous; la cuisson faite, retirez les aîlerons, mettez du blond de veau dans la cuisson, dégraissez & passez au tamis, servez.

Aîlerons de Dindon farcis.

Entrée. Faites blanchir huit aîlerons échaudés, que vous faites cuire à très-petit feu dans une casserole foncée de tranches de veau blanchi, un peu de bouillon, un verre de vin blanc, un bouquet, couvrez de bardes de lard, assaisonnez de sel, gros poivre; la cuisson faite, mettez-les refroidir. Vous avez une bonne farce de volaille que vous

vous mettez autour des aîlerons, enveloppez de crépine, trempez dans de l'œuf battu, pannez de mie de pain, arrangez sur une tourtiere, arrosez légerement avec de l'huile, faites prendre couleur au four ou sous un couvercle de tourtiere, prenez le fond de la sauce des aîlerons, mettez-y un peu de blond de veau, faites bouillir un instant, dégraissez, passez au tamis, servez.

Aîlerons en Bignets.

Mettez cuire six aîlerons échaudés dans une bonne braise, mettez-les après refroidir, trempez dans une pâte faite avec de la farine, un peu d'huile, deux blancs d'œufs fouettés, sel, délayez avec vin blanc, faites frire de belle couleur, servez garni de persil frit. Ces mêmes aîlerons étant cuits à la braise & refroidis, trempez-les dans des œufs battus, pannez de mie de pain, faites frire, servez de même façon.

Entrée.

Aîlerons bachiques.

Foncez une casserole de tranches de veau blanchies, mettez dessus huit

Entrée.

gros aîlerons échaudés & blanchis, couvrez de bardes de lard, tranches d'oignons, un bouquet de perfil, ciboules, une gouffe d'ail, deux cloux de gérofle, une carotte, un panais, faites fuer fur un petit feu une demie heure, & mouillez avec une chopine de vin de Champagne, faites cuire, prenez-en le fond de la fauce, mettez-y du blond de veau, faites bouillir & réduire au point d'une fauce, dégraiffez & paffez au tamis, affaifonnez de bon goût, fervez fur les aîlerons.

Aîlerons à différens ragoûts.

Entrée. Si vous mettez les aîlerons en ragoût n'en prenez que fix; pour mettre avec une fauce huit pour le moins, de quelle façon que vous les mettiez, il faut les échauder & blanchir; faites cuire avec bon bouillon, un bouquet, entre des bardes de lard, fel, gros poivre; la cuiffon faite, prenez-en le fond de la fauce que vous paffez au tamis, dégraiffez, mettez dans le ragoût ou fauce que vous deftinez aux aîlerons pour lui donner du corps, ne falez le ragoût qu'après que vous aurez mis dedans le fond de cette sauce. Vous pouvez les servir avec un ragoût de petits pois, de concombres, de navets, de ris de veau, de petits oignons, de montans, de marons, de cornichons.

Aîlerons au four aux petits oignons.

Faites cuire six aîlerons échaudés & blanchis dans une casserole foncée de tranches de veau blanchies, mettez les aîlerons dessus, couvrez de bardes de lard, un bouquet, mouillez de bouillon, sel, gros poivre; à la moitié de la cuisson, mettez-y des petits oignons blancs blanchis un quart d'heure à l'eau bouillante; la cuisson faite, retirez les oignons & les aîlerons, passez la sauce au tamis sans la dégraisser, mettez-y du blond de veau & trois jaunes d'œufs, faites lier sur le feu, qu'elle soit courte & de bon goût, mettez-en au fond du plat que vous devez servir avec de la mie de pain & Parmesan rapé, dressez dessus les aîlerons avec les oignons, mettez dessus le restant de la sauce, pannez de mie de pain & Parmesan, faites prendre couleur au four, servez à courte sauce, égoutez-en la graisse.

Entrée.

Aîlerons de Dindon en fricassée de poulets.

Entrée. Prenez huit ou dix aîlerons bien échaudés, faites blanchir un moment, mettez-les dans une casserole avec du bon beurre, un bouquet de persil, ciboules, une gousse d'ail, deux cloux de gérofle, des champignons, passez le tout sur le feu, mettez-y une pincée de farine, mouillez avec du bouillon, un verre de vin blanc, sel, gros poivre, faites cuire à petit feu, ne dégraissez qu'à moitié. Quand ils sont cuits & plus de sauce, mettez-y une liaison de trois jaunes d'œufs avec de la crême, faites lier, en servant un filet de vinaigre blanc.

Aîlerons en Surtout grillés.

Entrée. Enveloppez partout six aîlerons blanchis & échaudés avec des bardes de petit lard, ficelez & faites cuire avec du bouillon, un bouquet, du gros poivre, quelques tranches d'oignons; la cuisson faite, mettez-les refroidir & mariner avec le gras de leur cuisson, persil, ciboules, échalottes hachées, un peu de basilic en poudre, un jaune d'œuf cru, ôtez les ficelles, faites tenir cet assaisonnement après les aîlerons enveloppés des bardes, pannez avec de la mie de pain, faites cuire sur le gril. Quand ils sont de belle couleur, servez avec une sauce un peu claire & piquante. Les aîlerons de poularde se préparent de la même façon que ceux de dindons.

DU POULET.

LA chair de poulet qui a deux ou trois mois fournit une nourriture excellente & des plus saines. Elle rafraîchit, humecte & se digére facilement. Elle doit être bien nourrie, blanche & ramassée, la crête petite. Il faut préférer pour la délicatesse les poulettes aux poulets. La cuisine en distingue de quatre sortes par leur grosseur. Le poulet à la Reine est le plus petit & le plus estimé, le poulet aux œufs vient après, le poulet gras est le plus fort, le poulet commun sert à faire différentes fricassées.

Poulets à la Vestale.

Entrée. Farciffez deux poulets à la Reine, bien blancs & gras, avec une farce de leurs foyes, détachez la peau de deffus l'eftomac, mettez-y du lard rapé, trouffez les pates en dindoneau, faites refaire avec un peu de beurre & un jus de citron, faites cuire à la broche enveloppés de bardes de lard & de papier, mettez fur l'eftomac des tranches de citron pour les tenir blancs, fervez avec une fauce que vous faites de cette façon. Mettez dans une cafferole gros comme la moitié d'un œuf de la mie de pain, que vous faites cuire avec du bouillon qui ne foit pas coloré, mettez dans un mortier un morceau de blanc de volaille cuite à la broche que vous pilez avec deux jaunes d'œufs durs & la mie de pain que vous avez fait cuire avec le bouillon, affaifonnez de fel, un peu de poivre, délayez avec de la crême, paffez à l'étamine, faites chauffer fans bouillir, fervez deffus les poulets.

Poulets au Celadon.

Faites cuire à l'eau bouillante pendant un quart d'heure, une poignée de perfil épluché, autant de cerfeuil & de poirée les côtons ôtés, un peu de queuës de ciboules, retirez à l'eau fraîche, preffez bien & pilez dans un mortier; mettez ces herbes pilées dans une casserole avec un morceau de bon beurre, faites bouillir ensemble un bon quart d'heure; passez ensuite à force de bras dans une étamine, mettez refroidir ce beurre, & vous en servez pour les sauces vertes. Prenez deux petits poulets aux œufs bien blancs, que vous flambez, épluchez, vuidez, détachez la peau de dessus l'eftomac pour y mettre de ce beurre verd; prenez les foyes que vous hachez avec perfil, ciboules, un peu de lard rapé, sel, poivre, farciffez les poulets, coufez pour que rien ne forte, faites refaire & cuire à la broche enveloppés de lard & de papier; mettez dans une casserole du blond de veau, un morceau de beurre verd, fel, gros poivre, faites lier fur le feu, fervez fur les poulets.

Entrée.

Poulets à la nuit.

Entrée. Flambez deux poulets à la Reine d'une bonne grosseur que vous épluchez, vuidez, farcissez le dedans avec une farce de leurs foyes, détachez la peau de dessus l'estomac, mettez entre la chair & la peau du lard rapé mêlé avec des truffes pilées, faites refaire un instant dans du beurre après avoir troussez les pates, faites cuire à la broche enveloppés de lard & de papier, mettez dans une casserole des truffes hachées extrêmement fines, faites cuire avec un verre de vin blanc, un peu de blond de veau, sel, gros poivre, un bouquet de persil, ciboules, ôtez le bouquet, finissez de bon goût, servez dessus les poulets.

Poulets blondins.

Entrée. Prenez deux poulets à la Reine que vous flambez, épluchez, vuidez, farcissez-le dedans avec une farce de leurs foyes, troussez les pates en dindoneau, faites-les refaire avec du beurre, essuyez & piquez tout le dessus avec du menu

menu lard, faites cuire à la broche enveloppés de papier, mettez dans une casserole une demie livre de ruelle de veau coupée en dez avec une tranche de jambon, un bouquet de persil, ciboules, une gousse d'ail, deux clous de gérofle, du bon bouillon. Quand le veau est cuit, passez le bouillon au tamis, dégraissez, faites réduire en glace, retirez les poulets de la broche pour glacer tout le dessus avec la glace de veau. Vous prenez des plumes de volaille bien propres, que vous trempez dans la glace pour la mettre sur les poulets jusqu'à ce qu'ils soient d'un beau blond, détachez ce qui reste dans la casserole avec un peu de bouillon & du blond de veau, passez au tamis, mettez-y un peu de sel, gros poivre, un jus de citron, servez dessous les poulets.

Poulets au vermillon d'écrevisses.

Farcissez deux poulets à la Reine Entrée. après les avoir flambés & vuidés, avec une farce de leurs foyes, détachez la peau de dessus l'estomac sans la percer. mettez entre la chair & la peau du
P

beurre d'écrevisses, cousez les poulets, troussez les pates en dindoneau, faites refaire un instant dans du beurre, mettez cuire à la broche enveloppés de lard & de papier, faites lier dans une casserole sur le feu, un peu de restaurant avec du blond de veau, un morceau de beurre d'écrevisses, sel, gros poivre, sans faire bouillir, servez dessus les poulets. *Voyez* beurre d'écrevisses, *page* 109.

Poulets à la jonquille.

Entrée. Flambez deux poulets à la Reine d'une bonne grosseur, épluchez, vuidez, farcissez dans le corps avec une farce de leurs foyes, détachez la peau de dessus l'estomac ; mettez-y du lard rapé, mêlez avec gros comme un pois de saffran en poudre, cousez les poulets, troussez les pates en dindoneau, faites refaire un instant avec du beurre, mettez cuire à la broche enveloppés de lard & de papier. Quand ils sont cuits, mettez dans une casserole gros comme deux pois de saffran en poudre, que vous délayez avec un peu de restaurant petit à petit, mettez-y un peu de blond de veau, la moitié d'un pain de beurre, sel, gros poivre, faites lier sur le feu, servez sur les poulets.

Poulets grillés dans leur jus.

Entrée.

Troussez les pates en dedans de deux poulets aux œufs après les avoir flambés & vuidés, faites mariner avec de l'huile, persil, ciboules, une gousse d'ail, deux rocamboles, deux cloux de gérofle, le tout sans être haché, sel, gros poivre. Après avoir marinés deux heures, mettez sur l'estomac des poulets la moitié d'un citron en tranches, enveloppez de bardes de lard & de papier avec tout leur assaisonnement, faites griller à très-petit feu; la cuisson faite, ôtez le papier, les bardes & tout ce qui pourroit tenir après, servez avec une sauce au jus de ravigote, que vous trouverez à l'article des sauces.

Grenadins de Poulets au Vertpré.

Entrée.

Fendez par le dos & désossez à forfait deux poulets gras que vous avez flambés, vuidés & épluchés, mettez de-

P ij

dans un ragoût de ris de veau, champignons coupés en dez cuits & refroidis; cousez les poulets en façon d'une bourse & bien ronds, faites-les refaire avec un peu de beurre, piquez tout le dessus avec du menu lard, faites cuire avec bon bouillon, un bouquet de persil, ciboules, une gousse d'ail, une demie feuille de laurier; la cuisson faite, passez le bouillon au tamis, dégraissez, faites réduire en glace, glacez le dessus des poulets; mettez dans la casserole un demi verre de bon bouillon pour détacher ce qui reste, mettez-y un pain de beurre manié de farine, une bonne pincée de persil blanchi haché, faites lier sur le feu, en servant jus de citron, sel, gros poivre, ôtez les ficelles des poulets, servez la sauce dessous.

Poulet Royal.

Entrée. Désossez l'estomac & le brichet de deux poulets gras de moyenne grosseur après les avoir flambés & vuidés; faites un ragoût avec des truffes, foyes gras, quelques oignons cuits à la cendre. Quand il est cuit, fini de bon goût & courte sauce, mettez-le dans le corps des poulets, cousez pour que rien ne sorte, faites refaire dans du beurre, & cuire à la broche enveloppés de lard & de papier, servez avec une sauce à la Françoise que vous trouverez à l'article des sauces.

Poulets au jus d'orange au fumet de Lapreau.

Prenez deux poulets aux œufs que vous flambez & vuidez, désossez l'estomac sans percer la peau, prenez un lapreau, levez-en tous les filets que vous émincez, faites-les mariner avec un peu d'huile, sel, gros poivre, persil, ciboules, une rocambole, le tout haché, mettez-y trois jaunes d'œufs mêlés ensemble, mettez ces filets dans le corps des poulets, faites-les refaire & cuire à la broche à très-petit feu enveloppés de lard & de papier ; passez sur le feu les débris du lapreau avec un morceau de beurre, mettez-y une pincée de farine, mouillez avec un verre de vin blanc, du bouillon, un peu de blond de veau, faites cuire à petit feu, faites réduire au point d'une sauce, dégraissez, passez au tamis, mettez-y un

Entrée.

peu de sel, gros poivre, un jus de bigarade, servez sur les poulets.

Poulets en pannade à la Crême.

Entrée. Flambez & vuidez deux poulets gras bien blancs, farcissez avec une farce de leurs foyes, faites cuire à la broche enveloppés de lard & de papier ; la cuisson faite, ôtez les bardes & le papier, dorez le dessus avec de l'œuf battu, pannez de mie de pain, arrosez légerement avec un peu de beurre, repannez & faites prendre une belle couleur au feu ; faites une sauce avec un morceau de beurre, quelques champignons, une tranche de jambon, un bouquet de persil, ciboules, une demie gousse d'ail, deux cloux de gérofle, une rocambole, passez le tout sur le feu, mettez-y une pincée de farine, mouillez avec du bouillon, un peu de sel, gros poivre, faites cuire à petit feu & réduire presque à sec, mouillez avec de la crême que vous remuez bien ensemble, passez au tamis, faites chauffer sans bouillir, servez dessous les poulets.

Matelotte de Poulet & d'Anguille.

Coupez en quatre morceaux un gros poulet gras, faites-le cuire entre des bardes de lard, avec du bouillon & une douzaine de petits oignons blanchis un quart d'heure à l'eau bouillante, un peu de sel; la cuisson faite, mettez dans une autre casserole une anguille coupée par tronçons, du blond de veau, un demi septier de vin blanc, un bouquet de persil, ciboules, deux clous de gérofle, une feuille de laurier, thim, basilic, & la cuisson des poulets; faites cuire l'anguille & réduire à peu de sauce, mettez-y un anchois haché, capres fines entieres, dressez dans le plat les morceaux de poulet avec l'anguille, les petits oignons avec des croûtons passés au beurre, arrosez avec la sauce.

Entrée.

Poulets farcis à la Bourgeoise.

Mettez dans une casserole une chopine de lait avec une bonne poignée de mie de pain, faites-la cuire en la tournant avec une cuilliere jusqu'à ce

Entrée.

qu'elle soit bien épaisse, mettez-la refroidir & pilez dans un mortier avec persil, ciboules hachées, thim, laurier, basilic en poudre, sel, poivre, un bon morceau de beurre, quatre jaunes d'œufs crus; mettez cette farce dans le corps de deux poulets gras, flambés, vuidés & épluchés, troussez-les & faites refaire dans un peu de beurre, mettez cuire à la broche enveloppés de lard & de papier, servez avec une sauce faite avec un morceau de beurre manié de farine, un peu de bouillon, un filet de vinaigre, un anchois haché, une pincée de capres fines entieres, peu de sel & muscade, faites lier sur le feu, servez sur les poulets. Cette farce peut vous servir dans le besoin en place de farce de volaille, vous y mettez de la graisse de bœuf ou tetine de veau en place de beurre.

Poulets à la poële Italienne.

Entrée. Faites refaire dans une casserole sur le feu deux poulets gras bien blancs, flambés, vuidés & troussés, avec de l'huile fine, persil, ciboules, champignons, truffes, le tout haché, sel, gros poivre; foncez une casserole de tranches de veau blanchies, mettez les poulets l'estomac sur le veau, avec tout leur assaisonnement, une moitié de citron en tranches, couvrez de bardes de lard, faites suer à petit feu, mettez-y après un demi verre de bouillon, autant de vin blanc, rachevez de cuire, essuyez-les de leur graisse pour les servir dans le plat, mettez-y un peu de blond de veau dans la cuisson, faites bouillir un instant, dégraissez, passez au tamis, servez sur les poulets.

Poulets à la Venitienne.

Désossez par la poche deux moyens poulets gras, faites un ragoût de petits oignons; quand ils sont presque cuits, mettez-y deux ou trois foyes gras blanchis coupés en gros dez, deux anchois hachés ou en petits dez, que le ragoût soit bien fini, peu de sel & courte sauce; mettez-le dans les poulets, cousez & faites cuire entre des bardes de lard, un peu de bon bouillon, une moitié de citron en tranches, servez avec le fond de la sauce & blond de veau.

Entrée.

Poulets à la Gramont.

Entrée. Flambez & vuidez deux poulets gras bien blancs, trouffez les pates dans le corps, faites refaire dans une cafferole avec un peu de beurre, effuyez & piquez le deffus de l'eftomac avec du perfil, les côtés avec du menu lard, faites cuire à la broche, arrofez fouvent le perfil avec du lard fondu, ou fain-doux bien chaud. Quand ils font cuits comme il faut, dreffez dans le plat, fendez-les le long de l'eftomac pour mettre dans le corps un bon ragoût bien fini, comme de petits pois, de concombres, de ris de veau, de champignons, de truffes, celui que vous voulez; remettez les poulets comme ils étoient, cachez l'ouverture avec le perfil, fervez deffous une bonne fauce.

Poulets fourés.

Entrée. Prenez deux petits poulets à la Reine que vous flambez, vuidez; trouffez les pates dans le corps, faites une petite farce de leurs foyes, avec un peu de lard rapé, perfil, ciboules hachées, sel, gros poivre, farcissez-les dans le corps; prenez deux belles noix de veau bien appropriées, faites un trou à chacune sur le côté, élargissez en dedans avec le doigt, faites entrer dans chaque noix de veau un petit poulet de façon qu'il ne paroisse pas, cousez l'ouverture avec une ficelle & une éguille à brider, piquez tout le dessus avec du menu lard, faites blanchir un moment à l'eau bouillante, mettez cuire avec bon bouillon, un bouquet, finissez & servez comme les fricandeaux.

Poulets frits.

Ostez la peau & levez par membres deux poulets qui soient tendres, mettez-les dans l'eau tiéde avec les abatties pour les faire dégorger, faites mariner deux ou trois heures sur de la cendre chaude, avec du verjus ou vinaigre, du bouillon, sel, poivre, persil, ciboules, tranches d'oignons, une gousse d'ail, trois cloux de gérofle, thim, laurier, basilic, après mettez égouter, essuyez avec un linge, trempez-les dans un blanc d'œuf fouetté, farinez, faites frire dans une friture neuve, servez garni de persil frit.

Hors-d'œuvre.

Des poulets qui ont servi pour une fricassée peuvent se déguiser pour une friture ; mettez-les dans une casserole sur le feu avec leur sauce, faites-les bouillir jusqu'à ce que toute la sauce tienne après, mettez refroidir pour les tremper dans de l'œuf battu, pannez de mie de pain, faites frire de belle couleur, servez garnis de persil frit, il ne faut qu'un moment pour les frire.

Poulets à la minute au Vertpré.

Entrée. Foncez une casserole de tranches de veau blanchies, mettez dessus deux poulets bien en chair & blancs, flambés, vuidés & les pates troussées, couvrez-les de bardes de lard, tranches d'oignons, carottes, panais, un bouquet de persil, ciboules, une gousse d'ail, deux cloux de gérofle, une feuille de laurier, un peu de basilic, sel, gros poivre, mouillez avec un peu de bouillon ; faites cuire à petit feu, passez la cuisson au tamis, dégraissez, mettez-y un pain de beurre manié de farine, une bonne pincée de persil blanchi haché, faites lier sur le feu, en servant un jus de citron.

Du Poulet.

Poulets en crépines. Entrée.

Faites une farce de volaille cuite à la broche avec de la tetine de veau blanchie, persil, ciboules, une rocambole, liez de six jaunes d'œufs, sel, poivre; prenez deux petits poulets flambés, épluchés, fendez-les par le dos pour les désosser à forfait; mettez dessus un peu de farce avec un ragoût de salpicon cuit & bien fini à courte sauce, cousez les poulets & donnez-leur la premiere forme, faites cuire avec un peu de bouillon entre des bardes de lard, un bouquet, peu de sel; la cuisson faite, mettez refroidir, prenez le restant de la farce que vous mettez sur de la crépine, enveloppez les poulets avec la farce & la crépine, soudez & trempez dans de l'œuf battu, pannez de mie de pain, faites prendre couleur au four.

Pour la sauce, prenez la cuisson des poulets que vous dégraissez, passez au tamis, mettez-y un peu de blond de veau, faites réduire, que la sauce soit douce, point trop liée, un jus de citron, servez dessous les poulets bien essuyés de leur graisse.

Fricaſſée de Poulets de pluſieurs façons.

Entrée. Prenez deux moyens poulets bien en chair, que vous flambez, épluchez & vuidez, faites refaire les pates pour les éplucher, vuidez le geſier, ôtez l'amer des foyes, coupez chaque poulet par membres, faites dégorger à l'eau tiéde & bien égouter ſur un tamis ou dans une paſſoire, mettez-les dans une caſſerole avec un morceau de beurre, des champignons, un bouquet de perſil, ciboules, une gouſſe d'ail, deux rocamboles, deux cloux de gérofle, un peu de baſilic, paſſez ſur le feu; mettez-y une pincée de farine, mouillez avec du bouillon, faites cuire, aſſaiſonnés de ſel, gros poivre, & réduire à peu de ſauce; faites une liaiſon de trois jaunes d'œufs avec de la crême, un peu de muſcade, du perſil blanchi haché, en ſervant un filet de vinaigre blanc. Une autre fois pour changer, vous ne mettrez qu'un poulet avec un ris de veau blanchi coupé en quatre morceaux, à la place de champignons mettez des mouſſerons.

Les fricaſſées au blond de veau ſe

font de la même façon ; vous mouillez avec du jus, du blond de veau, un verre de vin blanc, dégraissez, servez à courte sauce. La fricassée aux truffes se fait comme celle au blond de veau.

DES PIGEONS.

IL y en a de sauvages & de domestiques : & des uns & des autres différentes especes. Mais ils conviennent tous en ce que, lorsqu'ils sont jeunes, bien nourris, gras & charnus, ils donnent une bonne nourriture qui fortifie beaucoup, quoiqu'elle resserre un peu. On distingue les pigeons par leur grosseur ; celui à la cuilliere est le plus petit de tous, ensuite celui de voliere & celui aux œufs, le cochois & le romain sont les plus forts, le bizet est le plus commun. Le pigeon à la cuilliere se met en tourte, & en différentes entrées. Celui de voliere se met à la broche bardé en caille, & sert à faire diverses entrées. Il faut les employer frais levés de dessous le pere & la mere. Vous connoîtrez qu'ils seront bons, s'ils ont la chair blanche, fine

& bien ramaſſée. Lorſqu'ils ſont plus gros, il faut les laiſſer un peu mortifier. Les pigeons fuyards qui vont chercher leur vie dans les champs ſont plus ſains & ont même plus de ſaveur que ceux qui ne ſortent point de la voliere où ils ſont nourris. C'eſt une maxime générale que les animaux & les oiſeaux qui font plus d'exercice, & qui prennent une nourriture plus ſéche, ſont plus ſains que les autres.

Pigeons à la Lombardie.

Entrée. Echaudez quatre moyens pigeons, trouſſez les pates dans le corps, faites blanchir & cuire avec du bouillon, des bardes de lard, deux tranches de citron, ſel, poivre; mettez cuire avec quatre belles crêtes & quatre culs d'artichaux blanchis un quart d'heure à l'eau bouillante; faites un ragoût avec un ris de veau blanchi coupé par morceaux, des champignons, une tranche de jambon, un bouquet, un morceau de beurre, paſſez ſur le feu; mettez-y une pincée de farine, mouillez avec du bouillon, un verre de vin blanc, du blond de veau, un peu de ſel, gros poivre,

poivre, faites cuire le ragoût & le dégraissez. Quand il est presque cuit, mettez-y les pigeons & les crêtes pour faire prendre goût, en servant un jus de citron, dressez les culs d'artichaux dans le plat, un pigeon sur chaque, fendez un peu l'estomac des pigeons pour y mettre une crête & faites-la tenir droite, le ragoût autour des pigeons.

Crépine de pigeons à la Sainte-Menehould.

Plumez à sec trois moyens pigeons, Entrée. faites les refaire & coupez par la moitié, mettez cuire dans une bonne braise bien assaisonnée. Quand ils sont cuits & refroidis, prenez une farce de volaille cuite que vous mettez autour des pigeons, enveloppez de crépine, soudez & trempez avec de l'œuf battu, pannez de mie de pain, arrosez légerement tout le dessus avec de l'huile, faites prendre couleur au four, servez avec une bonne sauce un peu piquante. Vous pouvez faire la même chose avec des pigeons en ragoût qui vous ont déja servi.

Pigeons en poupetonniere.

Entrée. Foncez partout une poupetonniere avec des bardes de lard, mettez dessus des choufleurs blanchis dans l'eau, la fleur en enbas. Vous avez une bonne farce faite avec du veau coupé par petits morceaux, que vous passez pendant une demie heure sur le feu avec du beurre, mettez-le refroidir pour le hacher très-fin, avec de la graisse de bœuf blanchie une demie heure, persil, ciboules hachées, sel, gros poivre; liez de six jaunes d'œufs, mettez cette farce sur tous les pieds de choufleurs pour les faire tenir ensemble; mettez dessus un ragoût de pigeons cuits, bien fini à courte sauce & froid, couvrez avec de la même farce, faites cuire une demie heure au four; après renversez-le légerement pour ne pas le casser, ôtez les bardes de lard, mettez un peu de blond de veau dans une casserole avec du bon beurre, faites lier sur le feu, servez sur les choufleurs.

Pigeons grillés à la sauce de Marinier.

Hors-d'œuvre.

Faites refaire sur le feu trois moyens pigeons plumés à sec, troussez les pates en dedans, coupez-les en deux & les applatissez un peu, faites mariner avec de l'huile, persil, ciboules, champignons, échalottes, le tout haché, sel, fines épices; faites tenir après les pigeons le plus que vous pourrez leur assaisonnement, pannez de mie de pain, faites cuire sur le gril, en les arrosant du restant de leur marinade; servez avec une sauce faite avec un peu de restaurant, du blond de veau, un morceau de bon beurre manié de farine, capres, échalottes hachées, sel, gros poivre, muscade, faites lier sur le feu, en servant jus de citron.

Pigeons accompagnés de Grenadins.

Entrée.

Plumez à sec six petits pigeons que vous flambez & farcissez de leurs foyes, troussez les pates, faites refaire avec du beurre, mettez cuire à la broche enveloppés de lard & de papier; prenez de la ruelle de veau, coupez-en quatre fricandeaux de la grosseur d'un œuf, piquez de menu lard, faites cuire & glacer comme à l'ordinaire ; dressez les pigeons dans le plat, les grenadins aux quatre coins, & leur sauce sur les pigeons.

Pigeons à la minute.

Entrée. Prenez trois gros pigeons plumés à sec que vous vuidez, troussez les pates dans le corps, faites refaire sur le feu & lardez de gros lard ; foncez une casserole de tranches de veau blanchies, mettez dessus les pigeons avec sel, gros poivre, tranches de racines, oignons, un bouquet de persil, ciboules, une gousse d'ail, deux cloux de gérofle, couvrez de bardes de lard, faites suer un quart d'heure, mouillez avec un verre de bouillon, un demi verre de vin blanc, faites cuire à petit feu, dégraissez la sauce de la cuisson que vous passez au tamis, mettez-y un peu de blond de veau, servez sur les pigeons. Ces mêmes pigeons se peuvent servir froids, en passant simplement la sauce sur les pigeons qui se met en gelée, sans y mettre du blond de veau.

Grenadins de Pigeons aux légumes.

Farciſſez de leurs foyes quatre moyens pigeons plumés à ſec, piquez le deſſus de menu lard, faites cuire & glacer comme un fricandeau ; prenez cinq laituës pommées, faites blanchir, preſſez-les bien & farciſſez avec une bonne farce de viande cuite, ficelez & faites cuire dans une braiſe ; dreſſez les pigeons dans le plat, les laituës entre, la ſauce des pigeons ſur les laituës. Vous faites de même avec des petites concombres farcies, ou des choufleurs cuits comme pour entremets ; pour ce dernier, mettez du beurre dans la ſauce. *Entrée.*

Pigeons à l'étuvée.

Trouſſez en poule trois moyens pigeons, faites refaire & lardez avec filets d'anchois, faites un petit roux de belle couleur avec du beurre & farine, paſſez-y huit ou dix petits oignons, mouillez avec du bouillon, un demi ſeptier de vin blanc ; mettez-y cuire les pigeons, un bouquet de perſil, *Entrée.*

ciboules, deux cloux de gérofle, une feuille de laurier, thim, basilic; à la fin de la cuisson, six petites saucisses, finissez de bon goût; en servant mettez-y un jus de citron, garnissez de croûtons passés au beurre.

Vous pouvez faire blanchir les saucisses avant que de les mettre dans le ragoût, de crainte qu'elles ne le salent trop.

Pigeons à différentes fritures.

Entrée. Vous prenez des pigeons entiers, ou par moitié, les petits vous les laissez entiers, & farcissez en dedans avec une petite farce; faites cuire dans une bonne braise, mettez refroidir & tremper dans une pâte à vin, faites frire de belle couleur, servez garnis de persil frit. Ces mêmes pigeons cuits à la braise, trempez-les dans de l'œuf battu, pannez de mie de pain, faites frire.

Pour les pigeons marinés, prenez-en des moyens que vous coupez en deux, faites mariner avec jus de citron, sel, poivre, persil, ciboules, échalottes, cloux de gérofle, muscade, un peu de bouillon. Quand ils ont pris goût, égoutez & essuyez, trempez dans un peu de blanc d'œuf, farinez, faites frire à friture neuve, servez garnis de persil frit. Vous pouvez encore les mariner avec du vinaigre, de l'eau & toutes sortes de fines herbes, sel, poivre, cloux de gérofle; finissez de même.

Pigeons à différens beurres.

Farcissez cinq petits pigeons plumés à sec, avec une farce de leurs foyes, persil, ciboules, un peu de beurre, sel, poivre, deux jaunes d'œufs, troussez & faites refaire avec un morceau de beurre; mettez cuire à la broche enveloppés de lard & de papier, servez avec une sauce que vous faites avec un peu de restaurant, un pain de beurre manié de farine, deux rocamboles hachées très-fines, sel, gros poivre; faites lier sur le feu, en servant jus de citron. *Entrée.*

Les pigeons cuits à la broche, ou sur le gril, se servent au beurre de Provence. Pour le faire, prenez huit gousses d'ail que vous faites cuire aux trois quarts dans l'eau, pilez-les dans un mortier avec une demie poignée de grosses capres, trois anchois l'arrête ôtée & bien lavée, délayez avec de l'huile fine, mettez ce beurre au fond du plat que vous devez servir, les pigeons dessus.

Il peut vous servir pour tout ce que vous voulez mettre au beurre de Provence; ajoutez-y du gros poivre & du sel, s'il en est besoin, à cause des anchois. Vous pouvez encore servir les pigeons au beurre vert comme les poulets, ou au beurre d'écrevisses.

Pigeons à la Princesse.

Entrée. Faites refaire légerement six petits pigeons plumés à sec, fendez-les un peu sur le dos pour mettre dans chaque une truffe; foncez une tranche de veau blanchie, mettez dessus les pigeons avec un peu d'huile, sel, gros poivre, persil, ciboules, champignons, le tout haché, couvrez de bardes de lard, mouillez avec un verre de vin de Champagne, faites cuire à petit feu sur de la cendre chaude; la cuisson faite, retirez les pigeons que vous essuyez de leur graisse, mettez du blond de veau dans la cuisson avec un peu de bouillon, faites bouillir un instant pour dégraisser, passez au tamis, un jus de citron, servez sur les pigeons.

Pigeons aux feuilletages de coquilles.

Faites une pâte de feuilletages, comme celle de petits pâtés, mettez-en dans des grandes coquilles, qu'elle en prenne bien la forme, mettez cuire au four; faites blanchir cinq petits pigeons échaudés, les pates troussées en dedans, passez-les sur le feu avec un morceau de beurre, un ris de veau blanchi coupé en dez, des champignons, un bouquet, mettez-y une pincée de farine, mouillez avec du bouillon, sel, gros poivre, faites cuire & réduire à peu de sauce, mettez-y une liaison de jaunes d'œufs & de crême, faites lier sur le feu, en servant jus de citron; dressez un pigeon dans chaque coquille de feuilletage avec un peu de ragoût.

Entrée.

Les coquilles à la Sainte-Menehould. Vous prenez une compote de pigeons qui vous a déja servie, mettez-les dans des coquilles, couvrez le dessus avec une farce de volaille cuite, pannez de mie de pain, faites prendre couleur au four, servez avec les coquilles.

Pigeons aux oignons en crépine.

Entrée. Echaudez cinq petits pigeons, trouſſez les pates dans le corps, faites blanchir & cuire avec du bouillon, un bouquet, peu de ſel; la cuiſſon faite, retirez-les & faites réduire le bouillon en glace, tournez les pigeons dedans pour que la ſauce reſte ſur la chair, mettez refroidir; prenez huit gros oignons que vous coupez en petits dez, & paſſez ſur le feu avec un morceau de beurre, en les remuant de tems en tems juſqu'à ce qu'ils ſoient bien cuits; mettez-y un anchois haché & une liaiſon de trois jaunes d'œufs avec de la crême, faites lier ſur le feu, que la liaiſon ſoit épaiſſe, les oignons aſſaiſonnés de bon goût; prenez autant de morceaux de crépine que de pigeons, mettez du ragoût d'oignons deſſus avec un pigeon, que vous enveloppez d'oignons & de crépine, ſoudez avec de l'œuf battu, pannez de mie de pain, faites prendre couleur au four, ou ſous un couvercle de tourtiere, servez dessous une bonne sauce au blond de veau.

Pigeons masqués aux laituës.

Prenez cinq petits pigeons échaudés, les pates troussées en dedans, faites blanchir un instant à l'eau bouillante ; faites aussi blanchir un bon quart d'heure cinq laituës pommées, retirez à l'eau fraîche pour les presser, étendez les feuilles sur la table sans les détacher, mettez dessus une bonne farce fine, bien assaisonnée, & un pigeon que vous enveloppez de farce & de laituë, que le pigeon ne paroisse pas, ficelez & faites cuire dans une bonne braise ; après mettez égouter, & essuyez de leur graisse avec un linge blanc, servez avec une sauce de blond de veau, avec un peu de restaurant. *Entrée.*

Différentes fricassées de Pigeons.

Echaudez six petits pigeons, troussez les pates en dedans, que vous ferez tenir avec des petites brochettes que vous passez en travers des cuisses sur les pates qui sont en dedans, après les *Entrée.*

avoir vuidés hors les foyes qu'il faut laisser, faites blanchir à l'eau bouillante. Si les pigeons sont gros, vous n'en prendrez que quatre que vous couperez en deux après les avoir blanchis, mettez-les dans une casserole avec un morceau de bon beurre, un bouquet de persil, ciboules, deux cloux de gérofle, une petite gousse d'ail, des champignons, passez sur le feu, mettez-y une pincée de farine, mouillez avec bon bouillon, sel, gros poivre, faites cuire à petit feu, & réduire à courte sauce ; mettez-y une liaison de trois jaunes d'œufs avec de la crême, faites lier sur le feu, en servant un filet de vinaigre blanc. Si vous voulez que la fricassée soit au roux, passez de même façon, mettez-y une pincée de farine, mouillez avec un peu de jus & bouillon, du blond de veau, faites cuire, dégraissez, servez à courte sauce. Dans cette même fricassée vous y pouvez mettre un litron de pois fins, ne dégraissez qu'en servant, s'il en est besoin.

La fricassée de compote de pigeons se fait de la même façon ; ce que vous y mettez de plus, c'est un ris de veau blanchi coupé en quatre, des champignons, deux culs d'artichaux coupés en deux & cuits à moitié dans l'eau, quelques truffes, si vous en avez; finissez de même, en servant jus de citron.

La fricassée ou compote de pigeons au sang se fait de la même façon. Vous gardez le sang des pigeons, mettez-y un jus de citron pour l'empêcher de se cailloter, passez-les sur le feu avec un peu de beurre, un bouquet & garniture, si vous voulez, comme à la compote précédente. Mettez-y une pincée de farine, mouillez de bon bouillon, un peu de vin blanc, faites cuire & réduire à peu de sauce, faites une liaison avec le sang & trois jaunes d'œufs crus, faites lier sur le feu. Si le ragoût est trop lié, mettez-y un peu de bouillon, servez assaisonné de bon goût.

DES CANARDS.

LE canard est un oiseau aquatique fort connu. Il y en a de deux sortes, le domestique qu'on appelle *barboteux*, parce qu'il se plaît dans les lieux sales & bourbeux, & le sauvage. Ce dernier est bien superieur en bonté & en goût au premier. Il y a aussi bien de la différence à mettre entre un canard domestique élevé près d'une riviere ou d'un ruisseau où il a la liberté d'aller s'ébattre toute la journée, & un canard élevé auprès de quelque mare bourbeuse. La chair du canard, lorsqu'il est jeune, tendre & bien nourri, fournit un aliment solide, & par-là un peu difficile à digérer, surtout si c'est un canard domestique. Comme le sauvage respire un air plus pur, se nourrit d'alimens plus sains, & se donne plus d'exercice, sa chair est moins pésante sur l'estomac, & produit moins d'humeurs grossieres. Le jeune canard sauvage qu'on appelle *Albran* est surtout fort estimé. On fait cas principalement de l'estomac qu'on coupe en petites tranches qu'on nomme *éguillettes*.

Canard farci à la poêle.

Flambez, vuidez & épluchez un canard, désossez-le par la poche sans percer la peau, mettez dans le corps une bonne farce fine de volaille ou de godiveau, cousez pour que la farce ne sorte pas, faites-le refaire dans une casserole avec deux cuillerées d'huile, persil, ciboules, champignons, une pointe d'ail, le tout haché, sel, gros poivre ; foncez une casserole de tranches de veau blanchies, une tranche de jambon, mettez le canard dessus, l'estomac en dessous, avec tout son assaisonnement, couvrez de bardes de lard, faites suer un quart d'heure, mouillez avec un verre de vin blanc, autant de bouillon ; la cuisson faite à petit feu, retirez-le, mettez-le dans la casserole, un peu de blond de veau, faites bouillir un instant, dégraissez, passez au tamis, servez sur le canard avec un jus de citron.

Entrée.

Canard à la sauce aux Canards.

Entrée. Lardez de gros lard un canard après l'avoir flambé, vuidé & épluché ; faites cuire avec bouillon, un bouquet de persil, ciboules, une gousse d'ail, deux cloux de gérofle, une feuille de laurier, un peu de basilic, sel, poivre, oignons, racines, servez-le avec une sauce au canard ; mettez dans une casserole un peu de beurre avec des champignons, de l'échalotte, le tout haché, passez sur le feu, mettez-y une pincée de farine, mouillez avec du jus, blond de veau ; faites bouillir, dégraissez, délayez dedans un anchois haché, capres fines entieres, sel, gros poivre, un filet de vinaigre.

Filets de Canard de plusieurs façons.

Hors-d'œuvre. Prenez deux canards que vous faites cuire aux trois quarts à la broche, n'en perdez point le jus, ôtez la peau, levez-en toute la chair que vous coupez en filets ; mettez dans une casserole un peu d'huile, un foye gras, une truffe, de l'échalotte, le tout haché, sel, gros poivre, passez ensemble sur le feu, mouillez avec un peu de vin, du blond de veau, le jus des canards, faites bouillir un quart d'heure, dégraissez, mettez-y chauffer les filets de canard sans qu'ils bouillent, servez.

Vous pouvez mettre les filets de canard dans un ragoût de truffes & d'huitres, que vous faites de cette façon. Coupez les canards en filets, des truffes en filets, des huitres blanchies dans leur eau, n'en prenez que le tendre, ôtez-en les barbes & le dur, maniez les filets de canards avec du bon beurre, sel, gros poivre, échalottes, persil, ciboules hachées; mettez un lit de filets de canards dans le fond d'une casserole, ensuite un lit de filets de truffes, un lit de filets de canards, un lit d'huitres, finissez avec un peu d'huile pardessus; faites cuire à petit feu un quart d'heure, dressez les filets dans le plat; mettez dans la casserole un demi verre de vin blanc, un peu de blond de veau, faites bouillir un instant, dégraissez, servez sur les filets.

Entrée.

Canard à la Bourgeoise.

Entrée. Flambez, épluchez & vuidez un canard, lardez-le de gros lard, faites cuire à petit feu avec un peu de bouillon, un verre de vin blanc, un bouquet de persil, ciboules, deux cloux de gérofle, une demie feuille de laurier, basilic, sel, gros poivre ; prenez le fond de la sauce que vous dégraissez, passez au tamis, faites réduire si elle est trop longue, servez sur le canard.

Grenadins de Canard glacé.

Entrée. Désossez à forfait un canard après l'avoir flambé, vuidé & épluché ; prenez un ris de veau blanchi, des champignons, des cornichons, le tout coupé en dez, mêlez ensemble avec persil, ciboules, échalottes, sel, gros poivre, lard rapé, deux jaunes d'œufs crus, mettez ce salpicon dans le canard, cousez-le comme une bourse, & lui faites prendre la forme d'une boule, faites revenir dans une casserole sur le feu avec un peu de beurre, piquez tout le dessus de menu lard, faites cuire & glacer comme un fricandeau.

Canetons aux fines herbes.

Plumez à sec un caneton bien blanc   Entrée. & gras, flambez & le vuidez, mettez dans le corps une farce de son foye avec lard rapé, persil, ciboules, échalottes hachées, sel, gros poivre, cousez pour que la farce ne sorte pas; faites refaire dans une casserole avec du beurre, mettez cuire à la broche sans l'envelopper, dressez-le sur le plat que vous devez servir, ciselez-le le long de l'estomac; faites entrer dedans sel fin, gros poivre, échalottes hachées, un grand jus d'orange; faites attention que le caneton de Roüen doit être mangé dans son jus, il faut peu de tems pour le cuire.

Canetons farcis de laituë à la purée nouvelle.

Echaudez un ou deux petits cane-   Entrée. tons, troussez les pates dans le corps; prenez quatre laituës pommées que vous faites cuire une demie heure dans l'eau, pressez & hachez de trois ou quatre coups de couteau, mettez avec perſil, ciboules hachées, ſel, gros poivre, lard rapé, mêlez enſemble & le mettez dans le corps des canetons, ficelez & faites cuire avec du bouillon, bardes de lard, un bouquet, aſſaiſonnez de ſel, ſervez avec une purée que vous ferez avec un litron de gros pois nouveaux, que vous paſſez ſur le feu avec un morceau de beurre, perſil, ciboules, zeſtes d'oignons & racines, mouillez avec du bouillon. Quand ils ſont cuits, mettez-y un peu de ſel, paſſez à l'étamine, que votre coulis ne ſoit point trop épais.

DES OYES.

CE que nous avons dit du canard, convient auſſi à l'oye, car il y a l'oye ſauvage & l'oye domeſtique, & ſa chair a les mêmes qualités que celle du canard, à cela près qu'elle eſt encore plus ſolide & de plus difficile digeſtion. L'oyſon trop jeune a une chair viſqueuſe & abonde en ſucs lents & groſſiers qui nuiſent à l'eſtomac. Si l'oye eſt trop vieux, ſa chair eſt dure, ſéche, & plus difficile encore à digérer.

Oye de différentes façons.

Entrée.

Prenez un oye entier si vous voulez, ou une partie, comme les ailes ou les cuisses, faites cuire dans une bonne braise, servez avec différentes sauces, comme sauce-robert, sauce à l'échalotte, sauce au jus de ravigote, sauce relevée, ou ragoût de navets, de concombres, de petits oignons. Vous en faites aussi des hauchepots, ou une terrine, soit à la purée verte, au coulis de lentilles & petit lard, purée de navets; elles servent pour garnir les potages à la garbure.

Oye en balon.

Entrée.

Flambez & vuidez un oye, fendez-le par le dos & désossez à forfait, étendez-le dans une casserole, mettez dedans un salpicon cru fait avec un ris de veau, du jambon, des champignons, le tout coupé en dez, mêlez avec persil, ciboules, échalottes hachées, sel, gros poivre, lard rapé, deux jaunes d'œufs crus; plissez l'oye comme une bourse & l'arrondissez comme une boule, enveloppez de bardes de lard & d'une étamine; faites cuire dans une bonne braise bien assaisonnée, servez avec une sauce à l'échalotte, ou sauce à la Françoise.

Cuisses d'oye grillées à la remoulade.

Hors-d'œuvre. Faites cuire deux cuisses d'oye à la braise, trempez-les dans le gras de leur cuisson, pannez avec de la mie de pain, arrosez après légerement avec de l'huile, faites griller de belle couleur, servez à sec; une remoulade dans une sauciere; délayez dans une casserole un peu de moutarde, sel, gros poivre, capres, anchois, persil, ciboules, une pointe d'ail, le tout haché très-fin, un peu de vinaigre & de l'huile suffisamment.

Oye à la sauce-robert.

Entrée. Préparez un oye tendre pour mettre à la broche, mettez dans le corps du lard rapé mêlé avec persil, ciboules, échalottes hachées, sel, gros poivre. Quand il est presque cuit, mettez dessus l'estomac un peu de moutarde délayée avec un jaune d'œuf, pannez de mie de pain, faites prendre belle couleur, servez dessous une sauce-robert, l'oignon passé.

DU LAPIN.

LE lapin qui, quoique plus petit que le liévre & d'une couleur un peu différente, lui ressemble beaucoup, est ou sauvage, ou domestique. Le premier est avec raison le plus estimé, surtout s'il s'est nourri dans des lieux secs d'herbes aromatiques. Aussi est-il meilleur dans le tems que les herbes odoriférantes, comme le thim, le serpolet, le pouliot, & le geniévre sont dans leur force. Sa chair qui est blanche, au lieu que celle du liévre est noirâtre, est alors d'une saveur plus relevée & d'un goût plus délicat. Elle est plus saine que celle du liévre, plus tendre, & plus succulente, pourvu qu'il ne soit ni trop vieux ni trop jeune. On distingue le lapreau du vieux lapin à cette marque, dont nous parlerons dans l'article du Liévre.

Lapreau en Matelotte.

Entrée. Coupez un lapreau en six morceaux, faites un roux avec de la farine & du beurre. Quand il est de belle couleur, passez le lapreau dedans pour le faire refaire, mouillez avec du bouillon, du vin blanc, un bouquet de persil, ciboules, une gousse d'ail, deux cloux de gérofle, thim, laurier, basilic, une douzaine de petits oignons blanchis, sel, gros poivre; à la moitié de la cuisson, mettez-y une anguille coupée par tronçons, faites cuire & réduire à courte sauce, en servant un anchois haché avec des capres fines entieres, garnissez de croûtons frits; à la place d'une anguille, vous pouvez mettre un autre poisson, la façon est de même.

Filets de lapreau en timbale.

Entrée. Mettez dans une casserole un ris de veau blanchi coupé par morceaux, avec des champignons, un morceau de beurre, passez sur le feu, mettez-y une pincée de farine, mouillez de bouillon, un verre de vin blanc, un peu

peu de blond de veau, sel, gros poivre, faites cuire & réduire à courte sauce ; mettez-y des filets de lapreau cuit à la broche, passez-les dedans sans les faire bouillir, mettez refroidir ; faites une pâte brisée de cette façon : Prenez de la farine que vous paîtrissez avec de l'huile, sain-doux, quatre jaunes d'œufs du sel, un peu d'eau ; la pâte étant bien paîtrie, laissez reposer une demie heure, abattez-la de l'épaisseur d'un petit écu, que vous mettez dans une casserole, mettez dedans le ragoût froid, faites un couvercle avec de la pâte que vous soudez tout autour, comme un bord de tourte, faites cuire au four ; la cuisson faite, renversez dessus-dessous dans le plat que vous devez servir, faites un petit trou dans le milieu pour y mettre une bonne sauce claire, remettez dessus le petit morceau de pâte de façon qu'il n'y paroisse pas, servez.

Vous pouvez faire de cette façon des timbales de toutes sortes de ragoûts de viande, principalement des filets.

Lapreau glacé au blond de veau.

Faites refaire sur de la braise deux   Entrée.

lapreaux, piquez tout le deſſus de menu lard; coupez chacun en deux ou trois morceaux, que vous faites cuire dans une caſſerole avec du bouillon, tranches de veau blanchies, un bouquet de perſil, ciboules, une gouſſe d'ail, peu de ſel, un demi ſeptier de vin blanc; la cuiſſon faite, retirez les lapreaux, paſſez le bouillon au tamis, faites réduire en glace, glacez tout le deſſus des lapreaux, détachez ce qui tient à la caſſerole avec un peu de bouillon, du blond de veau, faites bouillir un moment, repaſſez au tamis, mettez-y ſel, gros poivre, un jus de citron, ſervez deſſous les lapreaux.

Lapreaux à la Gaſcogne.

Entrée. Coupez deux lapreaux chacun en quatre morceaux, que vous lardez de gros lard & faites cuire avec quelques tranches de veau blanchies, quatre gouſſes d'ail, un peu d'huile, un demi ſeptier de vin blanc, un bouquet de perſil, ciboules & baſilic, du blond de veau, un peu de bouillon, ſel, poivre; prenez le fond de la ſauce, que vous paſſez au tamis, dégraiſſez, mettez-y un jus de citron, servez sur les lapreaux.

Lapreaux aux petits oignons.

Prenez un fort lapreau, ou deux petits, que vous coupez par morceaux, faites blanchir un quart d'heure une douzaine de petits oignons blanc, mettez-les cuire avec les morceaux de lapreau, du bouillon, vin blanc, bardes de lard, un bouquet, sel, poivre; la cuisson faite, dressez les lapreaux dans le plat, les petits oignons autour, mettez du blond de veau dans la cuisson, un pain de beurre manié de farine, sel, gros poivre, muscade, faites lier sur le feu, servez sur les lapreaux. *Entrée.*

Filets de Lapreaux de différentes façons.

Coupez en filets la chair d'un ou de deux lapreaux cuits à la broche & froids, faites chauffer dans une bonne sauce consistante. Les sauces les plus convenables sont celles à la Françoise, à l'Espagnole, à la Bechamel passé, au jus de ravigote, au civet relevé. Vous les servez encore avec ragoût de concombres émincées, ou en salade. *Hors-d'œuvre.*

Lapreaux en racourci.

Entrée. Vuidez, & caffez un peu l'os des cuiffes d'un ou deux lapreaux, défoffez le milieu du rable de longueur de deux doigts, faites-y un trou affez grand pour faire paffer la tête & les épaules, de façon que tout fe trouve ramaffé enfemble, ficelez bien pour les tenir en état; faites cuire dans une bonne braife, fervez avec une fauce ou un ragoût.

DU LIEVRE.

LA groffeur, la qualité, & le goût des liévres varient beaucoup, felon la diverfité des lieux qu'ils habitent, & des alimens dont ils fe nourriffent. Ceux qui vivent dans les montagnes & dans les plaines féches font bien meilleurs que ceux qui fe nourriffent dans des lieux bas & marécageux. Les herbes aromatiques que mangent les premiers rendent leur chair plus délicate, & d'un meilleur fumet. Plus le liévre a été couru & fatigué, meilleur il est : il est aussi meilleur en Hyver qu'en Eté, pourvu qu'il n'ait pas souffert, & que le froid n'ait servi qu'à attendrir sa chair. Le vieux liévre a une chair dure, difficile à digérer, & propre à former des humeurs grossieres & mélancoliques. Quand il est trop jeune, sa chair est visqueuse, & ne fait pas une bonne & saine nourriture. Lorsqu'il ne passe pas sept à huit mois, sa chair est tendre, délicate, & nourrit médiocrement. Ceux qui abondent en humeurs mélancoliques ne doivent pourtant en manger que modérement. On distingue les levreaux, en tâtant les pates de devant au-dessus du joint en dehors. Si vous y trouvez une petite grosseur, comme celle d'une lentille, c'est un levreau. Vous reconnoîtrez qu'il a un bon fumet, si en flairant au ventre, vous sentez une odeur comme aromatique.

Levreau à la diligence.

Commencez par allumer un fourneau; pendant qu'il s'allume, dépouillez un levreau tendre, que vous vuidez & coupez en six morceaux, passez sur

Entrée.

le feu avec un morceau de beurre; mettez-y une pincée de farine, le foye, persil, ciboules, échalottes hachées, sel, gros poivre, mouillez de bouillon, un verre de vin rouge; faites cuire sans remuer, un bon quart d'heure suffit pour la cuisson, en servant un filet de vinaigre.

Filets de Liévre de différentes façons.

Hors- Vous prenez un liévre cuit à la bro-
d'œuvre. che & froid qui a servi sur table, si vous voulez; levez-en la chair, que vous coupez en filets, faites chauffer sans qu'il bouille dans une sauce relevée, que vous trouverez dans l'article des sauces.

Si vous voulez le servir avec une sauce au civet, après en avoir levé les filets, coupez-les proprement, prenez-en les épluchures, les flancs & les os que vous mettez dans une casserole avec des tranches d'oignons, carottes, panais, cloux de gérofle, thim, laurier, basilic, un demi septier de vin rouge, du blond de veau, un peu de vinaigre, sel, poivre; faites bouillir une demie heure à petit feu, passez la sauce au tamis, faites chauffer les filets dedans sans bouillir, servez.

Le liévre entier & coupé par morceaux se met en haricot comme le mouton ; faites un roux de farine avec du beurre, passez le liévre dedans, mouillez moitié bouillon & moitié eau, mettez-y un bouquet de persil, ciboules, ail, cloux de gérofle, thim, laurier, basilic, sel, poivre ; à la moitié de la cuisson, des navets coupés proprement, un filet de vinaigre, faites cuire à petit feu, servez à courte sauce avec des croûtons passés au beurre. *Entrée.*

Le liévre se sert aussi à la daube, comme le pâté à la Bourgeoise. Vous en faites aussi un gâteau, en prenant toute la chair, que vous mettez avec la chair d'un gigot de mouton, un peu de ruelle de veau, de la graisse de bœuf que vous hachez tout ensemble ; mettez-le dans une casserole, ajoutez-y beaucoup de lard & jambon coupés en dez, assaisonnez de sel, fines épices, basilic en poudre, persil, ciboules, échalottes, une pointe d'ail, le tout haché, liez de six jaunes d'œufs crus, un demi poisson d'eau-de-vie, mêlez tout cet appareil ensemble ; *Entremets.*

foncez une casserole ronde de la grandeur que vous faites le gâteau, mettez dedans la viande, couvrez de bardes de lard, un couvercle sur la casserole; faites cuire près de trois heures au four, laissez refroidir dans sa cuisson. Vous le servirez froid pour entremets sur une serviette.

Filets de levreau à la Flamande.

Entrée ou Hors-d'œuvre.
Dépouillez deux levreaux, levez-en les filets que vous lardez de lard & de filets d'anchois dessalés; faites-les cuire dans une casserole pendant une demie heure, avec un bon morceau de beurre, beaucoup d'échalotes hachées, peu de sel, gros poivre & muscade; la cuisson faite, mettez dans la casserole un peu de blond de veau, un pain de beurre manié de farine, un filet de vinaigre, faites lier sur le feu. Si la sauce est trop liée, mettez-y un peu de bouillon, servez sur les filets.

Liévre mariné à la poivrade.

Rôt. Faites refaire sur une braise bien allumée un gros liévre, après l'avoir dépouillé

dépouillé & vuidé ; ôtez ensuite une seconde peau sur les filets & les cuisses, faites-le piquer & mariner dans une poissonniere avec vinaigre, sel, poivre, un peu d'eau, deux oignons, racines, persil, ciboules, ail, cloux de gérofle, thim, laurier, basilic, un morceau de beurre manié de farine, faites tiédir la marinade, & mettez-y le liévre pendant deux heures ; mettez ensuite cuire à la broche, en l'arrosant de sa marinade ; prenez le restant de la marinade que vous faites réduire, passez au tamis, mettez-y un peu de blond de veau, servez cette sauce dans une sauciere.

Lapreau glacé en haricot.

Piquez tout le dessus d'un fort lapreau, après l'avoir fait refaire sur de la braise, coupez-le en quatre morceaux, & le mettez cuire avec vin blanc, bouillon, tranches de veau minces & blanchies, finissez & glacez comme un fricandeau. Prenez des navets que vous tournez proprement, faites blanchir un quart d'heure à l'eau bouillante, mettez-les cuire avec du bouillon, un peu de jus, du blond de

Entrée.

veau, sel, gros poivre ; le ragoût fin de bon goût, prenez un peu de sa sauce pour mettre dans la casserole où vous avez glacé le lapreau, détachez ce qui reste pour le mettre dans le ragoût de navets, servez autour du lapreau.

Lapreau à la Moscovite.

Entrée. Coupez en six morceaux un fort lapreau que vous passez sur le feu avec un morceau de bon beurre, mettez-y après un verre d'eau-de-vie. Quand elle commencera à bouillir, mettez-y le feu avec un morceau de papier allumé, laissez-la brûler jusqu'à ce qu'elle s'éteigne d'elle-même ; après vous y mettrez des champignons, un ris de veau blanchi coupé par morceaux, un bouquet de persil, ciboules, une gousse d'ail, deux clous de gérofle, une feuille de laurier, du basilic, sel, gros poivre, du bouillon, du blond de veau, faites cuire, dégraissez, servez à courte sauce.

Du Lapin.

Bresolles de Lapreaux.

Prenez deux lapreaux un peu forts, levez-en toute la chair que vous émincez, faites mariner une demie heure avec persil, ciboules, une pointe d'ail, champignons, le tout haché, sel, gros poivre, arrangez-les dans une casserole ronde un à un, sans être les uns sur les autres ; faites cuire sur un feu un peu vif, en tournant la casserole d'un côté & d'autre. Quand ils sont cuits d'un côté, retournez-les de l'autre, il ne faut qu'un quart d'heure pour la cuisson ; retirez-les pour les dresser dans le plat que vous devez servir, mettez dans la casserole un peu de blond de veau, un demi verre de vin blanc, détachez ce qui reste, passez au tamis, dégraissez, mettez y un jus de citron, servez sur les bresolles. *Hors-d'œuvre.*

Lapreau à la poulette aux Mousserons.

Passez sur le feu un lapreau un peu fort, coupé en six morceaux, avec un morceau de beurre, une poignée de mousserons, un bouquet de persil, *Entrée.*

ciboules, mettez-y une pincée de farine, mouillez avec un demi septier de bon vin blanc, du bouillon, sel, poivre, faites cuire & réduire à courte sauce; mettez une liaison de trois jaunes d'œufs avec de la crême, faites lier sur le feu, en servant jus de citron. Vous faites la même chose avec des champignons, ou des morilles bien lavées, battuës dans plusieurs eaux pour faire sortir le sable.

Lapreaux à la Tartare.

Hors-d'œuvre. Désossez à forfait un ou deux lapreaux, coupez la chair en quatre morceaux que vous faites mariner avec de l'huile, sel, gros poivre, persil, ciboules, échalottes, le tout haché, trempez-les bien dans la marinade pour les panner avec de la mie de pain, faites cuire sur le gril, en les arrosant de tems en tems avec le restant de la marinade, servez-les à sec, & cuits de belle couleur, une remoulade dans une sauciere.

Vous pouvez aussi servir dessous une sauce relevée & très-claire.

Grillades de Lapreaux.

Dépouillez deux lapreaux, levez-en tous les filets que vous laissez entiers, faites-les mariner avec de l'huile, persil, ciboules, échalottes, le tout haché, sel, gros poivre ; mettez-les après dans des bardes de lard avec toute leur marinade, que vous mettez dans un plat, faites-les griller au four ou sous un couvercle de tourtiere, retirez les bardes de lard, dressez sur le plat que vous devez servir, un grand jus de citron dessus. *Hors-d'œuvre.*

Lapreaux à différens ragoûts & sauces.

Prenez un vieux lapin, si vous voulez, coupez-le en cinq morceaux, que vous faites cuire avec bardes de lard, un verre de vin blanc, du bouillon, sel, gros poivre, un bouquet de persil, ciboules, une gousse d'ail, thim, laurier, basilic ; étant cuit de cette façon, vous pouvez le servir avec telle sauce que vous voulez, ou un ragoût de choux, de navets, de choufleurs, de cornichons, de percepierre, de celery. *Entrée.*

Hors-d'œuvre. Les lapreaux cuits à la broche que l'on a servis sur la table, peuvent se mettre en hachis; hachez-en la chair avec un morceau de mouton cuit à la broche; prenez les débris du lapreau que vous faites bouillir avec quelques échalottes hachées, du blond de veau, un demi verre de vin, passez la sauce au tamis que vous mettez dans le hachis, mettez-y un peu de bon beurre manié de farine, sel, gros poivre, frotez le plat que vous devez servir avec de la rocambole, faites chauffer le hachis, servez garni de croûtons passés au beurre.

De ces mêmes lapreaux vous en pouvez faire une galimafrée; coupez-les par morceaux & les mettez dans une casserole avec un peu d'huile, persil, ciboules, échalottes hachées, sel, gros poivre, un peu de bouillon, faites bouillir un quart d'heure; en finissant un filet de vinaigre blanc.

Si vous voulez faire une salade de lapreaux, vous prenez les filets de ceux qui sont cuits à la broche, que vous coupez proprement, arrangez-les sur le plat que vous devez servir avec filets d'anchois, filets de pain passés à l'huile, fines herbes, l'assaisonnement se fait à la table.

DU CERF, BICHE ET FAON.

LE cerf est un animal timide, fort vif & fort léger, dont la chair est compacte, solide, & ainsi difficile à digérer. Aussi plus il est jeune, plus elle est saine, parce qu'étant plus tendre, elle se digére plus facilement. C'est pourquoi le faon est meilleur lorsqu'il tete, qu'en tout autre tems. Il seroit même à propos de n'employer sa chair qu'avant qu'il ait atteint trois ans. Après ce tems-là, elle devient trop dure. Cependant s'il avoit été coupé dans sa jeunesse, sa chair seroit plus tendre & de meilleur goût qu'elle n'est ordinairement. La chair de la biche, à moins qu'elle ne soit fort jeune, est moins bonne que celle du cerf; mais il faut totalement s'en abstenir quand elle est en chaleur, encore plus de celle du cerf en rut, outre que l'odeur en est très-forte & très-desagréable. Les fruits que le cerf mange en Eté le rendent meilleur & plus gras en cette saison qu'en toute autre. Ce n'est pas une chose bien certaine que la longue vie qu'on lui attribuë, & que quelques-uns ont étenduë à plusieurs siécles. Il quitte son bois ou ses cornes qui lui servent de défense, tous les ans au Printems. On prétend néanmoins que s'il est coupé, avant que les cornes lui poussent, il n'en a jamais, & que s'il est coupé lorsqu'elles sont sorties, il ne les perd point, les cornichons ou les cornes nouvellement sorties d'un faon entrent dans les alimens, & s'apprêtent de différentes manieres, parce qu'elles sont tendres. On employe aussi la raclure des cornes de cerf pour faire de la gelée. On en prend la quantité qu'on juge à propos, & l'ayant fait bouillir à petit feu dans une suffisante quantité d'eau jusqu'en consistance de gelée, on la passe en pressant le marc. On la jette ensuite dans du vin blanc où l'on a battu un blanc d'œuf & du jus de citron. On y ajoute de la canelle & une quantité suffisante de sucre. On remet le tout sur le feu, & après l'avoir fait légerement bouillir jusqu'à ce qu'il soit clarifié, on le passe de nouveau, & on le laisse reposer.

DU CHEVREUIL ET DU DAIM.

CEs deux especes d'animaux tiennent beaucoup du cerf, & sont, à ce que l'on croit, des especes de chevres ou de boucs sauvages. Le chevreuil est plus petit que le daim, & tous deux sont extrêmement agiles, & ont des cornes qui ressemblent assez à celles du cerf. Le premier a l'organe de la vûe tellement constitué qu'il voit la nuit comme le jour. La femelle du Daim est quelquefois toute blanche, & n'étoit son poil qui est très-court, on la prendroit pour une chevre. La chair du chevreuil jeune, gras & tendre, est séche & se digére assez aisément : elle est même au jugement de quelques-uns, la plus saine de tous les animaux sauvages. Il en est néanmoins qui veulent qu'elle ne soit pas bonne pour les mélancoliques, & que pour la manger avec moins de danger pour la santé, il ne faut la manger que bouillie & cuite avec des herbes aromatiques & humides. Celle du daim jeune & bien nourri, a les mêmes qualités que celle du chevreuil, à cela près qu'elle est un peu plus difficile à digérer.

DU GIBIER EN GENERAL.

Du Faisan.

Le faisan est un oiseau qui approche de la grosseur du coq, ayant un beau plumage & la queuë fort longue. Il vit dans les Bois, se nourrit de fruits, de semences, de bayes, & surtout d'avoine, ce qui contribuë à rendre sa chair d'un bon suc. Elle a été fort estimée & recherchée des anciens à cause de son goût exquis & délicieux. Elle est saine, & convient surtout aux convalescens, qui ont besoin de rétablir leurs forces, parce qu'elle est nourrissante & se digére aisément. Si quelques-uns ont avancé que les personnes en santé ne doivent pas en manger, ce n'est pas qu'ils ayent eu une mauvaise idée de ses qualités, c'est au-contraire pour en avoir pensé trop avantageusement. Ils ont cru qu'il falloit reserver pour les convalescens une nourriture excellente, qui nouvelle pour leur estomac, seroit propre à en réparer les forces. Il faut choisir le faisan gras & jeune, & le laisser mortifier jusqu'à ce qu'il ait acquis un bon fumet. On fait moins de cas de la femelle que du mâle.

Faisan à la broche & diversifié.

Flambez un faisan que vous épluchez & vuidez, farcissez-le de son foye, lard rapé, persil, ciboules, échalottes hachées, sel, gros poivre, deux jaunes d'œufs ; mettez cette farce dans le corps, passez le croupion dans la boutonniere, arrêtez-le en le cousant avec une ficelle, cousez aussi le côté de la poche, faites refaire dans du beurre & cuire à la broche enveloppé de lard & de papier, servez avec un ragoût de laitances de carpes, à la sauce à la carpe; faites suer une carpe avec une tranche de jambon, quelques tranches de veau, mouillez avec un demi verre de vin blanc, du blond de veau, faites cuire une demie heure, mettez-y des champignons, un bouquet ; après mettez les champignons dans une casserole avec des laitances de carpe blanchies à l'eau bouillante, passez la

Entrée.

sauce de carpe dans la casserole aux laitances, faites cuire à petit feu, servez le ragoût bien assaisonné sur le faisan.

Vous pouvez encore le servir avec un ragoût de truffes, ou ragoût d'olives. Le faisan cuit à la broche se sert à différentes sauces.

Faisan en salmi Bourgeois.

Hors-d'œuvre. Coupez par membres un faisan cuit à la broche & froid, mettez les épluchures & le foye dans une casserole avec du bouillon, un verre de vin blanc, quelques échalottes, sel, poivre, du blond de veau; faites cuire cette sauce un quart d'heure, passez au tamis, mettez chauffer dedans le faisan, servez garni de croûtons frits.

Filets de Faisan à l'Italienne.

Hors-d'œuvre. Ecrasez deux foyes de faisans cuits à la broche, mettez-les dans une casserole avec des truffes, de l'échalotte hachée, un peu d'huile fine, un verre de vin de Champagne, du blond de veau, sel, gros poivre, faites cuire cette sauce un quart d'heure, mettez-y chauffer sans qu'ils bouillent des filets de faisan cuit à la broche, en servant jus de citron & courte sauce.

De la Beccasse et Beccassine.

La beccasse est un oiseau fort estimé pour son goût exquis. L'Hyver est le tems où elle est meilleure ; ce n'est même qu'alors qu'on en voit dans ces Païs-ci, parce que la neige qui couvre les montagnes les fait descendre. On ne laisse pas d'en voir en plusieurs endroits dans le tems que les bleds commencent à lever de terre, surtout dans les terroirs humides qu'elles peuvent aisément piquer avec leur long bec pour en tirer des vers dont elles se nourrissent. Lorsqu'elles sont jeunes & grasses, elles fournissent une bonne nourriture qui se digére aisément, mais qui échauffe un peu. Les vieilles sont dures & plus difficiles à digérer.

La beccassine ressemble par son plumage à la beccasse. Mais elle est bien moins grosse, & a le bec moins long. Ces deux oiseaux habitent des lieux fort différens. Le séjour ordinaire de la beccasse sont les bois & les monta-

gnes, au lieu que la beccaſſine habit[e]
ordinairement ſur les bords des marai[s]
& des ruiſſeaux parmi les herbes aqua[-]
tiques qui y croiſſent. La chair de l[a]
beccaſſine a les mêmes qualités qu[e]
celle de la beccaſſe, mais elle eſt en[-]
core plus délicate.

Il y a encore un autre oiſeau de l[a]
même couleur que la beccaſſine, ma[is]
plus petit, qu'on appelle *Beccot*, & e[n]
quelques lieux *demie-Beccaſſine*. Il e[ſt]
à la beccaſſine, ce que la beccaſſin[e]
elle-même eſt à la beccaſſe. C'eſt u[n]
oiſeau de riviere qui, comme la bec[-]
caſſine, cherche ſa nourriture le lon[g]
des ruiſſeaux & des marais. Il eſt plu[s]
rare qu'elle, & ordinairement plu[s]
gras, auſſi eſt-il d'un goût plus fi[n] &
plus délicat.

Beccaſſes, Beccaſſines & Beccots farcis à la poële.

Entrée. Prenez deux beccaſſes ou ſix bec[-]
caſſines ou beccots que vous flambez,
vuidez-les par le dos ; faites une farc[e]
de ce qu'ils ont dans le corps, avec
lard rapé, perſil, ciboules, deux jaune[s]
d'œufs crus, ſel, gros poivre ; farciſ[-]

sez les beccasses, cousez & troussez comme pour mettre à la broche, faites-les refaire avec de l'huile, persil, ciboules, échalottes hachées, sel, gros poivre; foncez une casserole de tranches de veau blanchies, mettez les beccasses dessus, l'estomac en dessous, avec leur assaisonnement, six truffes entieres, si vous voulez; couvrez de bardes de lard, faites suer un quart d'heure, mouillez avec un peu de consommé, un demi verre de vin de Champagne, faites cuire à très-petit feu; la cuisson faite, ôtez les beccasses, que vous dressez sur le plat après avoir ôté les ficelles, mettez dans la cuisson un peu de blond de veau, faites bouillir pour dégraisser, passez au tamis, dressez les truffes autour des beccasses ou beccassines, un jus de citron, en servant la sauce.

Beccasses à la sauce à la Beccasse.

Flambez, & vuidez deux beccasses par le dos, prenez le dedans d'une que vous hachez avec du lard rapé, persil, ciboules, échalottes hachées, sel, gros poivre, liez de deux jaunes d'œufs, farcissez les beccasses, cousez & faites cuire à la broche enveloppées de lard & de papier ; prenez le dedans de l'autre beccasse, que vous écrasez, & le mettez dans une casserole avec un verre de bon vin rouge, un peu de blond de veau, du bouillon, de l'échalotte hachée, sel, gros poivre ; faites bouillir un demi quart d'heure, passez la sauce au tamis, mettez-y un jus de citron, servez sur les beccasses.

DES RAMIERS
ET DES TOURTERELLES.

Le ramier est un pigeon sauvage qui, contre la coutume des pigeons, se perche sur les arbres, d'où lui est venu son nom. Sa chair a les mêmes qualités que celle du pigeon, mais elle est moins humide, à cause du mouvement qu'il se donne. Outre cela elle ressemble plus par sa couleur à la chair de la beccasse, qu'à celle du pigeon domestique. Il ne faut pas confondre le ramier avec une autre sorte de pigeon sauvage qu'on appelle *Bizet* en quelques Provinces. Ce dernier ressemble par sa grosseur & par son plumage

mage au pigeon fuyard de colombier, excepté que fa couleur eſt un peu plus foncée. Ces fortes de bizets fauvages habitent & nichent ordinairement dans des creux de rochers, d'où ils fe répandent par troupeaux dans les campagnes. Les ramiers font plus gros, & ils ne vont guéres que deux ou quatre enfemble.

La tourterelle eſt une forte de pigeon qui, lorfqu'elle eſt jeune & graſſe, donne une bonne nourriture & plus délicate que celle du pigeon, mais elle eſt plus féche. Elle échauffe, & l'on prétend que les Mélancoliques doivent n'en manger que modérement, furtout fi la tourterelle a plus d'un an. Une efpece de collier noir autour du col diſtingue le mâle de la femelle.

La Tourterelle fauvage eſt d'un meilleur goût que la domeſtique, elle engraiſſe l'Eté & maigrit l'Hyver, foit défaut de nourriture, foit la chûte de fes plumes qu'elle ne recouvre parfaitement qu'au Printems : ce qui fait qu'elle fe cache durant la rigueur du froid dans des cavernes, d'où elle fort après qu'il eſt paſſé, pour aller faire fon nid fur des arbres. Quand le vent du midy souffle, elle vole moins aisément, parce que l'humidité de l'air appésantit ses plumes. Les tourtereaux sont long-tems à acquerir la rapidité du vol, parce qu'ils sont naturellement visqueux, ce n'est gueres que sur la fin de l'Eté que leurs ailes ont acquis la force naturelle à cet oiseau.

Ramereaux en compotte.

Entrée. Troussez les pates de quatre ramereaux comme aux pigeons, mettez-les dans une casserole avec un morceau de beurre, un bouquet, une tranche de jambon, des champignons, passez sur le feu ; mettez-y une pincée de farine, mouillez avec un verre de vin de Champagne, du bouillon, un quart d'heure après mettez-y un ris de veau blanchi coupé en quatre, faites cuire à petit feu. Quand le ragoût est presque cuit, vous y mettez du blond de veau, des petits œufs que vous avez fait bouillir un moment dans l'eau, ôtez-en la peau, assaisonnez de bon goût, servez avec un jus de citron, & courte sauce. Si vous n'avez point de petits œufs, voici la façon d'en faire.

Prenez trois jaunes d'œufs durs que vous pilez dans un mortier, mettez-y gros comme une lentille de sel fin, un jaune d'œuf cru, pilez ensemble, retirez les œufs du mortier pour les mettre sur la table avec de la farine, roulez en forme de saucisse, coupez ensuite par petits morceaux que vous roulez dans les mains pour les arrondir, mettez-les un instant à l'eau bouillante, retirez à l'eau fraîche pour vous en servir.

Ramereaux à la Flamande.

Piquez de gros lard quatre rame- *Entrée.* reaux, après les avoir fait refaire dans du beurre & troussés ; prenez la moitié d'un chou avec du petit lard coupé en tranches tenant à la couenne, que vous faites blanchir un quart d'heure à l'eau bouillante ; retirez le chou à l'eau fraîche, pressez-le bien, ôtez le trognon & le ficelez, ficelez aussi le petit lard, que vous mettez cuire avec le choux & les ramereaux, mouillez de bon bouillon, un peu de sel, gros poivre, un bouquet de persil, ciboules, une gousse d'ail, deux cloux de gérofle, le demi quart d'une muscade, faite cuire à petit feu ; la cuisson faite, mettez égouter les ramereaux & choux, essuyez de leur graisse, servez le petit lard sur les choux, les ramereaux dans le milieu, arrosez pardessus avec une sauce au blond de veau.

Tourtereaux au Duc.

Entrée. Farcissez cinq tourtereaux après les avoir flambés, avec leurs foyes, lard rapé, persil, ciboules, échalottes hachées, sel, gros poivre, deux jaunes d'œufs crus, foncez une casserole de tranches de veau blanchies, cinq petites tranches de jambon, mettez les tourtereaux sur le jambon & cinq écrevisses à côté, mouillez avec un verre de vin de Champagne, un verre de consommé, un bouquet de persil, ciboules, une gousse d'ail, deux cloux de gérofle, une demie feuille de laurier, thim, basilic, du gros poivre, point de sel, faites cuire à petit feu ; la cuisson faite, ôtez les tourtereaux, le jambon, les écrevisses ; mettez du blond de veau dans la casserole, faites bouillir pour dégraisser, passez la sauce au tamis, mettez-y un jus de citron, dressez les tourtereaux chacun sur une tranche de jambon, les écrevisses entre, la sauce pardessus.

Tourtereaux à la cendre.

Flambez & vuidez six tourtereaux, faites-les revenir sur le feu avec de l'huile, persil, ciboules, truffes, le tout haché, sel, gros poivre, foncez une casserole de tranches de veau blanchies, mettez les tourtereaux dessus, l'estomac en dessous, avec tout leur assaisonnement, couvrez de bardes de lard, une feuille de papier & un couvercle de casserole, faites suer sur de la cendre chaude & feu sur le couvercle ; mouillez après avec un verre de vin de Champagne, bon bouillon, faites cuire à très-petit feu ; la cuisson faite, dressez les tourtereaux dans le plat, ôtez les bardes de veau & de lard, dégraissez la sauce sans la passer, mettez-y un peu de blond de veau & un jus de citron, servez sur les tourtereaux.

Entrée.

Tourtereaux au consommé.

Entrée. Prenez six tourtereaux que vous flambez & vuidez, faites une farce de leurs foyes avec lard rapé, persil, ciboules, une truffe, le tout haché, sel, gros poivre, deux jaunes d'œufs, farcissez & cousez, lardez-les après avec du lard & filets de jambon, foncez une petite marmite de tranches de veau blanchies ; mettez les tourtereaux dessus avec des filets de carotes, panais, oignons, un bouquet de persil, ciboules, deux cloux de gérofle, une demie feuille de laurier, thim, basilic, couvrez de bardes de lard, faites suer un quart d'heure, mouillez après avec d'excellent bouillon, faites cuire à très-petit feu ; la cuisson faite, ôtez les ficelles, dressez sur le plat, passez la sauce au tamis, dégraissez, servez de bon goût sur les tourtereaux.

DE L'ALOUETTE OU MAUVIETTE.

Il y a plusieurs sortes d'alouettes, dont deux sont assez connuës. L'une a une crête ou hupe sur la tête, & l'autre n'en a point. La premiere est d'une couleur plus cendrée & moins brune que l'autre, du reste elles se ressemblent pour la grosseur, pour le chant, & pour le goût, quoiqu'il y en ait qui préferent pour la délicatesse la hupée à celle qui ne l'est pas. Elles sont recherchées en Automne & en Hyver, parce qu'alors elles sont grasses. En tout autre tems on en doit faire peu de cas.

Il se trouve encore deux autres especes d'alouettes qu'on appelle *Bâtardes* en quelques Provinces. Les unes sont plus grosses & les autres plus petites que les alouettes ordinaires, dont elles différent aussi par le chant, & par la queuë qui est plus courte. Elles approchent de leur bonté lorsqu'elles sont grasses, mais cela est rare.

Alouettes diversifiées.

Troussez les pates de douze alouettes, passez-les dans le bec après les avoir flambées & vuidées, mettez-les dans une casserole avec des champignons, un ris de veau coupé par morceaux, & blanchi, un bouquet, un morceau de

Entrée.

beurre, passez sur le feu, mettez
une pincée de farine, mouillez avec
verre de vin blanc, du blond de vea
du bouillon, sel, gros poivre, fait
cuire, & dégraissez; en finissant un j
de citron, servez.

Etant cuites de cette façon, vo
pouvez les mettre en caisse après qu'o
les sont froides & la sauce très-court

Foncez le plat que vous devez serv
avec une bonne farce de volaille bie
finie, mettez le ragoût dessus &
couvrez partout avec de la même farc
unissez avec de l'œuf battu, panne
de mie de pain, faites cuire au fou
Quand elles sont bien dorées, égoute
la graisse, servez avec une sauce clair
& de bon goût. Vous mêlerez dans l
farce de volaille, le dedans des alouë
tes, hors les gesiers.

Les alouettes cuites à la braise entr
des bardes de lard se servent ave
beaucoup de sauces différentes. Quan
elles sont grasses, vous les faites cuir
à la broche enveloppées de lard & d
papier, servez de même avec un
sauce.

Alouette

Alouettes ou Mauviettes à la Piémontoise.

Entrée.

Mettez dans une casserole, des truffes, persil, ciboules, un peu d'échalottes, champignons, le tout haché, sel, gros poivre, un demi septier de vin blanc, autant de bon bouillon, faites bouillir, mettez-y cuire pendant une demie heure douze alouettes, que vous flambez, vuidez & troussez comme pour la broche ; la cuisson faite, mettez dedans un pain de beurre manié de farine, faites lier sur le feu ; en servant un jus de citron, & courte sauce.

Alouettes en surprise.

Entrée.

Flambez & vuidez douze alouettes, ôtez les pates & le col, fendez-les par derriere pour les désosser le mieux que que vous pourrez, hachez tout ce qu'elles ont dans le corps hors le gésier ; mêlez ce que vous avez haché avec lard rapé, persil, ciboules, un jaune d'œuf, farcissez les alouettes & ficelez, faites cuire dans une petite braise, mettez-les après refroidir : Prenez des œufs que vous vuidez proprement, en coupant la coque avec des ciseaux, de façon que le dessus puisse vous servir, lavez les coques, mettez dans chaque œuf une alouette avec un peu de salpicon cuit & froid, remettez le dessus avec le dessous, de façon que l'œuf paroisse entier, soudez avec du jaune d'œuf, faites la même chose à toutes les alouettes, & mettez cuire au bainmarie dans un coquetier, il ne faut que le tems qu'ils soient chauds, servez comme des œufs frais dans une serviette.

Alouettes au four.

Entrée. Vuidez douze alouettes que vous mettez dans une casserole avec des champignons, un morceau de beurre, un bouquet, passez sur le feu; mettez-y une pincée de farine, douze petits oignons blanchis, mouillez avec un verre de vin blanc, du blond de veau, un peu de sel, gros poivre, faites cuire à petit feu & réduire à courte sauce, mettez refroidir : Prenez le plat que vous devez servir, mettez dans le fond un peu de sauce du ragoût, & sur la sauce moitié mie de pain & Parmesan rapé, dressez le ragoût dessus avec le restant de la sauce, pannez moitié mie de pain & Parmesan, faites prendre couleur au four, ou sous un couvercle de tourtiere, servez de belle couleur.

Des Grives et des Merles.

La grive est un oiseau de la grosseur de l'estourneau ou sansonnet, qui se trouve en abondance dans les Païs de vignobles en Automne qui est la saison où elle est grasse & de bon goût. Elle se nourrit des grains de lierre, de sureau, de geniévre & de raisin, d'olives, de glands, de moucherons & d'autres insectes. Sa chair fournit une nourriture délicate, facile à digérer, & bonne pour les convalescens. Il y en a deux autres especes différentes. La premiere est plus petite que celle dont nous venons de parler. Elle lui ressemble par le plumage, avec cette différence que celle-ci a la poitrine couverte de plumes rougeâtres ou orangées. Dans le tems des vendanges qu'elle est grasse, elle n'est pas moins bonne que la grive commune. Bien des gens la trouvent même plus délicate. L'autre espece de grive est presque de la grosseur du pigeon bizet. Son cri est différent de celui des deux autres especes : elle est fort sauvage, elle paroît en Hyver, & se nourrit du guy qui croît sur les chênes ou sur d'autres arbres. Elle est ordinairement maigre, & bien inférieure en bonté aux deux autres especes de grives.

Le merle est un oiseau de la grosseur de la grive, ordinairement de couleur noire, ou d'un brun foncé, quoiqu'il y en ait de blancs en Achaie.

Lorsqu'il est jeune & gras, sa chair donne un bon aliment, mais moins délicat que la grive dont il approche par ses qualités.

Grives à l'eau-de-vie.

Entrée. Troussez les pates de cinq grives après les avoir vuidées, mettez-les dans une casserole avec un morceau de bon beurre, passez-les sur le feu, mettez-y une pincée de farine, mouillez avec un grand verre d'eau-de-vie. Quand elle bouillira faites-y prendre le feu avec du papier allumé, laissez brûler jusqu'à ce qu'il s'éteigne de lui-même;

mettez après du bouillon, du blond de veau, un ris de veau blanchi coupé par morceaux, des champignons, un bouquet; faites cuire le ragoût, dégraissez, assaisonnez de sel, gros poivre, servez à courte sauce.

Grives pannées au pauvre homme.

Prenez cinq ou six grives que vous flambez, ne les vuidez point, mettez-les cuire à la broche; pendant qu'elles cuisent, mettez un morceau de lard au bout d'un hatelet, faites-y prendre le feu & dégoutez sur les grives, pannez après avec de la mie de pain. Quand elles sont cuites de belle couleur, servez avec une sauce faite avec un peu de beurre manié de farine, un filet de vinaigre blanc, de l'eau, de l'échalotte hachée, sel, gros poivre, faites lier sur le feu.

Entrée.

DE LA CERCELLE OU SARCELLE.

La cercelle ressemble au canard, mais elle est plus petite. Elle est au canard ce que la beccassine est à la beccasse. Sa chair est aussi plus délicate que celle du canard. Il ne faut pas confondre la cercelle avec une autre espece d'oiseau de riviere qui ressemble aussi au canard, sans être de la même grosseur. On l'appelle *Rouge* en quelques Provinces, sans doute parce qu'il a une partie du col & de la poitrine couverte d'un plumage rougeâtre. Il est plus gros que la cercelle, & sa chair est plus délicate que celle du canard sauvage.

Cercelles diversifiées.

Entrée. Flambez & vuidez deux cercelles, mettez une farce dans le corps, troussez les pates, faites refaire avec un peu de beurre & cuire à la broche sans les envelopper. Quand elles sont cuites dans leur jus, dressez sur le plat, ciselez-les le long de l'estomac, mettez dedans de l'échalotte hachée, sel, gros poivre, un grand jus d'orange.

Hors-d'œuvre. Etant cuites à la broche, vous pouvez les servir avec un ragoût de truffes, ragoût d'olives, ou différentes sauces. Si vous voulez servir des filets de celles qui reviennent de la table, levez-en toute la chair que vous coupez en filets; prenez le plat que vous devez servir, mettez dans le fond du Parmesan & les filets dessus avec quelques filets d'anchois, du gros poivre, arrosez légerement avec du blond de veau, pannez moitié mie de pain & Parmesan, faites migeoter sur le feu, & prendre couleur dessous un couvercle de tourtiere, servez avec un jus d'orange.

Vous pouvez servir de cette façon toutes sortes de filets de gibier.

De la Perdrix.

La perdrix est un oiseau fort connu, dont il y a deux especes; la rouge & la grise. La premiere qui est la plus estimée se trouve & se plaît dans les Païs montagneux, au lieu que la grise habite plus volontiers les campagnes. Il est aisé de les distinguer : car, outre que la premiere est plus grosse, elle a le bec, les pates & les paupieres rouges : leur cri ou chant est aussi fort différent; la chair de la jeune perdrix ou perdreau est tendre, de bon goût, & fournit une nourriture facile à digérer, propre aux convalescens & à ceux qui ont le ventre trop libre. Le perdreau rouge se connoît à l'aîle, dont la premiere plume est pointuë, & terminée par un peu de blanc. Le perdreau gris a le bec & les pates tirant un peu sur le noir, & la premiere plume de l'aîle pointuë. Pour peu qu'on ait comparé de perdreaux avec de vieilles perdrix, on ne fera pas embarassé à en faire la différence.

Perdrix à la Païsanne.

Entrée. Faites refaire deux vieilles perdrix après les avoir flambées, & vuidées, troussez les pates dans le corps comme à une poule, mettez-les cuire dans une petite marmite avec un verre de bon bouillon, une barde de lard, tranches d'oignons, carottes, panais, un peu de sel, gros poivre, faites cuire à très-petit feu pendant trois heures, passez après la cuisson au tamis, que vous dégraissez & servez sur les perdrix.

Perdreaux au naturel.

Hors-d'œuvre. Coupez par membres deux perdreaux cuits à la broche qui ont servi sur la table, arrangez les sur le plat que vous devez servir, mettez dessus un peu de bon bouillon, sel, gros poivre, une douzaine d'échalottes entieres & cuites un quart d'heure dans de l'eau ; faites chauffer pendant un quart d'heure sur de la cendre chaude sans bouillir pour faire prendre goût, servez.

Perdreaux gratinés.

Prenez des perdreaux cuits à la broche qui ont servi sur la table, coupez-les par membres, mettez dessus le plat que vous devez servir un morceau de beurre manié avec de la chapelure de pain, persil, ciboules, échalottes hachées, deux jaunes d'œufs, sel, gros poivre, faites gratiner sur le feu, mettez-y après les perdreaux chauffer dans un peu de bouillon, sel, gros poivre, un peu de persil blanchi haché, un filet de vinaigre ; en servant un peu de chapelure de pain pardessus. *Hors-d'œuvre.*

Perdreaux à l'Allemande.

Farcissez deux perdreaux avec leurs foyes, lard râpé, persil, ciboules, sel, *Entrée.*

gros poivre, un jaune d'œufs, faites cuire à la broche enveloppés de lard & de papier, mettez dans une casserole un peu de beurre manié avec de la mie de pain, persil, ciboules, échalottes hachées, sel, gros poivre, un peu de bouillon, un demi verre de vin blanc, faites bouillir un quart d'heure, mettez-y un jus de citron, servez dessus les perdreaux.

Perdreaux à la Coigny.

Entrée. Flambez & vuidez trois jeunes perdreaux, applatissez-les un peu & faites mariner avec de l'huile, persil, ciboules, échalottes, & les foyes des perdreaux, le tout haché, sel, gros poivre, mettez-les cuire sur une tourtiere au four enveloppés de papier, avec tout leur assaisonnement, ou sur le gril. Quand ils sont cuits, ôtez le papier, ramassez toutes les fines herbes qui tiennent après que vous mettez dans une casserole avec un peu de blond de veau, un demi verre de vin, sel, gros poivre, faites bouillir un instant, un jus de citron, servez sur les perdreaux.

Perdreaux à la Provençale.

Vuidez & trouffez les pates en dedans de trois perdreaux, lardez-les de filets de jambon & de lard, farciffez le dedans avec leurs foyes, lard rapé, perfil, ciboules hachées, un jaune d'œufs, coufez pour que la farce ne forte pas, mettez-les dans une cafferole avec perfil, ciboules, échalottes, un peu d'ail, le tout haché, fel, gros poivre, un peu d'huile, faites cuire bien étouffés fur de la cendre chaude, en les remuant de tems en tems. Quand ils font cuits, ôtez-les, mettez dans la cafferole un demi verre de vin blanc, du blond de veau, détachez tout ce qui tient après, faites bouillir pour dégraiffer, mettez-y un jus de citron, ôtez les ficelles des perdreaux, fervez la fauce deffus. *Entrée.*

Perdreaux à la fauce au panais.

Prenez deux perdreaux que vous flambez, vuidez, gardez les foyes, mettez dans le corps du lard rapé avec perfil, ciboules, un peu de fel, gros *Entrée.*

poivre, faites refaire dans du beur[re]
& cuire à la broche enveloppés de la[rd]
& de papier ; mettez dans une caff[e-]
role une tranche de jambon, un pe[u]
de bardes de lard, de l'oignon en tra[n-]
ches, un panais coupé en deux, le[s]
deux foyes de perdreaux, faites fue[r]
fur le feu jufqu'à ce qu'ils commence[nt]
à s'attacher, mouillez avec du bouillo[n]
faites bouillir un quart d'heure, retire[z]
les morceaux de panais & foyes qu[e]
vous pilez dans un mortier avec deu[x]
rocamboles, paffez la fauce au tamis
délayez dedans ce que vous avez pilé
faites chauffer fans bouillir, fervez fu[r]
les perdreaux.

Différens falmis de Perdreaux.

Hors-d'œuvre. Coupez par membres des perdreaux cuits à la broche & froids, arrangez-les fur le plat que vous devez fervir, mettez-y un peu de bouillon feulement pour les faire chauffer, fervez deffus un ragoût de truffes ou d'olives. Si vous voulez un falmi plus fimple, mettez dans une cafferole un demi verre de vin, du bouillon, de l'échalotte hachée, du blond de veau, fel, gros poivre, faites bouillir cette sauce, mettez-y les perdreaux coupés par membres pour les faire chauffer, servez garnis de croûtons passés au beurre.

Si vous voulez servir un salmi de filets, coupez la chair des perdreaux en filets, pilez tout le débris des carcasses & foyes, que vous délayez avec un peu de bouillon & blond de veau, passez à l'étamine, mettez cette sauce dans une casserole avec les filets pour faire chauffer sans qu'ils bouillent, assaisonnez de sel, gros poivre, en servant jus de bigarade.

Perdrix à l'étuvée.

Troussez en poule deux vieilles perdrix que vous lardez de gros lard; faites un roux avec du beurre & de la farine, mettez-y refaire les perdrix, mouillez avec du bouillon, un demi septier de vin blanc, sel, gros poivre, un bouquet de persil, ciboules, une gousse d'ail, une feuille de laurier, thim, basilic; à la moitié de la cuisson des perdrix, mettez-y des petits oignons blanchis, rachevez de cuire; un demi quart d'heure avant que de servir,

Entrée.

si vous avez des laitances de carpe blanchies, mettez-les dedans pour le faire bouillir, servez garnies de croûtons, capres entieres, anchois haché

Perdreaux & Perdrix diversifiés.

Entrée. Les perdreaux cuits à la broche farcis de leurs foyes se servent avec différentes sauces & ragoûts. Les perdrix cuites à la braise se servent de

Hors-d'œuvre. même. La desserte des perdreaux cuits à la broche sert à faire plusieurs choses comme hachis que vous mêlez avec la chair de gigot de mouton, que vous finissez comme à l'ordinaire. Pour lui donner plus de goût, faites bouillir les carcasses avec du bouillon & blond de veau, que vous mettez dans le hachis.

Entrée. Avec ce même hachis, vous pouvez faire un pain de perdrix : Prenez un pain rond d'une demie livre, ôtez toute la mie du dedans, passez-le sur le feu avec du beurre, remplissez le pain d'un hachis, dressez-le sur le plat que vous devez servir avec un peu de sauce à salmi, faites-le migeoter dans le plat jusqu'à ce qu'il soit un peu attaché, servez dessus de la sauce à salmi

La desserte des perdreaux cuits à la broche, en les coupant par membres, se sert avec toutes sortes de petites sauces.

DE LA CAILLE.

La caille est un oiseau de passage assez connu. Après le milieu de l'Automne elle passe dans les Païs chauds, d'où elle revient au Printems, & fait son nid ou dans des plaines, ou dans des montagnes où il croît du bled. Le mâle se distingue de la femelle par une espece de raye noire & quelquefois rougeâtre, qui paroît en forme de croix sous le gozier & le long d'une partie du col. Au lieu que la femelle n'a point cette raye, & son col & sa poitrine sont couverts de plumes tachetées à leur extrêmité d'une petite marque noire. Le cailleteau, tant mâle que femelle, se connoît aisément, parce que dans l'un cette raye n'est qu'ébauchée, & que dans l'autre les marques noires sont moins distinctes & moins colorées. La caille qu'on appelle verte, c'est-à-dire, que l'on prend au Printems, lorsque les bleds sont verts, ne vaut rien, & a très-peu de goût. Elle n'est bonne qu'à la fin de l'Eté qu'elle est grasse. De tous les grains celui qui l'engraisse le mieux & le plus promptement, est le millet qu'elle aime beaucoup. Je laisse aux Médecins à disputer sur les proprietés de cet oiseau rélativement à la santé. Que les uns l'approuvent, tandis que d'autres le condamnent, il est certain que sa chair est fine, délicate, & de bon goût ; je conviens pourtant que l'excès en peut être nuisible, & que sa graisse peut la rendre un peu difficile à digérer. La caille n'est ordinairement bien grasse que dans les Païs où il croît du millet & du sarasin, à moins qu'on ne l'engraisse en cage. Mais celle qui s'est engraissée d'elle-même dans les champs est bien meilleure que l'autre.

Cailles diversifiées.

Entrée. Flambez & vuidez cinq ou six cailles, que vous farcissez avec leurs foyes, lard rapé, persil, ciboules, sel, gros poivre, deux jaunes d'œufs, faites cuire à la broche enveloppées de lard & de papier, servez avec un ragoût de truffes ou de ris de veau. Vous servez

servez encore les cailles à la braise avec des choux & petit lard. Vous en faites des compotes, comme celle de pigeons, que vous passez avec ris de veau, champignons, du beurre, un bouquet ; mettez-y une pincée de farine, mouillez avec du bouillon, du blond de veau ; à la moitié de la cuisson, vous y mettez des culs d'artichaux cuits à moitié dans l'eau, des petits œufs, servez à courte sauce ; ce même ragoût, après qu'il est desservi de la table, se peut mettre en caisse. Vous prenez le plat que vous devez servir, mettez dans le fond une bonne farce de bon goût, le ragoût dessus que vous couvrez avec de la même farce, unissez avec de l'œuf battu, pannez de mie de pain, faites prendre couleur au four, égoutez la graisse, servez avec une bonne sauce claire.

Ce même ragoût, vous pouvez encore le servir en timbale de la même façon qu'il est expliqué aux lapreaux en timbale, *page* 208.

Cailles grillées.

Flambez & vuidez six cailles, fendez- Entrée.

les à moitié par le dos, mettez-les dans une casserole avec de l'huile, quatre feuilles de laurier, sel, gros poivre enveloppez de bardes de lard, faites cuire à très-petit feu sur de la cendre chaude. Quand elles sont presque cuites pannez-les avec de la mie de pain & faites griller; mettez dans la casserole un peu de blond de veau, du bouillon détachez tout ce qui peut tenir après dégraissez, passez au tamis, servez dessous les cailles, que la sauce soit de bon gout & claire.

Etuvée de Cailles.

Entrée. Faites un roux avec de la farine & du beurre, passez-y cinq cailles que vous avez flambées & vuidées, avec une douzaine de petits oignons blanchis, mouillez avec un demi septier de vin blanc, du bouillon, un bouquet de persil, ciboules, une feuille de laurier, thim, basilic, deux cloux de gérofle, garnissez cette étuvée de ce que vous voulez, comme culs d'artichaux cuits à moitié dans l'eau, ou une anguille coupée par tronçons, laitances de carpes; à la place de poisson vous y pouvez mettre des petites saucisses, crêtes ou foyes gras. Quand l'étuvée sera cuite, assaisonnez de bon goût, mettez-y capres entieres, un anchois haché, servez garnie de croûtons passés au beurre.

Cailles aux oignons en crépines.

Trouffez les pates en dedans de six cailles, après les avoir flambées & vuidées, faites-les cuire avec du bouillon, un bouquet de persil, ciboules, deux cloux de gérofle, deux feuilles de laurier, peu de sel. Quand elles sont cuites, faites attacher toute la sauce de leur cuisson après les cailles, mettez-les refroidir, passez dans une casserole beaucoup d'oignons coupés en dez avec du bon beurre jusqu'à ce qu'ils soient cuits à forfait ; mettez y deux anchois hachez, une liaison de trois jaunes d'œufs avec un peu de crême, faiter lier sur le feu ; prenez autant de morceaux de crépines que de cailles, mettez dessus de l'oignon & une caille, enveloppez chaque caille d'oignons & de crépines, trempez dans de l'œuf battu, pannez de mie de pain, faites

Entrée.

prendre couleur au four ; mettez du blond de veau dans la casserole où vous avez fait cuire les cailles avec un peu de bouillon, détachez ce qui reste, dégraissez, passez au tamis, servez dessous les cailles.

Celles à l'appétit se font de la même façon, à cette différence qu'à la place d'anchois, vous y mettrez deux harangs sôrs coupés en très-petits dez, dans la sauce un jus de bigarade.

Cailles au Jambon.

Entrée. Faites une farce avec des foyes, lard rapé, persil, ciboules, champignons, le tout haché, sel, gros poivre, farcissez six cailles après les avoir flambées & vuidées ; foncez une casserole de six tranches de jambon très-minces, mettez les cailles dessus avec de fines herbes hachées, gros poivre, point de sel, couvrez avec bardes de lard, faites suer & cuire sur de la cendre chaude ; la cuisson faite, dressez les cailles sur les tranches de jambon ; mettez dans la casserole un peu de blond de veau, un filet de vinaigre blanc, détachez ce qui reste, passez la sauce au tamis, dégraissez, servez sur les cailles.

Cailles au Duc.

Farcissez six cailles, que vous avez flambées & vuidées, avec leurs foyes, lard rapé, persil, ciboules, sel, gros poivre, un jaune d'œuf, foncez une casserole de tranches de veau blanchies, mettez les cailles dessus, l'estomac en dessous, avec un bouquet de persil, ciboules, une gousse d'ail, deux cloux de gérofle, thim, laurier, basilic, cinq belles écrevisses en vie les petites pates ôtées, un peu d'huile; couvrez de bardes de lard, sel, gros poivre, faites suer un quart d'heure, mouillez avec un verre de vin de Champagne, faites cuire à très-petit-feu sur de la cendre chaude; la cuisson faite, dressez-les dans le plat, les écrevisses entre, mettez du blond de veau dans la cuisson & un peu de bouillon, faites bouillir pour dégraisser, passez au tamis, servez avec un jus d'orange dans la sauce.

Entrée.

Les cailles au fenouil se font de la même façon, vous ne mettez point d'écrevisses. Vous avez autant de petites branches de fenouil que de cailles, faites-les cuire dans l'eau un quart d'heure, pressez pour qu'il ne reste point d'eau ; les cailles étant dressées avec la sauce, vous mettez sur chaque une branche de fenouil.

DE LA POULE D'EAU, ou Foulque.

On en distingue de plusieurs especes. Les unes ont les pieds rouges ou couleur de rose, d'autres verdâtres, quelques-unes d'une couleur obscure & cendrée. Ces différentes especes d'oiseaux aquatiques ne sont ni absolument de la même grosseur, ni de la même bonté. Lorsqu'ils sont jeunes & gras, leur chair donne un assez bon aliment, mais un peu difficile à digérer. Il en est qui prétendent qu'on peut en manger les jours maigres.

Du Pluvier.

Il y en a de deux sortes : Le pluvier doré qui est de couleur jaunâtre, est moins commun & plus délicat, que le gris ou de couleur cendrée. Ils fréquentent ordinairement les bords des rivieres ou les lieux humides. Qu'ils ayent pris leur nom de l'idée qu'on a euë qu'ils annonçoient la pluye, ou de ce que les Chasseurs les prenoient plus aisément en tems de pluye, c'est ce qu'il importe peu de sçavoir. Mais on ne peut disconvenir que leur chair, surtout celle du pluvier doré, ne soit d'un goût exquis, & facile à digérer.

DE L'ORTOLAN.

L'ortolan est un petit oiseau à peu près de la grosseur de l'alouette, de couleur grisâtre, le col jaunâtre aussi-bien que le ventre. Il a un chant assez désagréable & importun, surtout la nuit qu'il chante à différentes reprises. Il a le bec longuet & assez menu, comme la fauvette, & autour du bec vers la tête de petites barbes noires. On en voit en quelques Provinces méridionales de la France, mais surtout dans la Gascogne & dans les Landes de Bordeaux où l'on en prend beaucoup. On y fait la chasse aux ortolans en deux saisons, au Printems, & sur la fin de l'Eté. Mais on ne prend dans la premiere que de vieux ortolans maigres qui vont faire leur nid. On peut les engraisser, mais ils ne sont jamais si bons que ceux que l'on prend aux mois d'Août & de Septembre. L'ortolan gras ne paroît qu'un peloton de graisse, à peine distingue-t-on un peu de chair sur les cuisses. C'est un oiseau fort délicat, nourrissant, & qui se digére aisément. Le jeune ortolan pris dans son nid, quoiqu'il ne soit pas si gras, ne laisse pas d'être excellent.

Du Vanneau.

Le vanneau est un oiseau à peu près de la grosseur du pigeon, mais dont les aîles sont bien plus longues. Il a sur la tête une crête assez haute, le bec un peu long. Sur le dos son plumage est de couleur claire d'ardoise, au col il tire sur le verd. Dans le reste du corps on y remarque différentes couleurs, comme du blanc, du noir, & du bleu, il se plaît le long des rivieres, ou dans des terres ensemencées humides, lorsque le bled commence à pousser. Sa chair est fort estimée pour son goût & sa délicatesse.

De la Gelinotte de Bois.

La gelinotte de Bois est une espece de poule sauvage, quoiqu'elle ait les poules & les coqs domestiques en aversion. Elle est parsemée de différentes couleurs. Elle habite les montagnes & les forêts, où elle se plaît avec les cerfs, & se nourrit de grains. C'est un oiseau assez rare, fort recherché pour la délicatesse de son goût. Sa chair fournit un aliment sain & facile à digérer.

Du Bequefigue.

Le bequefigue est un petit oiseau un peu moins gros que l'alouette, d'un gris brun sur le dos, & sur le ventre d'un blanc sale tacheté de petites marques noires. Son bec est longuet & mince comme celui de la fauvette. On prétend qu'il aime les figues, d'où il a tiré son nom. Cet oiseau est fort commun en Automne dans les Provinces méridionales de la France. Ce n'est pas qu'il ne s'en trouve aussi ailleurs & même dans le voisinage de Paris, mais il n'y est pas gras, faute, sans doute, des alimens propres à l'engraisser. Il se plait surtout dans les vignobles, ou dans les campagnes où il croît du sarasin. Je doute même fort que ce soit la figue ou le raisin qui l'engraisse, & je crois avoir remarqué que ce qu'il cherche dans les vignes & dans les champs, n'est pour l'ordinaire que le grain d'une plante assez connuë en Médecine, qu'on nomme *Mercuriale*. J'ai toujours observé que dans les lieux où cette plante croît abondamment, les bequefigues y sont plus gras & en plus grande quantité, ils s'engraissent en peu de tems, & maigrissent de même. Souvent un vent de Midy un peu fort qui soufle un ou deux jours, suffit pour les rendre maigres, alors ils volent assez légerement; mais quand ils sont gras, ils volent pésamment. Cet oiseau n'est pas moins délicat que l'ortolan, si même il ne mérite pas de lui être préferé. Comme lui, ce n'est, quand il est gras, qu'un peloton de graisse; mais un léger goût d'amertume que lui communique la mercuriale dont il se nourrit, prévient la fadeur & le dégoût qu'il semble que cette graisse devroit causer. Sa chair pleine d'un suc exquis est nourrissante, sans charger l'estomac.

Il y a deux autres especes de bequefigues, qui n'ont que le plumage de commun avec ceux dont nous venons de parler. On les appelle en quelques endroits des bequefigues bâtards. Les uns sont pour le moins aussi gros que les premiers que nous avons décrits; ils se plaisent sur les bords des rivieres & des ruisseaux, & peuvent passer pour des oiseaux aquatiques, ils ne sont jamais gras, & n'approchent pas de la délicatesse des autres. On en trouve en tout tems, en Hyver comme en Eté. Les autres sont moins gros, & fréquentent non-seulement les bords des rivieres, mais encore les champs, quand les bleds verts commencent à paroître. Ils ne sont jamais gras non plus, ni recherchés pour leur goût. Quoique nous ayons dit que les deux especes ayent beaucoup de ressemblance avec la premiere par le plumage, cela n'empêche pas que par la comparaison on ne puisse apprendre à en faire la différence; mais à leur cri on ne peut s'y méprendre.

DU GUIGNARD,
ET D'AUTRES PETITS OISEAUX.

Le guignard est un oiseau de passage fort connu & commun en Beauce vers le tems des vendanges, de la grosseur à peu près de la grive. Il est fort gras & se corrompt si promptement qu'il est difficile de le transporter, sa chair approche beaucoup de la délicatesse & du goût de l'ortolan.

Il y a plusieurs autres especes de petits oiseaux que l'on trouve en diverses Provinces, & qui sont estimées pour leur goût. Tel est le *Rossignol* qui sur la fin de l'Eté devient fort gras, & presqu'aussi délicat que le bequefigue.

Telle est la *fauvette*, dont il y a plusieurs especes, qui dans la même saison sont aussi grasses & excellentes. Telle est la *rouge-gorge*, qui dans le même-tems est un oiseau fort délicat. Le *torcol* est encore un oiseau gros comme l'alouette, qui en Automne est fort gras, son plumage est d'un gris cendré. En lui ouvrant le bec, on lui trouve une langue ronde & pointuë de la longueur d'un doigt, il la plonge dans les fourmillieres ; & quand les fourmis s'y font attachées, il la retire, & les avale ; il est fort délicat. Je ne parlerai pas des pinçons, des chardonnerets, des linottes, des moineaux, & d'autres oiseaux assez connus, la seule saison où ils puissent être recherchés est la fin de l'Eté & l'Automne, parce qu'alors ils sont plus gras, mais ils ne laissent pas d'être pour l'ordinaire durs & difficiles à digérer. De tous ceux que nous venons de nommer, la linotte est celle qui dans ce tems-là est la meilleure. Le moineau est très-chaud, ainsi il échauffe beaucoup. Il suffira d'avertir ici en général, que quelque excellent que puisse être un oiseau par lui-même, le Printems n'est point ordinairement la saison d'en manger, encore moins le tems qu'il couve & qu'il nourrit des petits. J'excepte néanmoins les jeunes que l'on a pris sur le nid, ou après qu'ils en sont sortis.

DU ROTI.

Du Cochon de lait.

IL faut le bien échauder & vuider laiffez les rognons, embrochez & faites-lui des incifions fur la peau pou[r] l'empêcher de fe déchirer; en cuifan[t] frotez fouvent avec de l'huile fine pou[r] lui rendre la peau croquante, ferve[z] bien cuit, parce que toute viande d[e] lait doit être bien cuite.

De l'Agneau.

Vous le faites refaire, en le tenan[t] en l'air fur de la braife; fi c'eft un rôt d[e] bif, vous le piquerez & mettrez de[s] bardes de lard fur les endroits qui n[e] le font pas; le quartier de devant, vou[s] y mettez une barde de lard & couvre[z] de papier, il faut une heure & demi[e] de cuiffon pour le rôt de bif, & prè[s] d'une heure pour le quartier de devan[t] laiffez mortifier deux ou trois jour[s] avant que de vous en fervir; le che[-] vreau comme l'agneau.

Des Pigeons.

Vous les prenez deſſous la mere pour les tuer, les petits vous pouvez les employer tout de ſuite ; les gros vous leur ôtez la poche & les boyaux, laiſſez les mortifier avant que de vous en ſervir ; pendant qu'ils ſont chauds, il faut leur battre l'eſtomac, vuidez les pigeons après les avoir plumés, faites refaire ſur de la braiſe, les petits vous les bardez ; dans le tems des feuilles de vignes, vous en mettez entre les bardes, embrochez dans une brochette, faites cuire à la broche ; les gros vous les bardez ou piquez.

Le bon tourtereau & le ramereau doit être gras, la chair noire, vous le faites cuire comme le pigeon.

De la volaille.

Avant que de tuer la volaille, vous la laiſſez quelque tems ſans manger, il faut la plumer pendant qu'elle eſt chaude, lui ôter le gros boyau, la battre ſur l'eſtomac ; vous la laiſſez après mortifier deux ou trois jours, ſuivant les endroits ou la saison. Si vous l[a] transportez, il ne faut point l'enferme[r] qu'elle ne soit bien froide, parce qu'ell[e] se gâteroit promptement. Quand vou[s] voudrez vous en servir, otez la poch[e] en faisant une incision sur le col, glis[-]sez le doigt en dedans pour détache[r] les boyaux, vuidez-les après par le derriere, faites revenir la volaille su[r] la braise, commencez par le dos, les côtés, & finissez par l'estomac. Etant revenuë également, vous l'essuyez & épluchez, troussez la volaille avec une ficelle, & lui passez une brochette au travers des cuisses, vous la barderez ou piquerez, faites cuire à la broche à feu égal; vous connoîtrez sa cuisson, quand elle commence à fumer & jetter des petites fusées de jus, la cuisson est proche, il ne faut plus qu'un demi quart d'heure pour la tirer. Toute la volaille se prépare de la même façon, hors la poularde qu'il faut vuider par le côté, en faisant une petite incision dessous la cuisse.

L'oye sauvage, canneton de Roüen, canard, oiseau de riviere, oison, sarcelle, s'accommodent tous de même; vous ne faites que les vuider, refaire

& éplucher, trouffez les pates, faites cuire fans les barder ni piquer, il faut peu de tems pour la cuiffon, & doivent être fervis dans leur jus.

Le Sanglier, Cerf & Chevreuil.

Vous le laiffez mortifier & faites refaire fur de la braife; piquez-le & le marinez avec fel, poivre, tranches d'oignons, une gouffe d'ail, vinaigre, vous le ferez bien cuire à la broche enveloppé de papier beurré, fervez dans une fauciere une poivrade liée.

Le marcaffin, vous laiffez la peau fur la tête, faites-le refaire & le piquez de lard fin, faites cuire fans mariner, fervez avec une poivrade.

Le Levreau & le Lapreau.

Faites-les refaire, & piquez de petit lard, il faut les fervir cuits à propos, c'eft-à-dire, un peu dans leur jus, principalement le levreau, que vous fervez avec une poivrade liée.

Pour ne pas ôter le fumet du lapreau, vous ne l'arrofez qu'une fois, en le mettant au feu.

Du Gibier volatile.

Le pluvier, laiffez quelques plumes à la queuë, ne le vuidez point, faites-le refaire & piquez, faites cuire bien doré, fervez fur des rôties.

La grive, ne la vuidez point, faites-la refaire & piquez, fervez fur des rôties.

La moviette, ne la vuidez point, il faut la flamber, piquer ou barder, fervez fur des rôties.

La beccafle, beccaffine, ou beccot, ne les vuidez point, trouffez les pates & le bec au travers du corps, faites refaire & piquez, fervez fur des rôties.

Le faifan, il faut le vuider, faire refaire, piquer de menu lard, cuire enveloppé de papier, fervez de belle couleur.

La caille, vous la vuidez, faites refaire fi vous voulez, enveloppez de feuilles de vignes & bardes de lard, fervez-la pannée de belle couleur.

Les ortolans, les bequefigues, les Guignards & autres petits oifeaux, vous les accommodez comme les cailles.

Le perdreau, il faut le vuider & trouffer, faites-le refaire, & piquez de menu lard, servez cuit à propos.

La tourterelle, la gelinotte, comme le perdreau.

DES ENTREMETS DE VIANDE.

Différentes Daubes.

PRENEZ un oye ou un canard que vous flambez, vuidez & farciſſez dans le corps avec le foye, lard rapé, perſil, ciboules, deux jaunes d'œufs, ſel, gros poivre, lardez la chair avec des lardons aſſaiſonnés de ſel, fines épices, perſil, ciboules, échalottes; foncez une marmite de terre, ou une terrine de bardes de lard, mettez l'oye ou le canard deſſus, couvrez de tranches d'oignons, de carottes, panais, un bouquet de perſil, ciboules, une gouſſe d'ail, trois cloux de gérofle, thim, laurier, baſilic, faites ſuer une demie heure ſur de la cendre chaude; mouillez après avec une chopine de vin blanc, deux verres de bouillon, un peu de ſel, gros poivre, faites cuire à petit feu; la cuiſſon faite, paſſez la sauce au tamis, mettez la viande refroidir dedans. Quand la sauce sera en gelée, vous la servirez dessus.

Vous faites une daube de liévre de la même façon, vous le désossez, ou coupez par membres sans désosser, servez-le dans une terrine. Si la sauce est longue, vous la ferez réduire avant que de la mettre en gelée.

Daube de Dindon accompagnée.

Entremets froid.

Flambez & vuidez un dindon bien en chair, désossez-le à forfait en commençant par le brichet. Vous prenez deux noix de veau, que vous lardez partout avec du gros lard assaisonné de sel, fines épices, persil, ciboules, échalottes, rocamboles, le tout haché; mettez les noix de veau dans le corps du dindon, lardez-en la chair de la même façon, faites cuire & servez comme les daubes précédentes.

Daube de Veau.

Entremets froid.

Prenez un cuisseau, ou un morceau de ruelle de veau, la quantité que vous jugerez à propos, lardez partout avec des lardons assaisonnés de sel, fines épices, persil, ciboules, une pointe d'ail, quelques échalottes, le tout haché très-fin, foncez une terrine de quelques bardes de lard, mettez le veau dessus avec tranches d'oignons, racines, un bouquet de fines herbes, cloux de gérofle, faites suer une demie heure, mouillez avec un verre de bouillon, un poisson d'eau-de-vie; faites cuire & servez avec la sauce en gelée, comme les précédentes. Si le morceau est petit, vous ne mettrez que demi-poisson.

Différentes Galantines.

Faites une galantine de ce que vous voudrez, comme dindon, poularde, poulet, lapreau, canard, la façon est toujours de même. Vous le désossez & l'étendez de toute sa longueur, faites une farce avec de la volaille cuite à la broche que vous hachez très-fine avec de la tetine de veau blanchie, persil, ciboules hachées, sel, gros poivre; liez de six jaunes d'œufs; mettez de cette farce de l'épaisseur d'un écu sur toute l'étenduë de votre volaille, arrangez sur la farce un filet de truffes,

Entremets froid.

un filet de jambon, un filet de lard, un filet de jaunes d'œufs durs, un filet de piſtaches, vous continuez de cette façon juſqu'à la fin, couvrez tous les filets avec autant de farce que vous avez fait deſſous, uniſſez avec de l'œuf battu, roulez la galantine, mettez ſur le deſſus quelques bardes de lard, enveloppez avec un linge, ficelez les bouts & tout le long; faites cuire dans une bonne braiſe avec du bouillon, une chopine de vin blanc, un bouquet de perſil, ciboules, une gouſſe d'ail, trois cloux de gérofle, une feuille de laurier, thim, baſilic, oignons, carottes, panais, laiſſez refroidir dans ſa cuiſſon, ſervez ſur une ſerviette.

Pâté mêlé en pot.

Entremets froid. Lardez une vieille perdrix, un lapin coupé en quatre, deux morceaux de tranches de bœuf avec du gros lard, aſſaiſonnez de ſel, fines épices, perſil, ciboules, une gouſſe d'ail, un peu d'échalottes, le tout haché très-fin; mettez toute la viande dans une petite marmite avec des bardes de lard deſſus & deſſous, mouillez avec un demi ſeptier de vin blanc, un poisson d'eau-de-vie, faites cuire à très-petit feu; la cuisson faite, dressez le tout dans la terrine que vous devez servir bien serré l'un contre l'autre, la viande entremêlée, couvrez avec les bardes de lard; si la sauce étoit trop longue, faites-la un peu réduire, mettez sans dégraisser sur la viande, servez froid.

Hure de Cochon à la braise.

Mettez sur un fourneau bien allumé, une belle hure de cochon, brûlez-en tout le poil, frotez avec une brique pour ôter le plus gros, remettez sur le feu pour rachever de brûler le reste, gratez avec un couteau jusqu'à ce qu'elle soit bien propre, désossez-la des mâchoires jusqu'auprès des yeux, sans rien ôter de la chair, ni de la peau; lardez toute la chair avec des gros lardons assaisonnés de sel, fines épices, mêlez avec ail, échalottes, rocamboles, persil, ciboules; enveloppez la hure avec un linge & la ficelez, mettez cuire dans une marmite avec deux pintes de vin rouge, un citron coupé en tranches, du bouillon, assaisonnez

Entremets froid.

de sel, poivre, oignons en tranches, carottes, panais, un gros bouquet de persil, ciboules, ail, thim, laurier, basilic, cloux de gérofle, faites cuire à petit feu pendant cinq ou six heures, laissez-la refroidir dans sa cuisson, servez sur une serviette garnie de persil verd.

La hure de sanglier se prépare de la même façon.

Gigot accompagné à l'Italienne.

Entremets froid. Lardez partout un gigot de mouton avec du gros lard, faites-le cuire dans une marmite avec du bouillon, une chopine de vin blanc, un bouquet de persil, ciboules, une gousse d'ail, trois cloux de gérofle, une feuille de laurier, thim, basilic ; au quart de sa cuisson, mettez-y carottes, panais coupés proprement, une douzaine de petits oignons, le tout blanchi, faites cuire & laissez refroidir dans sa cuisson. Prenez le gigot que vous mettez dans le plat que vous devez servir, les racines & les oignons autour, avec des anchois, des cornichons, des capres, des croûtons de pain passés à l'huile, le tout arrangé

arrangé proprement, assaisonnez de peu de sel, gros poivre, huile, vinaigre, servez pour entremets froid.

Saucisson de Mouton en mortadelle.

Désossez à forfait un gigot de mouton, ôtez-en une partie de la chair, lardez celle qui reste contre la peau, avec du lard assaisonné de sel, fines épices, persil, ciboules, échalottes hachées ; coupez en filets celle que vous avez ôtée, avec du jambon, des truffes, des champignons, douze gousses d'ail cuites un quart d'heure dans l'eau, coupez le tout en filets & le maniez ensemble avec du lard rapé, six jaunes d'œufs crus, sel, fines épices, mettez dans le gigot que vous formez en saucisson, enveloppez avec une étamine, faites cuire dans une bonne braise avec du bouillon, vin blanc, un poisson d'eau-de-vie, un bouquet de persil, ciboules, ail, thim, laurier, basilic, laissez refroidir dans sa cuisson, servez sur une serviette.

Entremets froid.

Saucisson d'épaule de Mouton.

Entremets froid.

Prenez une épaule de mouton qu[e] vous défossez à forfait ; prenez les tro[is] quarts de la chair, que vous coupez e[n] filets avec de la langue de bœuf, d[u] lard, le tout en filets que vous mêle[z] avec persil, ciboules, échalottes, sel fines épices, un peu de basilic en pou[-]dre, quatre jaunes d'œufs ; mettez tou[tes] ces filets dans l'épaule, roulez-la e[n] saucisson pour la faire entrer dans u[n] boyau de bœuf bien lavé, mettez en[-]suite à la saumure, comme les langue[s] de bœuf que vous trouverez ci-après, & finirez de même.

Tranches de bœuf en gâteau.

Entremets froid.

Hachez trois ou quatre livres d[e] tranches de bœuf, avec une livre de graisse du rognon, mettez-les dans une casserole avec une demie livre de jam[-]bon coupé en dez, une livre & demie de lard coupé en dez, persil, ciboules, échalottes, champignons, le tout ha[-]ché, peu de sel, fines épices, huit jau[-]nes d'œufs, un poisson d'eau-de-vie, mêlez ensemble ; foncez une petite casserole ronde avec des bardes de lard, mettez dessus votre farce de bœuf bien serré, couvrez la casserole & mettez cuire au four pendant quatre heures, laissez refroidir dans sa cuisson; vous ôterez après les bardes de lard; rafraichissez tout le tour & le dessus avec un tranche-lard, ôtez-en le moins que vous pourrez, servez pour entremets sur une serviette.

Flanchet de bœuf en Saucisson.

Ouvrez en deux un flanchet de bœuf, étendez dessus une bonne farce, arrangez sur la farce un filet de lard coupé en lardons, un filet de jambon, un filet de jaunes d'œufs durs, un filet de pistaches, un filet de truffes, continuez de cette façon jusqu'à définition, couvrez de farce, unissez avec de l'œuf battu, roulez le flanchet en saucisson, couvrez de bardes de lard, enveloppez-le bien serré dans une étamine, mettez-le dans un vaisseau de sa grandeur, faites cuire avec du bouillon, vin blanc, oignons, racines, un gros bouquet, sel, poivre, coriandre, thim, laurier,

Entremets froid.

basilic, laissez refroidir dans sa cuisson, servez froid.

Poitrine & culotte de bœuf à la Cardinale.

Entremets froid.

Prenez une belle poitrine ou culotte de bœuf bien coupée, que vous désossez à forfait, lardez-la avec des lardons assaisonnés de sel, fines épices, frotez partout avec du salpêtre pilé, il en faut trois onces pour une piéce de quinze livres ; mettez la piéce de bœuf dans une terrine avec une livre & demie de sel, quatre feuilles de laurier, basilic, thim, deux onces de geniévre, couvrez bien la terrine, laissez prendre sel pendant six jours ; ensuite vous la retirez pour la laver à l'eau chaude. Foncez une marmite avec des tranches de bœuf, couvrez tout le dessus de la piéce de bœuf avec des bardes de lard, enveloppez avec un linge & ficelez, mettez-la dans la marmite avec de l'oignon, carottes, panais, un gros bouquet de persil, ciboules, trois gousses d'ail, six cloux de gérofle, deux feuilles de laurier, thim, basilic ; faites suer sur le feu pendant une heure, mouillez après avec deux pintes de vin rouge, du bouillon; laissez cuire à petit feu pendant quatre heures, laissez refroidir dans sa cuisson; pour la servir, vous la rafraichirez un peu sur les bords pour faire paroître le rouge, servez sur une serviette.

Langues fourées, la façon de les faire.

Mettez au sel pendant huit jours des langues de bœuf, de cochon, de veau, de mouton, celles que vous voudrez, mettez du sel, suivant la quantité de langues que vous voulez faire, une once de salpêtre pour demie livre de sel, du geniévre, laurier, thim, basilic. Quand elles ont bien pris sel, mettez chaque langue dans un boyau bien lavé & trempé dans la saumure, ficelez, faites fumer à la cheminée. Quand vous voudrez vous en servir, faites cuire avec vin rouge, de l'eau, oignons, racines, ail, gérofle, fines herbes, laissez refroidir dans leur cuisson. *Entremets froid.*

Saucisson de Sanglier.

Hachez deux livres de sanglier, une livre de panne, vous vous reglerez sur *Entremets froid.*

cela pour la quantité que vous en ferez; mettez la viande dans une casserole, que vous mêlerez avec une demie once de salpêtre, du sel fin, fines épices, de l'échalotte hachée, un poisson d'eau-de-vie, laissez mariner deux jours dans le sel, remplissez après les boyaux pour faire les saucissons de la grosseur que vous voudrez ; faites cuire avec de l'eau, vin blanc, oignons, carottes, panais, un bouquet, laissez refroidir dans la cuisson. Vous pouvez faire des saucissons de cette façon de toutes sortes de viande noire.

Animelles marinées.

Entremets chaud. Otez la peau de six animelles, coupez-les par tranches & faites mariner avec sel, poivre, persil, ciboules, une gousse d'ail, quelques rocamboles, le tout entier, un grand jus de citron, laissez mariner deux heures ; ensuite vous les essuyez avec un linge blanc, trempez-les dans un peu de blanc d'œufs fouété, farinez, faites frire de belle couleur, servez garnies de persil frit.

Animelle à l'étuvée.

Coupez par tranches quatre animelles, après avoir ôté la peau, passez-les sur le feu avec de l'huile & du jus de citron jusqu'à ce qu'elles soient cuites, assaisonnez de sel, gros poivre ; mettez dans une casserole huit ou dix petits oignons blanchis, que vous passez sur le feu avec de l'huile, mouillez avec un verre de vin blanc, un peu de blond de veau, sel, gros poivre, faites cuire à petit feu, dégraissez, servez avec les animelles, garnissez d'un cordon de croûtons passés à l'huile, & la sauce pardessus finie de bon goût.

Entremets chaud.

Pieds & oreilles de Cochon en panade à la Sainte-Menehoult au Parmesan.

Netoyez des pieds ou oreilles, faites-les cuire avec de l'eau, vin blanc, sel, fines épices, un bouquet de persil, ciboules, ail, cloux de gérofle, thim, laurier, basilic, des tranches d'oignons, carottes, panais. Quand ils sont cuits, pannez avec mie de pain, arrosez-les avec du sain-doux, repannez avec de

Entremets chaud.

la mie de pain, faites griller de bell
couleur, servez à sec. Si vous voule
les servir au Parmesan, salez un pe
moins la braise; étant cuits, panne
moitié mie de pain & Parmesan, pre
nez autant de grandes rôties de pai
que de morceaux de pieds, mettez-le
dessus les rôties, faites prendre cou
leur au four, servez dessous une sauc
claire & piquante.

Hatelets de foyes gras.

*Entre-
mets
chaud.*
Coupez par petites tranches bie
minces une demie livre de petit lar
bien entre-lardé, mettez-le suer dan
une casserole sur le feu, après mettez-
des champignons, persil, ciboules
échalottes hachées, un peu de gro
poivre, mouillez avec un verre de vi
blanc, du blond de veau, faites cuir
une demie heure; après vous y met
trez cinq foyes gras blanchis coupé
en tranches épaisses, faites cuire u
quart d'heure, que la sauce soit bie
liée; mettez-y trois jaunes d'œufs, fai
tes lier sur le feu pour que la sauc
tienne après la viande; prenez des ha
telets d'argent, ou brochettes de bois
enfile

enfilez tous les morceaux de foyes &
de petit lard, faites tenir la sauce après,
pannez de mie de pain, & grillez de
belle couleur, arrosez légerement avec
de l'huile pour qu'ils ne séchent pas, servez à sec pour entremets.

Foyes gras en petites caisses.

Otez l'amer de six foyes gras, faites-les mariner avec de l'huile, persil, ciboules, échalottes, deux rocamboles, le tout haché, sel, gros poivre ; faites six petites caisses de papier un peu plus grandes que les foyes, huilez le papier pardessous, mettez dans le fond de chaque caisse une petite barde de lard, un foye gras dessus avec une partie de la marinade, couvrez avec une barde, faites à tous de même ; dressez les caisses sur une tourtiere, faites cuire au four, ou sur le gril avec deux feuilles de papier huilées dessous les caisses. Quand elles sont cuites dessus & des-sous, servez avec un jus de citron.

Entremets chaud.

Les ris de veau, après les avoir fait blanchir, vous les faites cuire, & ser-vez de la même façon que les foyes, en ragoût, en hatelets & en caisses.

Rôties de foyes aux filets d'anchois à la Sainte-Menehould.

Entremets chaud.

Faites blanchir trois ou quatre foyes, que vous hachez avec de la tetine de veau blanchi, perfil, ciboules, échalottes, peu de sel, gros poivre, liez de quatre jaunes d'œufs, mettez cette farce sur des rôties de pain, uniffez avec de l'œuf battu, mettez pardeffus des filets d'anchois coupés très-fins, repaffez encore pardeffus de l'œuf battu, pannez de mie de pain, faites prendre belle couleur au four, & servez.

DE L'ANCHOIS.

L'anchois est un petit poiffon de mer fort connu & fort eftimé pour fon bon goût. Il eft d'un grand ufage dans les fauces, & dans les falades. Après qu'il eft pris, on lui coupe la tête & on le fale : il nous en vient beaucoup de Provence. Il faut le choifir nouveau, d'une chair ferme & rougeâtre. Pris modérement, il excite l'appétit, aide à la digeftion, & eft apéritif. L'excès échauffe beaucoup, & augmente l'âcreté des humeurs.

Crêtes frites.

Choisissez une douzaine de moyennes crêtes; pour qu'elles soient bonnes, elles doivent être blondes & blanches, les rouges sont sujettes à être dures ; faites-les cuire avec du bouillon, un bouquet, la moitié d'un citron en tranches, sel. Quand elles sont cuites, mettez égouter & tremper dans une pâte faite avec du vin blanc, farine, un peu d'huile & du sel, faites frire, servez de belle couleur. Si vous voulez les mettre en alumettes, coupez-les en filets & frire de la même façon.

Entremets chaud.

Crêtes à l'étuvée glacée de Parmesan.

Mettez cuire douze belles crêtes avec des petits oignons blancs, du bouillon, une moitié de citron en tranches, un peu de beurre, très-peu de sel ; mettez dans le plat que vous devez servir du blond de veau délayé avec du Parmesan rapé, deux jaunes d'œufs, un peu de beurre, la croûte de dessous d'un pain à potage que vous avez passé au beurre ; faites migeoter sur le feu

Entremets chaud.

jusqu'à ce que le pain soit attaché au plat, après arrangez dessus les petits oignons & les crêtes ; mettez dans une casserole un peu de blond de veau avec du beurre, faites lier sur le feu, arrosez avec les oignons & crêtes, pannez de Parmesan rapé, faites prendre couleur au four, ou sous un couvercle de tourtiere. Quand il n'y a plus de sauce & bien glacé, ôtez-en la graisse, servez avec un peu de blond de veau.

Crêtes au gratin.

Entremets chaud.

Mettez dans le fond du plat que vous devez servir une farce faite avec deux foyes gras, lard rapé, persil, ciboules, champignons, sel, poivre, deux jaunes d'œufs, étendez cette farce de l'épaisseur d'un écu. Vous avez douze belles crêtes cuites à la braise, ouvrez-les un peu pardessous pour y faire entrer des morceaux de pain frit, coupé de façon qu'il puisse entrer dans la crête & la faire tenir droite sur le gratin, dressez les crêtes sur le gratin, mettez le plat sur de la cendre chaude pour faire cuire à petit feu jusqu'à ce que la farce & le pain soient attachés au plat, servez dessus une sauce à la Françoise, que vous trouverez dans l'article des sauces.

Pour que les crêtes soient blanches, il faut les échauder à l'eau plus que tiéde, les laisser tremper une demie journée, & cuire avec du bouillon, une moitié de citron en tranches, un peu de beurre & du sel.

DES ENTREMETS
DE LEGUMES.

Du Ris.

LE ris est une plante qui se cultive dans les lieux marécageux & humides. Il nous en vient d'Espagne, du Piémont, & d'autres endroits. Il faut choisir le grain, qui est le seul qui serve parmi les alimens, gros, blanc, nouveau, & qui s'enfle aisément dans l'eau bouillante. Il resserre un peu & se digére aisément, s'il est bien cuit, surtout dans du bouillon gras ou du lait de vache. Il adoucit l'âcreté & tempere l'ardeur du sang.

Ris meringué.

Entremets sucré.

Prenez du ris la quantité de ce que vous en voulez faire, lavez-le à plusieurs eaux, en le frotant dans les mains, mettez-le crever avec un peu d'eau, faites cuire avec du lait en mettant peu à la fois. Quand il est bien cuit, mettez-y du sucre, un peu de sel fin, de la fleur d'orange pralinée & pilée, deux macarons écrasés, dressez sur le plat que vous devez servir, qu'il soit un peu épais, couvrez tout le dessus avec six blancs d'œufs fouettés avec du sucre en forme de dôme, poudrez pardessus avec du sucre fin, faites prendre couleur dans un four doux, ou sous un couvercle de tourtiere, servez chaudement.

Ris marbré.

Entremets sucré.

Faites cuire du ris comme le précédent, mettez dans le plat que vous devez servir un bon morceau de sucre avec de l'eau, faites-le fondre & réduire sur un bon fourneau jusqu'à ce qu'il soit d'un beau brun, versez-y promptement du ris chaud, ramenez sur le ris le sucre qui est sur les bords, avec un couteau, de façon que le blanc & le roux fassent comme un marbré. Vous observerez de mettre peu de sucre dans le ris à cause de celui qui sert à faire le marbré.

Ris au Saffran.

Mettez dans une petite marmite un quarteron de ris bien lavé, faites cuire avec d'excellent bouillon, un peu de sel ; la cuisson faite, délayez plein un dez de saffran en poudre avec un peu de bouillon. Quand il est bien jaune, mêlez-le dans le ris, servez chaudement.

Entremets.

Du Gruau.

Le gruau est la farine grossiere d'avoine que l'on fait sécher au four, & que l'on met ensuite dans un moulin fait exprès pour la concasser & la dépouiller de sa premiere peau. Il faut le choisir net, blanc & sec, qui ne sente point le relant. On l'employe comme le ris dans du lait ou du bouillon. C'est un aliment léger, adoucissant, qui rafraichit, provoque le sommeil, & fort bon pour les Convalescens. L'on fait aussi une sorte de gruau avec l'orge & le millet. Celui d'orge est moins nourrissant que le gruau d'avoine, dont au reste il a les proprietés. Il s'employe de même. Le gruau de millet est aussi adoucissant & propre à tempérer l'âcreté du sang, mais il est un peu venteux & pésant sur l'estomac qu'il resserre. Le millet est une plante assez commune dans plusieurs Provinces de France. On ne fait usage pour les alimens que du grain dont il y a de trois sortes, l'un blanc, l'autre jaune, & le troisiéme noirâtre. On pourroit ajouter le panis qui est un grain assez semblable au millet, mais plus petit, la plante qui le porte pousse à son extrêmité une espece de fusée à laquelle le grain est attaché. Il a à peu près les mêmes qualités que le millet, & s'employe de même.

DES POIS.

Il y a plusieurs sortes de pois qui ont à peu près les mêmes vertus. Ils sont apéritifs, mais venteux, & les Gravelleux doivent s'en abstenir. Les anciens ont cru que les pois-chiches brifoient la pierre; mais l'expérience a appris aux modernes, qu'en dépouillant la pierre des glaires & des matieres visqueuses dont elle est enveloppée, ils causent aux Malades de plus violentes douleurs qu'ils n'en souffroient auparavant. Cela n'empêche pas que les pois, lorsqu'on en use modérement, ne fournissent un bon aliment, propre à adoucir l'âcreté du sang. Et ce que nous disons ici des pois doit s'appliquer généralement aux végétaux farineux, au jugement du moins d'un célébre Médecin Anglois, dont nous ne ferons pas scrupule de rapporter les termes : *Il n'y a certainement rien de si léger sur l'estomac, que les végétaux farineux, comme les pois, les féves, le millet, l'avoine, l'orge, le segle, le froment, le sago, le ris, les patates, & semblables.* (Regles sur la santé & sur les moyens de prolonger la vie par M. Cheyne, liv. 2, §. 18.)

De tous les pois les plus délicats pour le goût sont les pois verds. Les plus hâtifs ne sont pas toujours les plus sains : le fumier, l'artifice dont on use pour les avancer, altére souvent leur nature. A cela près, plus ils sont petits

& verds, meilleur en est le goût. On en mange durant trois mois; il faut choisir les plus frais cueillis, nouvellement écossés, un peu longuets, avec une petite queuë & d'un goût sucré. Les pois quarrés qui sont plus tardifs, & plus gros que les autres, sont aussi fort bons dans la nouveauté, ils servent à faire des potages & des purées. On fait aussi sécher des pois, pour les conserver & pour s'en servir, lorsque la saison en est passé, mais ils perdent beaucoup de leur saveur naturelle.

Petits Pois au naturel.

Entremets. Passez sur le feu un litron & demi de pois fins avec un morceau de bon beurre, un bouquet, deux laituës coupées en deux, mettez-y une pincée de farine, mouillez avec un peu d'eau chaude, faites cuire à très-petit feu; la cuisson faite & plus de sauce, mettez-y un peu de sel fin, du sucre, deux jaunes d'œufs, faites lier sur le feu & servez.

DES FEVES.

Il y en a de plusieurs espèces qui ont

presque les mêmes vertus. Elles provoquent le sommeil, & adoucissent l'âcreté du sang. Mais elles donnent des vents, & leur usage trop fréquent épaissit les humeurs. Il faut les employer nouvelles & petites, & les faire bien cuire. Quand on les mange en robe, il faut les faire bouillir un quart d'heure dans l'eau pour ôter leur âcreté. On prétend que les féves vertes sont moins saines que les autres. Celles que l'on fait sécher pour les garder perdent beaucoup de leur goût.

Petites Féves à la Macedoine.

Mettez dans une casserole du persil, ciboules, champignons, échalotes, le tout haché, un morceau de beurre, passez sur le feu, mettez une pincée de farine, mouillez avec du bouillon, du vin blanc, un bouquet de persil, ciboules, & sariette, faites bouillir à petit feu; mettez après trois culs d'artichaux blanchis un quart d'heure dans l'eau bouillante, que vous coupez en petits dez, avec un litron de petites féves de marais, la calotte ôtée & cuite un quart d'heure dans l'eau; faites cuire,

Entremets.

assaisonnez de sel, gros poivre, ôtez le bouquet, servez à courte sauce. Celles à la crême, vous n'y mettez point de vin, ni d'artichaux; en servant, une liaison de trois jaunes d'œufs avec de la crême.

Des Haricots ou Feveroles.

Le haricot est une sorte de pois, dont on fait beaucoup d'usage dans les alimens. Ses vertus sont les mêmes que celles des pois; le haricot verd doit être pris dans sa primeur, il faut le choisir petit & tendre, desorte que le grain ne soit pas formé. Plus il cuit aisément, meilleur il est. On en confit au vinaigre & au sel pour le Carême. Quand le haricot approche de sa maturité, on sépare de la gousse le grain qu'on appelle féverole. Il y a des féveroles blanches, d'autres rouges ou même noires. Les premieres sont les plus usitées en cuisine, cependant les rouges se cuisent plus promptement, & sont même meilleures pour la santé, parce qu'elles sont moins pésantes sur l'estomac & moins venteuses que les autres.

Haricots verts à la Flamande.

Faites cuire dans l'eau des petits haricots verts, après mettez-les dans une casserole avec du bouillon, du beurre, du sel, faites bouillir jusqu'à ce qu'il n'y ait plus de sauce, dressez dans le plat que vous devez servir, mettez dans une casserole un peu de blond de veau, sel, gros poivre, un morceau de beurre, un filet de vinaigre blanc, faites lier sur le feu, servez dessus les haricots.

Entremets.

Haricots blancs au Maître d'Hôtel.

Prenez des haricots blancs ou féves, faites cuire dans de l'eau, mettez les bien égouter, & après dans une casserole avec un bon morceau de beurre, persil, ciboules, sel, gros poivre, passez sur le feu, mettez-y une liaison de trois jaunes d'œufs, délayez avec un peu de bouillon, en servant un filet de vinaigre.

Hors-d'œuvre.

Autre façon : mettez simplement les haricots dans une casserole avec du beurre, persil, ciboules, échalottes, le tout haché, fel, gros poivre, un filet de vinaigre, faites chauffer & fervez. Vous pouvez fervir de la même façon avec de l'huile à la place de beurre.

DU PERSIL, DE L'OIGNON, AIL, ROCAMBOLE ET ECHALOTE.

La feuille & la racine de perfil font d'ufage en cuifine. Sa feuille doit fe cueillir avant qu'il ait fleuri, parce qu'alors elle a un goût moins âcre, & qu'elle eft plus tendre. La racine doit être blancheâtre, longue & tendre. Cette plante eft apéritive, & provoque la fueur. Sa femence eft une des quatre femences chaudes majeures. L'ufage trop fréquent du perfil échauffe, & donne des maux de tête; mais lorfqu'il eft moderé, il ne peut produire que de bons effets.

L'oignon différe en goût & en groffeur, felon la qualité du terroir & du climat. Dans les Païs chauds il a moins d'âcreté que dans les nôtres. Le blanc eft généralement plus doux que le rouge & le jaune. Les petits oignons blancs font les plus eftimés pour les ragoûts. Comme l'oignon échauffe, le trop fréquent usage peut nuire, mais moderé il ne peut faire que de bons effets. Il est apéritif, pectoral & sudorifique. Il convient aux Scorbutiques, & à ceux qui sont attaqués de la gravelle. On prétend que l'excès cause des maux de tête.

L'ail, la rocambole, & l'échalotte ont à peu près les mêmes vertus que l'oignon, l'ail est néanmoins un peu plus difficile à digérer. La cuisine fait avec succès usage de ces plantes, pour relever le goût des sauces, & pour exciter l'appétit.

Oignons à l'étuvée.

Faites un roux de belle couleur avec du beurre & farine, mouillez avec une chopine de vin rouge, un peu de bouillon maigre, mettez-y huit gros oignons cuits un quart d'heure à l'eau, avec un bouquet de persil, ciboules, une gousse d'ail, trois clous de gérofle, une feuille de laurier, thim, basilic. Si vous avez des culs d'artichaux, après les avoir fait cuire un quart d'heure dans l'eau, vous les mettrez

Entrée.

dedans avec des œufs de carpes, sel, gros poivre, faites cuire, servez à courte sauce garnis de croûtons passés au beurre, capres entieres, anchois hachés.

Gros oignons farcis au blond de veau.

Hors-d'œuvre. Creusez avec un petit couteau huit gros oignons rouges, sans les défigurer, après les avoir fait blanchir & éplucher, remplissez-les avec une farce de blanc de volaille cuite, graisse de bœuf blanchie, persil, ciboules, champignons hachés, sel, poivre, liez de jaunes d'œufs; mettez-les dans une casserole avec des bardes de lard, un bouquet de persil, ciboules, trois cloux de gérofle, thim, laurier, basilic, un demi verre de bouillon, faites cuire à très-petit feu, dressez dans le plat, servez dessus une sauce de blond de veau, sel, gros poivre, jus de citron.

Du Poireau.

Le poireau s'employe rarement en cuisine, excepté dans les bouillons auxquels il donne un bon goût. Il est apéritif

apéritif & bon pour la poitrine : mais son suc visqueux & gluant le rend difficile à digérer, il échauffe & cause, dit-on, des maux de tête à ceux qui en mangent immodérément. On ne doit jamais en manger qu'il ne soit bien cuit. On prétend néanmoins que mangé crud, il éclaircit la voix : l'Empereur Neron, au rapport de Pline, en mangeoit avec de l'huile dans ce dessein : & quand il avoit bien chanté, il disoit qu'il en étoit redevable au poireau.

Poireaux en Bignets.

Faites cuire dans une braise légere des blancs de poireaux, coupez-les après de la longueur d'un bon pouce, étendez-les sur la table pour mettre dedans une bonne farce cuite, trempez ensuite dans une pâte à vin, faites frire de belle couleur. Vous en pouvez servir en maigre de même façon avec une farce maigre.

Entremets.

DE LA LAITUE.

Il y a la laituë sauvage, & la cultivée. Celle-ci est la seule d'usage dans les alimens, & il y en a de plusieurs sortes, comme la laituë pommée & celle qui ne l'est pas, la romaine, la crépée. Les plus tendres sont les meilleures. Cette plante est rafraichissante, calme la trop grande agitation des humeurs, & par-là provoque le sommeil; mais l'excès diminuë la chaleur naturelle, & affoiblit l'estomac, & excite des cours de ventre. Elle est surtout bonne pour les personnes bilieuses. Sa semence est une des quatre semences froides mineures.

Différens Entremets de Laituës.

Hors-d'œuvre. Otez les feuilles vertes de six belles laituës pommées, faites-les blanchir un quart d'heure à l'eau bouillante, retirez à l'eau fraîche pour les bien presser; étendez les laituës sur la table pour mettre dedans une farce grasse ou maigre, ficelez & faites cuire à la braise; la cuisson faite, vous les servez avec différentes sauces, comme sauce au beurre, ou à la poulette.

Entremets. Si vous voulez les faire frire, trempez-les dans de l'œuf battu, pannez de mie de pain, faites frire de belle couleur. Vous pouvez les servir de la même façon sans les farcir.

Des Asperges.

Il y en a de cultivées & de sauvages. Les premieres sont les seules dont la cuisine fasse usage. Celles qui sont précoces, & qui ne viennent avant le tems ordinaire qu'à force de culture, ne sont pas les plus saines. L'asperge est apéritive, bonne pour le foye, & pour chasser le sable des reins. Mais son usage immoderé échauffe, rend les humeurs âcres, & au jugement de quelques-uns, peut donner la pierre à certaines personnes.

Des Artichaux.

L'artichaux est une espece de chardon cultivé qui vient aisément dans une terre où l'on a jetté de la cendre. Il faut le choisir gros, tendre, & bien nourri. Les meilleurs nous sont apportés de Laon. Ils entrent dans différentes sortes d'entremets, & sont d'un grand usage dans les alimens. Ils sont nourrissans, apéritifs, purifient la masse du sang, & se digérent aisément, surtout lorsqu'ils sont cuits; mais crus ils sont plus difficiles à digérer.

Artichaux à la poële.

Entremets. Appropriez dessus & dessous quatre moyens artichaux, faites-les cuire une demie heure dans l'eau, ôtez-en le foin, mettez dans une casserole un morceau de bon beurre, persil, ciboules, échalottes, rocamboles, le tout haché, un peu de basilic en poudre, passez sur le feu, mettez-y une pincée de farine, mouillez avec un demi verre de vin blanc, mettez les artichaux dedans pour les rachever de cuire, sel, gros poivre; la cuisson faite à très-petit feu, mettez-y un peu de blond de veau avec un jus de citron.

Artichaux aux Oignons.

Entremets. Tournez six culs d'artichaux, que vous faites blanchir un quart d'heure dans l'eau, ôtez-en le foin & les faites cuire avec du bouillon, bardes de lard, du verjus en grains, ou la moitié d'un citron en tranches & du sel, passez sur le feu des oignons coupés en dez avec un morceau de beurre jusqu'à ce qu'ils soient cuits à forfait; mettez dedans un anchois haché avec deux jaunes d'œufs délayés dans du bouillon, faites lier & mettre ce ragoût sur les culs d'artichaux, pannez moitié mie de pain & Parmesan, faites prendre couleur au four, ou sous un couvercle de tourtiere, servez sans sauce.

Salade d'Artichaux.

Faites cuire cinq culs d'artichaux avec de l'eau, un peu de beurre manié de farine, du sel; après ôtez-en le foin & les essuyez avec un linge blanc, dressez sur le plat que vous devez serir, mettez autour de la petite fourniture de salade, & sur la fourniture des filets d'anchois dressés proprement, assaisonnez avec de l'huile, vinaigre, gros poivre, point de sel. *Entremets froid.*

Artichaux pannés au blond de veau.

Prenez six culs d'artichaux que vous faites cuire aux trois quarts avec de l'eau, un morceau de beurre manié de *Entremets.*

farine, assaisonnez de sel, poivre, un bouquet. Quand ils sont presque cuits, ôtez-en le foin & les essuyez, mettez des bardes de lard dans le fond d'une tourtiere, hachez persil, ciboules, échalottes, rocamboles, que vous mêlez avec un morceau de bon beurre, deux jaunes d'œufs crus, un peu de mie de pain, sel, gros poivre; mettez cet appareil sur les artichaux, unissez avec de l'œuf battu, pannez de mie de pain, dressez les artichaux sur les bardes de lard, faites prendre couleur au four, ou sous un couvercle de tourtiere, essuyez de leur graisse, servez avec une sauce légere au blond de veau & un jus de citron.

Culs d'Artichaux à la gêlée.

Entremets froid.

Otez le foin de six culs d'artichaux après les avoir fait blanchir un quart d'heure dans l'eau, faites cuire avec du bouillon, bardes de lard, du verjus en grains, ou la moitié d'un citron en tranches & du sel. Quand ils sont cuits & bien essuyés, dressez sur le plat que vous devez servir, mettez dessus une gêlée de veau que vous faites, en mettant dans une petite marmite la moitié d'un jarret de veau, une tranche de jambon, carottes, panais, oignons, un bouquet de perfil, ciboules, deux rocamboles, des champignons, faites fuer à petit feu jufqu'à ce qu'il commence à s'attacher, mouillez avec du bouillon, faites cuire & réduire à un bon verre, paffez cette fauce fur les artichaux, mettez au frais pour faire prendre en gêlée, fervez.

Culs d'Artichaux en filets frits.

Mettez blanchir trois culs d'artichaux pour en ôter le foin, faites-les cuire avec du bouillon, un morceau de beurre manié de farine, du verjus en grains, du fel ; la cuiffon faite & refroidie, coupez-les en filets pour les tremper dans une pâte faite avec du vin, farine, un peu d'huile & du fel, faites frire, fervez garnis de perfil frit. Entremets.

Artichaux à la braife, fauce Italienne à l'échalotte.

Appropriez deffus & deffous quatre artichaux, faites-les cuire un quart Entremets.

d'heure dans l'eau, ôtez-en le foin, coupez chaque artichaux en deux, faites-les cuire dans une braise ; la cuisson faite, dressez sur le plat, mettez dans une casserole près d'un demi verre de restaurant, un peu d'huile, un filet de vinaigre, de l'échalotte hachée, sel, gros poivre, faites chauffer, servez dessus les artichaux.

Artichaux au fromage.

Entremets. Faites cuire un quart d'heure dans de l'eau six culs d'artichaux, rachevez de les faire cuire avec du bouillon, un bouquet, point de sel, après mettez-les refroidir ; mettez dans une casserole un peu de blond de veau avec du beurre, du gros poivre, faites lier sur le feu, mettez un peu de cette sauce dans le fond du plat que vous devez servir, & du fromage de Gruyere rapé dessus, dressez sur le fromage les culs d'artichaux avec des filets de pain passés au beurre, arrosez avec le restant de la sauce, couvrez de fromage rapé, faites prendre couleur au four, servez à courte sauce.

Artichaux

Artichaux au Cerfeuil.

Tournez proprement six culs d'artichaux, que vous faites cuire un quart d'heure dans l'eau, ôtez-en le foin, rachevez de cuire avec du bouillon, un morceau de beurre manié de farine, un peu de verjus en grains, sel, poivre. Quand ils sont cuits, dressez-les dans le plat que vous devez servir. Mettez dans une casserole de la ciboule, des champignons, de l'échalotte, le tout haché, un morceau de beurre, passez sur le feu, mettez-y une pincée de farine, mouillez de bouillon, sel, gros poivre; faites cuire la sauce & réduire, mettez-y une liaison de trois jaunes d'œufs délayés avec du verjus, du cerfeuil haché très-fin, faites lier sur le feu, servez dessus les artichaux. *Entremets.*

Artichaux à la Piémontoise.

Prenez quatre moyens artichaux, que vous appropriez dessus & dessous, coupez-les en six morceaux, ôtez-en le foin & les feuilles les plus vertes, faites cuire un quart d'heure dans l'eau, *Entremets.*

Dd

rachevez de cuire dans une braise & les dressez dans le plat ; mettez dessus une sauce que vous faites avec persil, ciboules, échalottes, rocamboles, le tout haché, un peu d'huile ; passez sur le feu, mettez-y une pincée de farine, mouillez avec un verre de vin blanc, autant de bouillon, sel, gros poivre, faites cuire jusqu'à ce que la sauce soit assez réduite, dégraissez un peu, servez avec un jus de citron.

Artichaux à la poulette au verjus de grains.

Entremets.

Mettez dans une casserole un morceau de beurre, un bouquet de persil, ciboules, deux clous de gérofle, une gousse d'ail, des filets de racines, quelques champignons ; passez sur le feu, mettez-y une pincée de farine, mouillez avec du bouillon, sel, poivre, faites cuire à petit feu & réduire à courte sauce, passez au tamis; mettez dedans une liaison de trois deux jaunes d'œufs délayés avec du verjus, faites lier sur le feu. Vous avez du verjus en grains, ôtez-en les pepins, faites blanchir à l'eau bouillante, mettez-les dans la sauce, servez sur six culs d'artichaux cuits comme ceux au cerfeuil.

Artichaux au four.

Appropriez trois ou quatre artichaux, faites-les cuire un bon quart d'heure dans l'eau, ôtez-en le foin, mettez-les dans une casserole avec de l'huile, persil, ciboules, échalottes, rocamboles, champignons, le tout haché, du basilic en poudre, sel, gros poivre, un demi verre de bouillon, faites cuire à très-petit feu jusqu'à ce qu'il commence à rissoler dans le fond; mettez-les après sur une tourtiere avec l'huile de leur cuisson, faites-les rissoler dans le four, ou sous un couvercle de tourtiere. Quand les feuilles seront rissolées sans être noires, servez avec un jus de citron. *Entremets.*

Culs d'Artichaux au persinet.

Faites blanchir six culs d'artichaux, ôtez-en le foin, mettez-les dans une casserole avec un morceau de beurre, un bouquet de persil, ciboules, une *Entremets.*

gouffe d'ail, deux cloux de gérofle, paffez-les fur le feu ; mettez-y une bonne pincée de farine, mouillez avec d'excellent bouillon, fel, gros poivre. Quand ils font cuits & peu de fauce, mettez-y une bonne pincée de perfil blanchi haché, un jus de citron, & fervez.

Artichaux jumeaux.

Entremets. Tournez proprement huit culs d'artichaux, faites-les cuire un quart d'heure dans l'eau, ôtez-en le foin, faites cuire avec bon bouillon, fel, poivre, un bouquet de perfil, ciboules, deux cloux de gérofle, une gouffe d'ail, un peu de beurre ; la cuiffon faite, mettez refroidir.

Vous avez un petit ragoût de falpicon fait avec des champignons, des fois gras, truffes, que vous mettez dans une cafferole avec un morceau de bon beurre, un bouquet ; paffez fur le feu ; mettez-y une pincée de farine, mouillez avec du bouillon, un demi verre de vin blanc, fel, gros poivre, faites cuire & réduire toute la fauce, mettez refroidir ; prenez les culs d'artichaux, pour y mettre de ce ragoût sur un, & couvrez-le avec un autre cul d'artichaux, soudez les bords avec de l'œuf battu, faites-en autant aux trois autres; trempez-les partout dans de l'œuf battu, pannez avec de la mie de pain, faites frire dans du sain-doux, servez garnis de persil frit.

Artichaux à la Gascogne.

Prenez trois ou quatre artichaux, que vous appropriez dessus & dessous; faites-les cuire un quart d'heure dans l'eau, ôtez-en le foin, mettez-les sur une tourtiere avec un quarteron d'huile, deux gousses d'ail entieres, sel, gros poivre, faites cuire sur de la cendre chaude feu dessus & dessous. Quand ils sont cuits, ôtez les gousses d'ail, servez à sec avec un jus de citron.

Entremets.

Les artichaux à la Barigoult se font de la même façon. Vous n'y mettez point d'ail, à la place vous mettez dans le milieu des artichaux, persil, ciboules, échalottes, rocambôles, le tout haché, que les feuilles soient rissolées, servez avec les fines herbes, peu d'huile, & un jus de citron.

Artichaux en pâte.

Entremets. Appropriez dessus & dessous des artichaux, faites-les cuire un quart d'heure dans l'eau, ôtez-en le foin, coupez chacun par moitié, rachevez de cuire dans une bonne braise; mettez refroidir & tremper dans une pâte faite avec de la farine, du vin, un peu d'huile, du sel, faites frire de belle couleur, servez.

DES CHOUFLEURS.

Il faut choisir les choufleurs blancs, bien serrés & fermes, sans être mousseux. Ils sont d'un usage fort commun dans les alimens, & ont à peu près les mêmes proprietés que les autres especes de choux dont nous avons parlé ailleurs.

Différentes façons d'accommoder les Choufleurs.

Entremets. Epluchez des choufleurs bien blancs & fermes, faites-les blanchir un moment à l'eau bouillante, & faites cuire avec de l'eau, où vous délayez un peu de farine, du beurre & du sel; les choufleurs étant cuits de cette façon, vous pouvez les servir différemment. Si vous voulez les servir à l'huile, vous les mettrez égouter & refroidir, dressez sur le plat que vous voulez servir, assaisonnez avec sel, gros poivre, huile, vinaigre. Si vous les mettez au Parmesan, mettez dans le fond du plat un peu de blond de veau chauffé & lié avec du beurre, du Parmesan dessus; dressez les choufleurs, mettez le restant de la sauce sur les choufleurs, couvrez de Parmesan, faites glacer au four, servez à courte sauce. Si vous les voulez servir frits, trempez-les dans une pâte à vin, faites frire de belle couleur, servez garnis de persil frit.

Pour les mettre au jus, vous les dressez dans le plat, mettez dessus du jus de veau peu coloré, faites bouillir jusqu'à ce qu'il n'y ait plus de sauce, netoyez les bords du plat, servez dessus une sauce au blond de veau avec du beurre, sel, gros poivre.

DES CHAMPIGNONS
ET MOUSSERONS.

Il y a plusieurs especes de champignons. Il en est qui sont très-dangereux & qu'on regarde comme une espece de poison. Les meilleurs ou du moins les plus sûrs pour la santé sont ceux que l'on fait venir en peu de tems sur des couches de fumier. On en voit croître une espece sur les troncs d'arbres pourris, dont il faut bien se garder de manger, il est assez facile de les connoître : Ils ont une tige assez longue & menuë, la tête d'un blanc sale, quelquefois même jaunâtre, & outre cela mince & épanouie. Au lieu que les bons champignons ont la tige plus courte & plus grosse, la tête ramassée, blanche en dessus, & rougeâtre en dessous. Ils sont outre cela d'une chair moins molasse, mieux nourrie & plus cassante que les premiers. Cela ne suffit pas : il faut encore qu'ils n'ayent pas resté long-tems sur tige : cela seul peut les rendre dangereux. Il en est qui prétendent que lorsque les champignons étant lavés, au lieu de conserver leur couleur naturelle, deviennent ou bleus, ou noirs, ou rouges, il ne faut pas les employer. Mais quelque bons qu'ils soient & propres à exciter l'appétit, & à fortifier, il ne faut en faire qu'un usage moderé.

Le mousseron est une sorte de champignon qu'on trouve au Printems dans les Bois, souvent entre des épines & dans la mousse. Il est blanc en dessus & rouge en dessous, lorsque l'on en casse la tête ; il est petit, exhale une bonne odeur, & sa chair est tendre, quoiqu'assez ferme. Son goût exquis le rend propre à entrer dans une infinité de ragoûts.

Champignons à la Bourgeoise.

Foncez une casserole d'une douzaine de petites tranches de petit lard, faites-les suer un quart d'heure sur un très-petit feu ; vous y mettrez après des champignons coupés en deux avec persil, ciboules, échalottes hachées, du gros poivre, mettez-y une pincée de farine, mouillez avec un peu de vin blanc & du bouillon, faites cuire à petit feu & réduire à courte sauce,

Entremets.

servez avec des croûtons de pain paſſés au beurre; ſautez un moment dans le ragoût, & un filet de vinaigre blanc.

Champignons au vin de Champagne.

<small>Entre-mets.</small> Mettez dans une caſſerole des champignons bien blancs avec un morceau de beurre, perſil, ciboules, échalottes hachées, paſſez ſur le feu, mettez-y une pincée de farine, mouillez avec un verre de vin de Champagne, du bon bouillon, ſel, gros poivre, faites cuire à très-petit feu, & réduire à peu de ſauce; mettez-y des croûtons de pain paſſés au beurre, que vous ſautez un moment dans la caſſerole, ſervez tout de ſuite & chaudement.

Champignons aux croûtons en ſalade.

<small>Entre-mets froid.</small> Prenez des champignons bien blancs, mettez-les dans une caſſerole avec perſil, ciboules, échalottes hachées, un peu d'huile, peu de ſel, gros poivre, paſſez ſur le feu, mouillez avec un demi verre de vin blanc, un peu de bouillon, faites cuire à petit feu. Quand ils ſont cuits, & qu'il n'y a plus que

l'huile pour sauce, dressez dans le plat que vous devez servir, mettez autour des croûtons ronds passés à l'huile, & sur les champignons des filets d'anchois dessalés que vous dressez proprement, mettez-y du jus de citron, ou du vinaigre blanc, servez froids.

Champignons aux filets de racines.

Coupez en filets des carottes, un panais, une tranche de jambon, des champignons en deux, persil, ciboules, échalottes hachées, passez le tout sur le feu avec un morceau de beurre ; mettez-y une pincée de farine, mouillez avec un demi verre de vin blanc, autant de bouillon, sel, gros poivre, faites cuire à petit feu & réduire à peu de sauce ; mettez un peu de blond de veau, dégraissez le ragoût, servez avec un jus de citron.

Entre mets.

DE LA MORILLE.

La morille est une espece de champignon, qu'on trouve au Printems dans les bois ou dans les lieux couverts d'ombre. Il est aisé de la distinguer du champignon ordinaire, par plusieurs trous dont elle est percée; elle est ordinairement ovale, de couleur jaunâtre ou blanchâtre. Il est rare qu'elle produise d'aussi mauvais effets que le champignon. Il faut la choisir tendre & charnuë. Elle excite l'appétit & fortifie l'estomac; mais comme elle échauffe & augmente l'âcreté des humeurs, l'usage fréquent en peut être nuisible.

Morilles aux fines herbes.

Entremets.

Battez dans plusieurs eaux des morilles pour les bien laver, & en faire sortir le sable. Quand elles sont bien égoutées, mettez-les dans une casserole, si elles sont grosses coupez-les par la moitié, avec un morceau de beurre, persil, ciboules, échalottes, rocamboles, le tout haché, un peu de basilic en poudre, passez sur le feu jusqu'à ce qu'il n'y ait plus de sauce; mettez-y une pincée de farine, mouillez avec du vin blanc, du bouillon, faites cuire à petit feu, & réduire à courte sauce, mettez-y des croûtons de pain passés au beurre, un jus de citron, sel, gros poivre, servez.

Morilles grillées.

Mettez dans une casserole sur un très-petit feu des morilles bien lavées & égoutées, faites-les suer jusqu'à ce qu'il n'y ait plus d'eau ; après mettez-y du persil, ciboules, échalottes hachées, sel, gros poivre, un bon morceau de beurre, faites chauffer, & embrochez dans des hatelets ou petites brochettes, pannez de mie de pain, faites griller à petit feu en les arrosant de tems en tems avec le restant de la marinade. Quand elles sont de belle couleur, servez à sec ou avec une petite sauce légere.

DU SALSIFIX, SCORSONNERE ET CHIROUIS.

On distingue deux sortes de salsifix, dont les propriétés sont les mêmes. Le salsifix ordinaire qu'on croit être une espece de *Barbe-de-bouc*, plante fort connuë des Botanistes : & le salsifix d'Espagne autrement nommé *Scorsonnere*. On cultive ces deux especes également dans ces Païs-ci, quoique les scorsonneres croissent en Espagne sans culture. La cuisine ne fait usage que de la racine de ces plantes, qu'il faut choisir charnuë, tendre, cassante, & d'un goût agréable. Elle est apéritive, cordiale, & sudorifique; la Médecine l'employe dans les maladies pestilentielles & malignes, pour le mal caduc & le vertige.

Le chiroüis est, comme les plantes précédentes, une espece de panais, & a les mêmes vertus, avec cet avantage qu'il fournit un aliment plus salutaire, qui ne peut produire de mauvais effets que par un excès immoderé.

DES TRUFFES.

La truffe est une sorte de racine ou de fruit charnu, de différente grosseur & figure, & raboteux, qui naît & croît dans le sein de la terre, sans pousser au dehors ni tige ni feuilles : ce qui, sans doute, a fait croire aux Anciens qu'elle venoit sans semence; il s'en trouve dans la Gascogne, le Limosin, l'Agenois, le Perigord, & d'autres Païs chauds. L'expérience a appris aux Habitans la maniere de connoître les endroits où il y en a. On se sert aussi de cochons pour les découvrir, parce que ces animaux qui en sont très-friands, les sentent & ne manquent pas de les déterrer avec leur grouin. Il faut les choisir grosses, les plus rondes qu'on le peut, noires en dessus, & marbrées en dedans, assez dures & d'une odeur agréable. Elles entrent dans une infinité de ragoûts ausquels elles donnent un goût excellent. Elles fortifient l'estomac & aident à la digestion, pourvu qu'on en use modérement, parce qu'elles échauffent & font fermenter les humeurs.

Il y a quelques Provinces où l'on donne aussi le nom de truffe à un autre fruit de terre qu'on appelle ordinairement Taupinambour, ou poire de terre, parce qu'il croît attaché à la racine d'une plante. Il y en a de différente grosseur; leur figure est à peu près ovale ou semblable à celle d'un œuf, excepté que la surface est inégale & couverte de bosses. La couleur en est rougeâtre en dehors, & blanche en dedans. C'est un aliment un peu grossier, assez nourrissant, & propre à adoucir l'âcreté des humeurs.

Truffes à la minute.

Entremets.

Pelez des truffes que vous coupez par tranches, mettez-les dans le plat que vous devez servir avec persil, ciboules, échalottes hachées, sel, gros poivre, un peu d'huile, couvrez le plat & le mettez sur le feu, faites cuire d'un côté, & retournez de l'autre, servez avec un jus de citron, il ne faut qu'un moment pour la cuisson. Si vous voulez les servir avec une sauce, vous égouterez l'huile, & mettrez en servant une sauce légere & bien finie.

Truffes au four.

Entremets.

Netoyez six grosses truffes, prenez six gobelets à timbales, que vous foncez de pâte brisée, mettez une truffe dans chaque gobelet avec du sel, enveloppez de bardes de lard, couvrez le gobelet avec un autre morceau de pâte, en soudant les bords avec de l'eau, mettez-les cuire au four pendant une bonne heure. Vous les servirez dans leur pâte sans sauce.

DE LEGUMES. 329

Truffes au naturel.

Prenez de belles truffes bien lavées & netoyées, enveloppez chacune de cinq ou six morceaux de papier, que vous mouillez après & les faites cuire dans de la cendre chaude pendant une bonne heure, ôtez le papier, essuyez les truffes, servez chaudement dans une serviette. Entremets.

DE LA PATISSERIE.

DU BEURRE.

LE beurre se tire de la crême qui se forme sur le lait : ainsi selon la différente espece de lait d'animaux, il y a différente sorte de beurre. Celui de la vache est d'un usage plus commun en cuisine, mais ses qualités varient beaucoup selon la nature des Païs & des pâturages. Il faut le choisir le plus frais qu'il est possible, bien battu, ordinairement d'un jaune naturel, & d'une odeur douce & agréable. Le meilleur est celui des mois de May &

E e

Septembre. Plus il est frais, plus il est sain. Il humecte l'estomac, adoucit les âcretés de la poitrine, & guérit les ulceres des visceres. Mais comme il lâche le ventre, l'excès en peut être nuisible, & affoiblir les forces de l'estomac.

Pâte brisée.

Vous mettez sur un tour à pâte de la farine suivant ce que vous voulez faire, faites un trou dans le milieu pour y mettre le sel, l'eau & le beurre, maniez bien la pâte, brisez-la à force avec le plat de la main, il faut qu'elle soit ferme & bien liée, laissez reposer deux ou trois heures avant que de vous en servir. La pâte pour les pâtés dressés se fait avec de l'eau chaude ; vous maniez le beurre avec l'eau ; quand il est fondu, vous paîtrissez promptement. Celle que vous faites pour les tourtes & autres choses se fait avec de l'eau froide, un peu plus de beurre & moins ferme ; sur quatre litrons de farine, mettez une once de sel, une livre de beurre pour les pâtés dressés, & une livre & demie pour les tourtes.

Pâte feuilletée.

Sur deux litrons de farine, mettez une demie once de sel fin, que vous mettez sur un tour à pâte ; faites un trou dans le milieu pour y mettre de l'eau, du sel, un œuf, paîtrissez légerement, sans qu'elle soit ni plus molle ni plus ferme que le beurre, pour qu'il se mêle bien ensemble, laissez reposer; peu de tems avant que de vous en servir, vous l'abattrez pour y mettre presqu'autant de beurre que de pâte, enfermez le beurre dans la pâte, donnez-lui cinq tours quand il fait chaud, & six dans le froid, c'est-à-dire, de l'abattre jusqu'à ce qu'elle soit de l'épaisseur d'un doigt, repliez la pâte en trois, & recommencez à l'abattre, en jettant de tems en tems un peu de farine. Cette pâte sert pour toutes sortes d'entremets à feuilletage & petits pâtés.

Pâte pour plusieurs sortes de Bignets.

Mettez dans une casserole deux poignées de farine, plus ou moins, suivant ce que vous en avez besoin, avec deux cuillerées d'huile, deux ou trois blancs d'œufs fouetés, du sel; délayez la farine avec du vin blanc, ou de la bierre, jusqu'à ce qu'il ne reste point de grumeleau, vous vous en servez pour ce que vous en aurez besoin, il faut que cette pâte ne soit ni trop claire, ni trop épaisse, qu'elle file en la renversant de la cuilliere.

Pâte pour des croquantes.

Prenez autant de farine que de sucre fin, que vous mettez sur un tour à pâte avec un peu d'eau de fleurs d'orange, un blanc d'œuf ou deux, suivant la quantité que vous en ferez ; il faut que cette pâte soit ferme, paîtrissez-la avec le rouleau. Vous vous en servirez pour faire les entremets que vous jugerez à propos.

DES AMANDES.

Il y en a de deux sortes, de douces & d'ameres; les premieres sont d'un usage plus fréquent en cuisine : les meilleures nous viennent du Comtat d'Avignon. Il faut les choisir nouvelles, bien nourries, larges, & hautes en couleur. Elles sont apéritives, provoquent le sommeil, adoucissent les âcretés de la poitrine, & nourrissent beaucoup. Séches, elles se digérent difficilement, & causent quelquefois des maux de tête.

Pâte de Massepain ou d'Amandes.

Echaudez une demie livre d'amandes douces, mettez-les à l'eau fraiche, après avoir ôté la peau, égoutez-les & essuyez dans un linge, il faut les piler très-fin, en les arrosant de tems en tems, de crainte qu'elles ne tournent en huile, avec un peu de blanc d'œuf fouetté. Vous les ôtez du mortier pour les mettre dans une casserole avec six onces de sucre fin, passez-les sur un petit feu en les remuant avec une cuilliere de bois. Quand elles se détachent de la casserole, ou qu'elles ne se colent point dans les doigts, vous les mettez sur le tour à pâte pour les travailler à ce que vous voulez. Vous vous servirez moitié sucre & moitié farine pour travailler cette pâte & la manier comme vous voulez, elle sert à faire plusieurs sortes d'entremets.

Pâte grasse.

Prenez de la graisse de bœuf que vous hachez, mettez-la dans une casferole avec un peu d'eau, faites-la fondre, & passez au tamis dans un seau d'eau fraiche. Quand elle est figée, pressez-la fort pour en faire sortir l'eau, mettez-la dans un mortier pour la piler, arrosez de tems en tems avec un peu de bonne huile, jusqu'à ce que vous l'ayez renduë maniable comme du beurre; vous vous servirez de cette graisse à la place du beurre pour faire de la pâtisserie, quand vous ne pouvez point avoir de bon beurre. Vous ferez la pâte de la même façon que celle du beurre.

DE L'HUILE.

Il y a plusieurs sortes d'huile, celle d'olive est la seule dont on fasse ordinairement usage en cuisine. Celle que l'on appelle huile vierge, parce qu'elle est tirée sans expression, est la meilleure. Lorsque l'huile n'a aucun goût de fruit, elle est plus propre à bouillir dans les sauces, & celle qui conserve un goût agréable de fruit est meilleure pour les salades.

L'huile est adoucissante, propre aux dissenteries & aux coliques, mais parce qu'elle est onctueuse, elle est lente à digérer. Elle se conserve assez long-tems, mais la plus nouvelle est ordinairement la meilleure. S'il lui arrive de moisir, il en est qui font frire un peu de sel dans de l'huile, & jettent le tout chaud dans le vase qu'ils referment aussitôt, & bouchent exactement, afin que la vapeur ne puisse pas s'exhaler, ce qui rétablit l'huile dans son naturel. Si elle a pris une mauvaise odeur, ils pilent des olives vertes après en avoir ôté les noyaux, & les jettent dans le vase; ensuite, après quelques jours de repos, ils transvasent l'huile. Un peu d'eau chaude ou bouillante jettée sur l'huile, lui ôte une bonne partie de la mauvaise saveur, & du goût rance qu'elle peut avoir contracté.

Pâte à la Minime.

Mettez sur le tour à pâte de la farine, suivant la quantité que vous en avez besoin, mettez-y du sel fin, de l'huile, une demie livre pour un litron de farine, mouillez avec de l'eau, paîtrissez la pâte à l'ordinaire. Quand elle est reposée une heure, vous lui donnez cinq tours, comme à du feuilletage, chaque fois que vous l'abattrez, vous la froterez avec de l'huile, & replirez la pâte les bouts l'un sur l'autre, finissez comme le feuilletage au beurre, & vous en servez de même.

Pâte pour des Cannelons & autres Entremets.

Faites fondre dans une casserole sur le feu, un peu de beurre avec un verre d'eau, de l'écorce de citron vert hachée, mettez sur le tour à pâte trois quarterons de farine, six onces de sucre fin, trois jaunes d'œufs, mouillez avec l'eau où vous avez fait fondre le beurre, paîtrissez la pâte & vous en servez.

Pâte pour les Flancs & Darioles.

Prenez un litron de farine que vous mettez sur le tour à pâte, faites un trou dans le milieu, mettez-y un peu de sel fin, un demi quarteron de beurre;
mouillez

mouillez avec un peu d'eau chaude, paîtriſſez la pâte le plus ferme que vous pourrez.

Pâte à la Reine.

Mettez dans une caſſerole un demi ſeptier de lait, un demi quarteron de ſucre, un peu de ſel, de la rapure de citron vert, faites bouillir un inſtant; mettez-y de la farine autant qu'il en peut entrer, qu'elle ſoit bien liée ſans être liquide, faites-la cuire en la remuant toujours juſqu'à ce qu'elle quitte la caſſerole, ôtez-la de deſſus le feu & la mettez dans une autre caſſerole; vous y mettrez tout de ſuite des œufs, que vous délayerez un à un juſqu'à ce que la pâte s'attache au doigt.

La pâte à la Royale ſe fait de la même façon, en mettant de l'eau à la place du lait, celle à l'eau eſt plus légere.

Du Sucre.

Le ſucre ſe fait du ſuc que fournit une eſpece de roſeau qui croît dans les Indes, & d'autres endroits. On exprime ce ſuc par le moyen d'une ſorte de preſſoir ou de moulin, & après l'avoir clarifié avec de l'eau de chaux & des blancs d'œufs, on le passe & on le fait cuire pendant quelque tems. Alors c'est ce qu'on appelle de la moscouade grise. On purifie une seconde fois cette moscouade avec des blancs d'œufs & de l'eau de chaux, ce qui donne la castonade ou cassonade. Enfin on le clarifie encore, & on le cuit de nouveau, après quoi on le jette dans des moules: ce qui forme le pain de sucre. Plus le sucre est purifié, plus il est blanc, de sorte qu'on réitere l'opération dont on vient de parler, jusqu'à ce qu'il ait le dégré de blancheur qu'on désire. Il faut le choisir bien rafiné, ferme, difficile à casser, cristalin en dedans lorsqu'il est rompu, & d'un goût agréable. Il est propre à temperer les âcretés de la poitrine, & attenuer les humeurs visqueuses, mais il se change aisément en bile, & l'excès échauffe beaucoup.

Pâte sucrée.

Mettez sur le tour à pâte un litron de farine, un quarteron de sucre fin, un peu plus d'un quarteron de beurre, très-peu de sel, trois blancs d'œufs, un peu d'eau, paîtrissez la pâte.

Vous vous en servirez pour faire des tourtes d'entremets à la place de feuilletage.

Pâte pour les Brioches.

Prenez quatre litrons de farine, que vous mettrez sur le tour à pâte ; prenez le tiers de ces quatre litrons que vous délayez avec une once de levure de bierre ; si vous n'en avez point, vous y mettrez deux onces de beurre ; délayez ce tiers de farine avec de l'eau chaude, païtrissez-la un peu mole, mettez revenir dans un endroit chaud, enveloppez dans un linge, il faut une heure l'Hyver, & un demi quart d'heure l'Eté ; mettez le restant de la farine sur la table, faites un trou dans le milieu, mettez y une once de sel fin, deux livres de beurre, quinze œufs, un peu d'eau, mettez le levain dedans par petits morceaux, païtrissez trois fois avec le plat des mains, assemblez-la & mettez revenir huit ou dix heures dans un linge poudré de farine ; vous en formez après des brioches que vous dorez avec de l'œuf battu, faites cuire au four.

Pâte pour les Echaudés.

Prenez quatre litrons de farine, de ces quatre litrons prenez-en un demi litron pour en faire un levain avec un demi quarteron de levure de bierre, un peu d'eau chaude, laissez revenir le levain une heure l'Hyver, un quart d'heure l'Eté; prenez le restant de la farine que vous mettez sur le tour à pâte, faites un trou au milieu, mettez-y deux onces de sel, une livre de beurre, vingt œufs, maniez le tout ensemble; donnez d'abord trois tours, ensuite mettez-y le levain par petits morceaux, donnez encore six tours, & vous assemblerez votre pâte pour la mettre dans une nape farinée, laissez-la reposer dix ou douze heures; vous la coupez après par petits morceaux pour en former les échaudés ; vous ferez bouillir de l'eau & mettrez les échaudés dedans, en agitant l'eau jusqu'à ce qu'ils viennent dessus. Quand ils sont fermes, vous les retirez à l'eau fraiche, mettez-les égouter pour les mettre cuire; vous pouvez les garder deux jours sans les faire cuire, en les mettant à la cave.

Les échaudés au sel se font de même, en n'y mettant point de beurre, ni d'œufs. Ceux au beurre se font de même, en n'y mettant point d'œufs.

Pâte brisée au Ris.

Mettez sur le tour à pâte un litron de farine, une demie livre de beurre, trois œufs, un peu de sel, mouillez avec de l'eau, paîtrissez la pâte à l'ordinaire. Vous avez un quarteron de ris qui est cuit avec bon bouillon & bien lié, mettez-le refroidir, vous le pilerez avec la pâte dans un mortier. Quand il est bien mêlé, ajoutez-y un quarteron de beurre, pilez encore jusqu'à ce que le beurre soit bien mêlé; retirez la pâte du mortier pour en former des gâteaux de telle façon que vous voudrez. *Entremets.*

Pâte à fleurons.

Mettez sur le tour à pâte un demi litron de farine, faites un trou dans le milieu, mettez-y un quarteron d'excellent beurre, un peu d'eau de fleurs d'orange, trois œufs frais, environ un *Entremets.*

verre de vin d'Espagne, paîtriſſez la pâte, ſans être ni trop mole ni trop dure ; ſervez-vous de cette pâte pour faire des fleurons & autres entremets.

Du Fromage.

Il y en a d'une infinité de ſortes, & dont la qualité varie ſelon la diverſité du lait & des pâturages. Ceux qui ſont les plus connus ſur les tables ſont le Rocquefort, le Saſſenage, le Parmeſan, le Gruyere, le Brie, le Marole, & celui à la crême. Ceux qui ne ſont ni trop frais, ni trop vieux, ſont les meilleurs pour la ſanté ; les premiers étant trop chargés d'humidité, & les ſeconds en étant trop dépourvus. Pour l'ordinaire le fromage vieux échauffe beaucoup, & ne ſe digére pas aiſément. On prétend que les graveleux doivent s'abſtenir d'en manger.

Pâte au fromage à la Crême.

Entremets.

Mettez ſur le tour à pâte un litron de farine, faites un trou dans le milieu, mettez-y un petit fromage à la crême, un peu de ſel, un quarteron de beurre, trois œufs entiers, les blancs fouetés, paîtriffez la pâte. Si elle étoit trop épaiffe, vous y mettrez un peu de crême; vous vous fervirez de cette pâte pour des petits gâteaux & autres entremets.

Pâte au Lait.

Faites bouillir dans une cafferole un demi feptier de lait, un demi quarteron de beurre, un peu de fel, mettez-y de la farine ce que le lait en pourra boire, délayez-la bien & deffechez fur le feu jufqu'à ce qu'elle quitte la cafferole, en la tournant avec une cuilliere de bois, mettez-la après fur le tour à pâte, farinez, abattez-la très-mince avec le rouleau. Vous la coupez avec une videlle en lofange de la grandeur que vous voudrez, faites frire & glacer avec du fucre & la pêle rouge, fervez pour entremets.

Entremets.

Petits Pâtés de Champignons.

Hachez une poignée de champignons blancs & fermes, que vous mettez dans une cafferole avec un morceau de beurre, un bouquet de

Hors-d'œuvre.

F f iiij

persil, ciboules, une demie gousse d'ail, passez-les sur le feu, mettez-y une pincée de farine, mouillez avec du bouillon, sel, gros poivre. Quand ils sont cuits & peu de sauce, ôtez le bouquet; mettez-y cinq jaunes d'œufs durs hachés, remettez sur le feu, mouillez avec un peu de crême, faites cuire jusqu'à ce qu'il n'y ait plus de sauce & mettez refroidir; foncez des moules à petits pâtés avec du feuilletage, mettez-y une partie de votre appareil, finissez les petits pâtés à l'ordinaire. Quand ils sont cuits, vous mettez dans le restant des champignons une liaison de deux jaunes d'œufs avec de la crême, faites lier sur le feu, mettez-y un jus de citron, découvrez les petits pâtés, servez dedans les couvercles dessus.

Petits Pâtés à la Reine.

Hors-d'œuvre. Prenez de la ruelle de veau, que vous hachez très-fine avec de la tetine de veau, un peu de blanc de ciboules, sel, poivre, un jaune d'œuf, formez des petits pâtés à l'ordinaire avec ce godiveau. Quand ils sont cuits, ôtez le godiveau de dedans les pâtés pour le délayer dans un coulis chaud à la Reine, remettez-le après dans les petits pâtés, servez chaudement. Si vous n'avez point de coulis à la Reine, vous pouvez faire la même chose avec une sauce à la poulette.

Petits Pâtés de Gibier.

Faites des petits pâtés comme les précedens avec du godiveau. Quand ils sont cuits, ôtez à forfait le godiveau pour mettre à la place un petit salpicon de tel gibier qu'il vous plaira, comme faisan, perdrix, beccasse, ou autre. Vous mettez dans une casserole quelques champignons, un bouquet de persil, ciboules, une gousse d'ail, deux cloux de gérofle, un morceau de beurre, passez sur le feu, mettez-y une pincée de farine, mouillez avec un verre de vin blanc, du blond de veau, faites cuire à petit feu, sel, gros poivre; les champignons étant cuits, mettez-y votre viande qui doit être cuite à la broche & froide, coupez en petits dez, ôtez le bouquet, faites chauffer, servez avec un jus de bigarade.

Hors-d'œuvre.

Petits Pâtés maigres.

Prenez du poisson d'eau douce, comme carpe, anguille, perche, &c. Prenez-en la chair que vous hachez avec persil, ciboules, un peu de mie de pain desséchée dans du lait, sel, poivre, un peu de muscade, liez de deux jaunes d'œufs, mettez-y un morceau de beurre, pilez cette farce dans le mortier. Quand elle est bien mêlée, foncez les tourtieres à petits pâtés avec du feuilletage, finissez les petits pâtés à l'ordinaire, faites cuire & servez chauds.

Hors-d'œuvre. Si vous voulez mettre les petits pâtés au blanc. Quand ils seront cuits, ôtez le dessus, mettez dedans une liaison de jaunes d'œufs avec de la crême, un filet de verjus, ou jus de citron, remettez le dessus des petits pâtés, servez chauds.

Si vous voulez faire des petits pâtés de filets de poisson, vous ôterez la farce qui est dedans, & mettrez à la place un ragoût de filets de poisson.

Les petits pâtés aux anchois se font, en mettant un peu de farce maigre dans le fond des petits pâtés. Vous avez des filets d'anchois déſalés, que vous avez fait mariner avec un peu d'huile, perſil, ciboules, échalottes hachées, du gros poivre, mettez-les ſur la farce avec leur marinade, couvrez avec de la même farce, finiſſez les petits pâtés comme à l'ordinaire. Quand ils ſeront cuits, vous ôterez le deſſus pour y preſſer dedans un jus de bigarade, remettez le deſſus, ſervez chaudement.

Petits Pâtés à la Crême.

Faites une pâte briſée, dreſſez les petits pâtés de la grandeur que vous jugez à propos, mettez-y une farce de volaille ou de godiveau, ſi c'eſt en gras. En maigre, vous y mettez une farce de poiſſon, finiſſez les pâtés en mettant les couvercles, dorez avec de l'œuf battu. Quand ils ſeront cuits, vous aurez un bon fond de ſauce blanche & très-courte, mettez-y une liaiſon de trois jaunes d'œufs avec de la crême, faites lier ſur le feu, mettez dedans la farce des pâtés, délayez-la dans la ſauce avec un jus de citron,

Entrées.

remettez la farce dans les pâtés, servez avec les couvercles si vous voulez.

Petits Pâtés dressés aux œufs.

Entrée. Dressez de la hauteur d'un œuf de la pâte brisée en petit pâté dressé, mettez dans le fond une farce faite de cette façon : Prenez plein la main de mie de pain que vous mettez dans une casserole avec un demi septier de lait, faites bouillir ensemble jusqu'à ce que la mie de pain soit bien dessechée & ferme, laissez refroidir ; mettez-la dans un mortier avec autant de beurre, persil, ciboules, échalottes hachées, sel, gros poivre, pilez cette farce & la liez de trois jaunes d'œufs, mettez cette farce dans le fond des pâtés, & sur la farce pour la forme un œuf entier avec sa coquille, couvrez les patés, dorez & faites cuire comme à l'ordinaire. Quand ils sont cuits, ôtez les œufs des pâtés, mettez à la place dans chacun un œuf poché, remettez au four pour chauffer les œufs, servez après avec une bonne sauce.

Toutes sortes de pâtés chauds en gras.

Faites une pâte brisée avec deux li-   Entrée.
trons de farine, comme elle est marquée, *page* 330. Quand elle est reposée,
moulez-la avec vos mains & un peu
de farine ; prenez les deux tiers de
cette pâte que vous arrondissez, donnez ensuite quelques coups de rouleau
pour l'abattre; prenez un papier beurré,
mettez dessus la pâte, relevez-la par
les bords en la pinçant avec les deux
mains jusqu'à la hauteur d'un demi
pied, que le fond du pâté ne soit pas
plus large que le fond du plat où vous
le devez servir; mettez ensuite dans le
pâté la viande que vous lui destinez,
comme poulardes, poulets, pigeons,
faisans, perdrix, beccasses. Si vous les
laissez entiers, vous les ferez refaire
sur le feu, & larderez de gros lard
après les avoir troussés en poule; tel
pâté que vous fassiez, entiers ou coupés
par membres; vous pouvez mettre dans
le fond une farce faite avec les foyes,
lard rapé, persil, ciboules hachées,
sel, gros poivre ; mettez la viande
dessus avec une tranche de jambon,

un bouquet de perſil, ciboules, une gouſſe d'ail, deux clous de géroſle, mettez dans tout le vuide des morceaux de bon beurre, après avoir aſſaiſonné de ſel, gros poivre, couvrez avec des bardes de lard ; mettez un deſſus avec de la même pâte que vous ſoudez avec de l'eau, faites un trou au milieu du couvercle pour y faire une cheminée de même pâte, que vous façonnez en couronne, enjolivez tout le tour du pâté avec des fleurs de lys, dorez avec de l'œuf battu, mettez cuire au four. Quand le pâté eſt cuit de belle couleur, vous le découvrez pour en ôter le bouquet, la tranche de jambon, les bardes de lard. Otez un peu de pâte, ſi vous voulez, de celle qui n'eſt pas cuite après l'avoir dégraiſſée, ſervez avec telle ſauce ou ragoût que vous jugerez à propos. Les pâtés de tendons de veau, cotelettes de mouton, de noix de veau, de filets de mouton, de filets & culotte de bœuf, ſe font tous de la même façon, en mettant un peu de farce dans le fond du pâté. Vous jugerez du tems de la cuiſſon du pâté, en le laiſſant dans le four un demie heure de plus qu'il ne faut pour la cuiſson à la braise. De telle viande que vous le fassiez, faites-le petit & de bonne mine. Celui de jambon, il ne faut mettre qu'un moyen morceau, & le servir avec une sauce piquante; avant que de le mettre dans la pâte, faites-le dessaler dans l'eau, & cuire aux trois quarts avec de l'eau, du vin, oignons, racines, un bouquet de fines herbes, thim, laurier, basilic; mettez après refroidir pour le mettre en pâte avec beurre & lard rapé, ôtez-en la couene, mettez en pâte, faites cuire.

Tous les pâtés froids se font de la même façon, à cette différence que vous lardez la viande de lardons de lard assaisonnés de sel, fines épices, persil, ciboules, échalottes, le tout haché, assaisonnez le pâté un peu de plus haut goût, nourrissez-le bien de beurre & bardes de lard, faites cuire. Quand il est cuit & retiré du four, bouchez la cheminée avec un peu de pâte, laissez le refroidir à forfait avant que de le servir. *Entremets.*

Toutes sortes de Tourtes de viande.

Faites une pâte brisée, comme celle *Entrée.*

qui est marquée pour tourte, *page 330*. Prenez un morceau de pâte que vous moulez en l'arrondissant dans les mains, abattez avec le rouleau de l'épaisseur d'un gros écu, mettez-la sur une tourtiere, mettez dans le fond un peu de farce, comme celle des pâtés chauds, la viande sur la farce qui doit être coupée par membres, sel, gros poivre, une tranche de jambon, un bouquet, couvrez de bardes de lard & de beurre, mettez dessus une abaisse de même pâte que dessous & un peu plus mince, mouillez-les entre les deux bords pour les coler ensemble, pincez la pâte tout autour pour faire un bord bien égal, dorez avec de l'œuf battu, mettez cuire au four ; un quart d'heure après vous la tirez du four pour la piquer sur le milieu du dôme pour faire sortir la fumée ; remettez au four, faites cuire & servez de la même façon & même sauce que les pâtés chauds ; tout ce qui se met en pâté chaud de viande tendre se peut mettre en tourte.

Toutes sortes de pâtés chauds en maigre.

Entrée. Dressez un pâté comme les précédens ;

DE LA PATISSERIE. 353

dens; vous mettrez dedans, si c'est de la moruë ou du cabillot, vous enleverez les filets que vous ferez mariner avec de l'huile, persil, ciboules, échalottes hachées, thim, laurier, basilic en poudre, peu de sel, fines épices; mettez dans le fond un peu de farce maigre, arrangez dessus les filets avec la marinade, couvrez de beurre, finissez à l'ordinaire. Quand il est cuit, égoutez l'huile, servez dedans une sauce à la crême.

L'esturgeon & le saumon; vous prenez un tronçon que vous lardez d'anchois marinés avec beurre, persil, ciboules, échalottes hachées, poivre, muscade; mettez une farce maigre dans le fond, le poisson dessus, couvrez de beurre, finissez de même, servez dessus une sauce ou un ragoût de laitances de carpes.

Les rougets; vous les écaillez, ôtez la tête, arrangez-les sur une farce, couvrez de beurre, servez avec un ragoût de leurs foyes, champignons & truffes.

La sole; vous la levez par filets après l'avoir écaillée, faites mariner avec fines herbes, huile, mettez-la sur

G g

une farce avec sa marinade, servez avec une sauce ou ragoût. Tous les poissons de mer se mettent de même en filets ou entiers.

La carpe se coupe par tronçons, de même que le brochet & l'anguille; faites-les mariner avec du beurre, persil, ciboules, échalottes hachées, sel, gros poivre; mettez-les sur une farce maigre avec leur marinade, couvrez de beurre. La perche & la lotte se mettent entieres. Pour ces pâtés il ne faut qu'une heure & demie de cuisson; vous les servez avec telle sauce ou ragoût que vous jugerez à propos, ou un coulis d'écrevisses.

Tourte de Poissons.

Entrée. Vous faites des tourtes avec les mêmes poissons que vous faites des pâtés, l'assaisonnement & sauces en sont de même, la façon ne se trouve différente que par la pâte. Vous observerez en cela ce qui est marqué pour les tourtes en gras, *page 330.*

DE LA PATISSERIE
POUR ENTREMETS.

Des différentes Tourtes de Fruits, de Confitures, de Massepains, & de Crême.

FAITES une pâte à feuilletage, comme il est expliqué, *page 331*, foncez une tourtiere, mettez dessus du sucre fin, arrangez sur le sucre des pêches coupées par la moitié, ôtez-en la peau, remettez pardessus du sucre fin, couvrez de quelques bandes de feuilletage, en humectant les bords de la tourtiere pour les faire tenir avec la pâte de dessous, appuyez les doigts dessus pour les faire tenir ensemble; mettez sur le bord de la tourte une bande de feuilletage de largeur d'un doigt, que vous façonnez avec le dos du couteau, faites cuire au four, & glacez avec du sucre fin & la pêle rouge.

Dans la saison du fruit, vous ne mettez point de bande; ou si vous en mettez, il en faut très-peu; qu'elle n'empêche point de voir le fruit. Pour les confitures, cela est nécessaire pour les empêcher de noircir. La tourte de prunes se fait comme celle de pêches; celle d'abricots de la même façon, il faut mettre les amandes sur les abricots.

Entremets sucré.

Celle de verjus, de muscat, de cerises, il faut en ôter les pepins; mettez-les dans une poêle avec un peu de sucre pour faire jetter leurs eaux, faites bouillir un moment, mettez égouter & refroidir, dressez dans la tourte avec du sucre fin dessus & dessous. Celle de poires d'Eté, faites-les griller & couper par la moitié, ôtez les pepins, mettez sur la pâte avec sucre fin dessus & dessous. Les tourtes de pommes, il faut les faire cuire en marmelade avec du sucre, de l'eau de fleurs d'orange. Quand elles seront froides, vous les mettrez dans la tourte.

Les tourtes à la crême se font, en mettant dans une casserole deux cuillerées de farine, que vous délayez avec des jaunes d'œufs, mouillez avec de la crême, mettez-y du sucre, de l'eau de fleurs d'orange, faites cuire sur le feu, en la tournant toujours. Quand elle est cuite, vous y mettrez des amandes pilées, des maſſepains, du citron verd rapé, trois jaunes d'œufs crus, mêlez le tout enſemble. Quand elle ſera froide, mettez-la dans la tourte pour la finir, comme celle de fruits. Voilà la façon de la tourte de franchipane.

Celle à la moële ſe fait de même, en mettant dans la crême de la moële de bœuf fondue & paſſée au tamis que vous délayez dedans.

Celle de chocolat ſe fait de la même façon, en mettant en place de moële du chocolat rapé.

Celle de caffé ſe fait, en faiſant la crême pâtiſſiere très-épaiſſe ; vous y mettez une taſſe de caffé très-forte, que vous délayez dedans avec deux œufs, les blancs fouetés, finiſſez comme les autres.

Les tourtes de maſſepain, faites une pâte comme il eſt expliqué, *page* 333; moulez la pâte d'amandes & la battez avec le rouleau, faites-y un bord de la hauteur du doigt, mettez cuire dans une tourtiere beurrée. Quand elle eſt cuite au four d'une chaleur douce, dreſſez-la ſur le plat que vous devez ſervir, mettez deſſus des fruits glacés, ou de crême glacée, que vous ferez, en mettant dans une casserole une chopine de crême que vous faites bouillir avec du sucre ; vous mettrez après trois jaunes d'œufs frais dans la crème bien délayés, faites lier sur le feu sans qu'il bouille ; vous délayez après cette crême avec un quarteron de pistaches bien pilés avec du citron confit, passez la crême avec les pistaches à l'étamine, mettez-la dans un moule à glace pour la faire prendre à la glace, mettez autour du moule de la glace pilée mêlée avec du sel ; à mesure qu'elle se prend dans le moule, il faut la remuer avec une cuilliere. Quand elle sera comme il faut, dressez-la en rocher dans la tourte & servez promptement. Si vous voulez mettre des fraises dessus la tourte, vous ferez la crême plus forte de sucre, dressez-la unie dessus & mettez promptement sur la crême des grosses fraises lavées à l'eau fraiche & bien égoutées.

Vous en servez aussi avec des fruits confits & glacés ; faites blanchir le fruit & le mettez cuire en compote forte de sucre, le sirop un peu grand. La compote étant froide, mettez le fruit dans un moule à glace & le sirop dans un autre, faites glacer comme les autres glaces ; vous dressez le fruit dans la tourte & le sirop pardessus ; toutes les tourtes à la glace, il faut les dresser dans un endroit frais & promptement.

Petits choux de confitures.

Mettez dans une casserole un demi septier d'eau, un demi quarteron de beurre, un peu de sel, du citron verd haché très-fin, un peu d'eau de fleurs d'orange & du sucre, faites bouillir un quart d'heure sur le feu, mettez-y de la farine ce que la sauce en peut boire, délayez sur le feu avec une cuilliere de bois, en la remuant toujours jusqu'à ce qu'elle soit bien liée & bien épaisse, changez-la de casserole, & y mettez des œufs un à un jusqu'à ce qu'en touchant la pâte avec vos doigts elle se cole après ; dressez les petits choux sur un platfond, vous les ferez cuire au four. Quand ils sont cuits, ouvrez-les en deux, mettez dedans des confitures de marmelade d'abricots ou gelée de groseille, telle confiture que vous voudrez, & servez froids pour entremets.

Entremets sucré.

Si vous voulez servir les petits choux au naturel, vous les ferez de la même façon ; glacez le dessus avec du sucre & la pêle rouge, servez chaud.

Du Fenouil, et de l'Anis.

Le fenouil est une plante aromatique qu'on employe quelquefois dans les alimens pour leur donner du goût. Elle est apéritive, bonne pour l'estomac & la poitrine, mais elle échauffe, aussi sa semence est une des quatre semences chaudes majeures.

L'anis verd, qu'on nomme ainsi pour le distinguer de l'anis à la Reine qui est une espece de petite dragée, ou de l'anis verd couvert de sucre, contient les mêmes qualités que le fenouil, & on l'employe au même usage. Il est stomachique, aide à la digestion, appaise les coliques venteuses & les cours de ventre. Sa semence est la premiere des quatre semences chaudes du premier ordre.

Entremets sucré.

Gâteau à l'anis de Verdun.

Mettez dans une balance vingt œufs, de

POUR ENTREMETS.

de l'autre côté autant pesant de sucre, vous ôterez dix œufs & mettrez autant pesant de farine que les dix autres; cassez les jaunes dans une terrine ou casserole, & les blancs dans une autre; mettez avec les jaunes le sucre que vous avez pesé, & écrasez avec de l'écorce de citron verd haché très-fin, de la fleur d'orange pralinée & écrasée, battez long-tems le sucre avec les jaunes d'œufs, ensuite fouetez les blancs; quand ils sont bien montés, vous les mêlez avec les jaunes, mettez-y la farine peu à peu avec un demi quarteron d'anis de Verdun, mêlez bien le tout ensemble. Vous avez une casserole ronde bien beurrée, mettez dedans votre appareil de biscuit, faites-le cuire au four. Quand il est cuit de belle couleur, vous le servez froid pour entremets. S'il avoit trop de couleur, il faudroit le glacer avec une glace blanche, que vous faites en mettant sur une assiette de terre ou de fayance du sucre très-fin, du jus de citron, un blanc d'œuf, battez long-tems avec une cuilliere de bois jusqu'à ce que la glace soit blanche, mettez-en partout sur le gâteau, faites sécher, & servez.

Le gâteau de Savoye se fait de la même façon, en ne mettant point d'anis de Verdun dedans.

Biscuits de différentes façons.

Entremets sucré.
Faites un appareil de biscuits, comme je viens d'expliquer, n'y mettez point d'anis de Verdun si vous voulez, vous vous reglerez sur la dose pour en faire plus ou moins, suivant ce que vous en aurez de besoin. Si vous voulez faire des bonnets de Turquie, soit un grand ou des petits, vous les beurrez, & mettrez dedans de l'appareil de biscuits. Quand ils seront cuits, vous les servirez au naturel, ou glacés de differente couleur sur les plis, un blanc avec glace blanche, un rouge avec gelée de groseilles, un verd avec des pistaches; de ces mêmes biscuits, vous en faites différens entremets, c'est le moule où vous les ferez cuire qui leur donnera le nom, comme des Princesses, des Pommes d'amour, des Jacobines. Pour faire les Jacobines, vous faites six ou sept moules de papier de la forme d'un petit rouleau à pâte, colez-les bien & les beurez en dedans,

mettez-y de l'appareil de biscuits jusqu'à moitié des moules, faites-les cuire debout sur un platfond. Quand ils sont cuits & un peu froids, ôtez-les des papiers, s'ils sont de belle couleur vous les servirez au naturel, sinon vous les glacerez d'une glace blanche; pour les servir vous les dresserez l'un contre l'autre, & les ferez tenir ensemble avec du caramel.

Flancs de deux façons.

Mettez sur une table un litron de farine, un demi quarteron de beurre, un peu de sel, délayez avec de l'eau chaude, faites-en une pâte ferme, laissez-la reposer une heure. Vous en ferez une abaisse de la grandeur d'une tourte, avec un bord de la hauteur d'une pouce, mettez-la sur un platfond, que vous mettrez dans le four; un demi quart d'heure après, vous mettrez dedans avec une grande cuilliere pour ne pas vous brûler, un appareil fait avec de la farine, que vous délayez avec cinq œufs, du sucre fin, un peu de citron rapé, trois demi septiers de crême, faites cuire & servez chaud.

Entremets sucré.

Hh ij

Vous en faites d'une autre façon; faites l'abaisse de même; à la place de crême, vous y mettrez une pâte à fromage; mettez dans une casserole un demi septier d'eau, un peu de sel, un demi quarteron de beurre, un peu de citron verd rapé, du sucre, faites bouillir sur le feu, mettez dedans une bonne poignée de farine que vous délayez bien sur le feu, faites-la cuire jusqu'à ce qu'elle quitte la casserole; vous y mettrez après cinq œufs l'un après l'autre, un petit fromage à la crême très-doux; votre pâte étant un peu liquide, versez-la dans celle qui est au four, faites cuire & servez chaudement.

Dariolles.

Entremets sucré.

Faites une pâte ferme comme la précédente, que vous dressez en forme de petits pâtés dressés au jus, de la grandeur d'un écu, de la hauteur de deux doigts, mettez-les sur un platfond un peu beurré, que vous mettrez au four; un demi quart d'heure après, versez dedans un appareil fait avec deux cuillerées de farine que vous délayez avec trois œufs, du sucre, un demi septier de lait. Quand elles seront cuites, servez avec du sucre râpé dessus.

Ramequins de deux façons.

Mettez dans une casserole un verre d'eau, un demi quartier de bon fromage de Brie, un demi quarteron de beurre, faites bouillir sur le feu. Quand le fromage est fondu, mettez-y de la farine ce que la sauce en peut boire, délayez sur le feu jusqu'à ce qu'elle quitte la casserole, mettez-la dans une autre casserole pour y mêler des œufs un à un jusqu'à ce qu'en tâtant la pâte avec les doigts elle se cole après ; vous y mettrez un peu de gros poivre avec deux anchois hachés, dressez des petits ramequins sur un platfond de la grosseur d'une muscade, faites-les cuire & servez chaudement.

Les ramequins soufflés se font de la même façon. Vous ne mettez point d'anchois, à la place mettez-y un peu de persil haché, & des blancs d'œufs fouetés ; prenez des moules à petits pâtés, mettez sur chacun une petite abaisse de feuilletage, dressez sur le feuilletage un peu de pâte à ramequin de la grosseur d'un œuf de pigeon, faites cuire au four, il ne faut qu'un quart d'heure pour la cuisson, servez bien chaud.

Gâteaux au Zephir.

Entremets sucré.

Prenez de la pâte à feuilletage que vous abattez de l'épaisseur de deux écus, coupez-la en fleurons ou autrement, faites cuire au four. Quand ils sont bien montés & cuits, passez sur chacun un doroir trempé dans du sucre fondu & bien chaud, mettez tout de suite de la petite nompareille de plusieurs couleurs & servez.

Gâteaux à la Duchesse.

Entremets sucré.

Faites une pâte Royale, comme pour les petits choux, couchez-les sur un platfond en forme de grosse saucisse courte, mettez cuire au four. Etant froids, coupez un peu le bout en forme de couvercle, pour faire entrer dedans telle confiture que vous voudrez, remettez le morceau que vous avez ôté, en le faisant tenir avec du caramel; colez-en cinq l'un contre l'autre, comme une Jacobine, en les faisant tenir avec du caramel: étant prêt de servir, mettez tout autour un clinquant de caramel filé.

Gâteaux à la Dauphine.

Faites des gâteaux comme les précédens; étant cuits, vous les glacez avec une glace blanche. Vous pouvez encore les servir couverts de nompareilles mêlées, que vous faites tenir en passant dessus un doroir trempé dans du sucre fondu & bien chaud.

Entremets sucré.

Différentes sortes de Gâteaux sucrés.

Pour faire un gâteau de mille-feuilles, vous prenez une pâte à feuilletage, faites-en cinq gâteaux d'égale grandeur, & de l'épaisseur de deux écus, dans le dernier vous ferez un trou au milieu en forme de croix de Chevalier, pour la grandeur vous vous reglerez sur le plat que vous devez servir, faites-les cuire au four. Quand ils sont cuits & refroidis, mettez-les l'un sur l'autre, celui qui est découpé dessus, & des confitures entre tous les gâteaux, unissez-les tout-autour & glacez par-

Entremets sucré.

tout avec une glace blanche de façon qu'ils paroissent être d'un seul morceau, vous pouvez les enjoliver avec de la gelée de groseilles, écorce de citron confit & pistaches, vous les servirez sur une serviette.

Les gâteaux à la crême se font, en mettant de la crême à la place d'eau dans une pâte à feuilletage, & finirez de la même façon.

Les gâteaux d'amandes se font, en mettant sur le tour à pâte un demi litron de farine, cinq ou six œufs, une demie livre d'amandes pilées très-fines, une demie livre de sucre en poudre, paîtrissez la pâte à l'ordinaire, formez-en un gâteau que vous dressez sur un papier beurré, faites-le cuire, & glacez après avec une glace blanche, faites sécher la glace au four & servez.

Les gâteaux de Boulogne se font, en mettant dans une casserole un demi septier d'eau avec un peu de sel & du beurre, faites bouillir, mettez-y de la farine ce que la sauce en peut boire, délayez sur le feu jusqu'à ce que la pâte ne tienne plus à la casserole ; mettez-y après l'avoir ôtée du feu, un bon morceau de beurre, cinq œufs le blanc &

une, du citron confit haché, de la fleur d'orange pralinée en poudre, des macarons écrasés, du sucre fin, mêlez bien le tout ensemble, dressez le gâteau sur un papier beurré, faites cuire de belle couleur & servez.

Les gâteaux de Compiegne se font avec une pâte à brioche, que vous trouverez, *page* 339. Mettez dans la pâte du citron verd rapé, mettez cette pâte dans un moule de carton bien beurré fait en forme de manchon. Quand elle sera cuite au four, ôtez-la du carton, frotez-la partout avec un doroir trempé dans du sucre fondu & bien chaud, mettez partout de la nompareille de plusieurs couleurs, servez froid.

Les gâteaux de pistaches se font, en prenant une livre de pistaches que vous échaudez & pilez très-fines, mettez-y un peu de blanc d'œufs en les pilant; vous y mettrez après un peu de citron verd rapé, une demie livre de sucre fin, dix œufs les blancs fouetés, mêlez bien le tout ensemble; prenez une petite casserole ronde bien beurrée, mettez dedans votre appareil de pistaches, faites cuire pendant une heure dans un four doux ; étant cuit de belle couleur, servez.

Vous pouvez faire des gâteaux d'amandes de la même façon, à la place de pistaches vous vous servirez d'amandes.

Différentes sortes de Gâteaux sans sucre.

Entremets.
Pour faire un gâteau au lard, prenez une livre de petit lard bien entre-lardé, coupez-le par tranches tenant à la coüene, faites-le cuire aux trois quarts dans la marmite après l'avoir ficelé ; vous le retirez après pour le mettre refroidir, ôtez-en la coüene, faites une pâte brisée avec un litron & demi de farine, très-peu de sel, un quarteron de beurre, mouillez avec de l'eau, faites une pâte un peu ferme, laissez-la reposer une demie heure ; vous abattrez la pâte avec le rouleau, mettez dans le milieu trois quarterons de beurre que vous enveloppez de la pâte, paîtrissez-la trois ou quatre tours, formez ensuite deux gâteaux d'égale grandeur, faites entrer dedans les tranches de petit lard, en appuyant avec les doigts, colez après les deux gâteaux

ensemble pour qu'ils n'en fassent qu'un, façonnez-le & le dorez avec de l'œuf battu, faites cuire une bonne heure au four, servez de belle couleur.

Les gâteaux à la Brie se font, en mettant sur le tour à pâte un demi quart de farine, faites un trou dans le milieu; vous y mettrez un quartier de fromage de Brie pilé dans un mortier avec une livre de beurre, très-peu de sel fin, six œufs, un demi verre d'eau, paîtrissez bien la pâte, laissez-la reposer, façonnez le gâteau, dorez avec de l'œuf battu, faites cuire, servez de belle couleur.

Les gâteaux à l'huile se font, en mettant sur le tour à pâte un litron de farine, un bon verre d'huile, un peu de sel, quatre œufs, un peu d'eau, paîtrissez la pâte & laissez reposer une heure; abattez-la après de l'épaisseur d'un écu, frotez avec de l'huile, ramenez les bouts l'un sur l'autre comme un feuilletage, donnez-lui quatre tours de cette façon, vous formerez après un gâteau que vous dorez avec de l'œuf battu, faites cuire au four, servez de belle couleur.

Le gâteau au ris se fait, en mettant

dans une petite marmite un quarteron de ris bien lavé, un morceau de beurre, de bon bouillon, faites cuire le ris à petit feu, mettez-y un peu de sel. Quand il est bien cuit & bien épais, laissez-le refroidir ; vous mettrez sur un tour à pâte les trois quarts d'un litron de farine avec une demie livre de beurre, un peu de sel fin, mouillez avec six œufs, pairissez la pâte. Si elle est trop épaisse, mettez-y un peu d'eau, laissez-la reposer une heure, vous la pilez après avec le ris ; quand elle sera bien mêlée, façonnez le gâteau, dorez-le & le finissez à l'ordinaire.

L'on fait aussi des gâteaux de viande de plusieurs sortes, comme de lièvres, de lapins & autres viandes, que vous servez froids, entiers ou par morceaux, en tranches, ou bien farinés & frits. La façon vous la trouverez à la tranche de bœuf en gâteau, *page 282*, vous la ferez de même.

Semelle glacée.

Entremets sucré.

Prenez de la pâte à fleurons, que vous trouverez, *page 341*, coupez-en quatre en forme de semelle à petit fourfer, dressez-les sur un platfond beurré, faites-les cuire à moitié au four, retirez-les pour les glacer avec un sucre cuit prêt à se tourner en caramel. Quand il est presque froid, vous l'étendez sur les semelles avec un couteau, remettez-les au four pour les rachever de cuire, glacez & servez.

Différentes Tartelettes.

Faites une pâte à feuilletage, vous prendrez autant de moules à petits pâtés que vous voulez faire de tartelettes, abattez votre pâte avec le rouleau de l'épaisseur d'un petit écu, coupez-la avec un coupe-pâte, mettez un de ces fonds de pâte sur chaque moule, mettez dessus telle confiture ou crême que vous jugerez à propos, comme aux tartes de feuilletage, couvrez de quelques bandes de pâte avec un petit bord autour, faites cuire au four, servez glacé avec du sucre & la pêle rouge.

Entremets sucré.

Rôties de pâte d'amandes.

Faites une pâte d'amandes, comme il est expliqué, *page 333*. Faites-en des

Entremets sucré.

petites abaisses en forme de rôties avec un petit rebord, faites-les cuire au four sur un platfond beurré; étant cuites & froides, mettez dessus une crême cuite, soit de franchipane, à la moële, de caffé, de chocolat, celle que vous voudrez, mettez-en de l'épaisseur d'un écu, couvrez avec du blanc d'œuf fouété, mêlez avec du sucre, faites colorer dans un four doux, & servez.

DE DIFFERENS ENTREMETS.

Rôties à l'Italienne.

Entre- PRENEZ la moitié d'un pain d'une
mets. livre, mollet & long, lardez-le avec des filets d'anchois & de jambon, coupez-le ensuite en rôties avec un bon couteau ou tranche-lard, mettez de l'huile dans une casserole sur un fourneau, faites-les frire. Quand elles sont de belle couleur & froides, dressez sur le plat que vous devez servir, mettez dessus un peu de gros poivre, de l'huile, vinaigre blanc, un jus de citron, servez.

Rôties de salpicon.

Faites blanchir un ris de veau que vous coupez en petits dez, mettez-le dans une casserole avec des champignons, deux culs d'artichaux cuits un quart d'heure dans l'eau & coupés en dez, passez-les sur le feu avec un morceau de beurre, persil, ciboules, échalottes hachées, mettez-y une pincée de farine, mouillez avec du bouillon, du blond de veau, sel, gros poivre. Le ragoût étant cuit & courte sauce, mettez-y trois jaunes d'œufs pour le lier davantage, mettez refroidir ; prenez des rôties de pain, que vous trempez d'un côté dans de l'œuf battu, mettez sur ce même côté du salpicon, unissez avec de l'œuf battu, faites frire de belle couleur, servez avec une sauce légere.

Rôties de différentes Légumes.

Préparez, comme pour servir avec de la viande, un ragoût, soit d'épinards, d'haricots verds, de concombres, celui qui vous plaira. Quand il est bien lié & fini de bon goût, mettez-y trois jaunes d'œufs, que vous ferez lier sur le feu pour le rendre plus épais, mettez ce ragoût sur des rôties de pain, unissez avec de l'œuf battu, pannez de mie de pain, faites frire de belle couleur, servez avec une bonne sauce un peu claire.

Différentes rôties de rognons de veau.

Entremets.

Hachez très-fin un rognon de veau cuit à la broche, avec une partie de sa graisse, mettez-y avec persil, ciboules, échalottes, sel, gros poivre, liez avec cinq jaunes d'œufs; mettez cette farce sur des rôties de pain, unissez avec de l'œuf battu, pannez de mie de pain, mettez les rôties sur une tourtiere foncée de bardes de lard, faites cuire au four, ou sous un couvercle de tourtiere. Quand elles sont cuites, essuyez-les de leur graisse, servez avec une sauce un peu claire.

Entremets sucré.

Autre façon : Prenez un rognon de veau cuit, que vous hachez très-fin avec une partie de sa graisse, mettez-le après dans le mortier pour le piler avec gros comme un œuf de pâte Royale, cinq ou six macarons, du citron verd rapé, de de la fleur d'orange pralinée en poudre, un demi quarteron de sucre, pilez bien le tout ensemble, mettez-y après cinq œufs, les blancs fouetés, mettez cet appareil sur des rôties de pain, faites cuire au four, ou sous un couvercle de tourtiere; la cuisson faite, glacez avec du sucre & la pêle rouge, servez chaudement.

Rôties aux fines herbes.

Coupez des rôties de pain que vous passez à l'huile ; quand elles sont de belle couleur, dressez-les sur le plat que vous devez servir; mettez dans une casserole persil, ciboules, échalottes hachées, du gros poivre, de l'huile, un filet de vinaigre, remuez le tout ensemble & le dressez sur les rôties, garnissez avec des filets d'anchois bien défalés, que vous arrangez proprement, servez.

Rôties meringuées.

Mettez dans une casserole un demi septier de lait, un demi quarteron de sucre, un peu de citron verd rapé, quatre macarons écrasés, faites bouillir

& réduire à un tiers, ôtez de dessus le feu, mettez-y huit jaunes d'œufs, & quatre blancs, mettez les quatre autres blancs à part, faites bouillir sur le feu. Quand ils sont presque cuits, ôtez-les de dessus le feu ; vous avez du pain coupé en rôties que vous avez fait griller au feu, mettez dessus vos œufs brouillés, prenez les blancs qui vous restent pour les fouetter en neige, mettez-y du sucre fin, couvrez-en les rôties, remettez du sucre pardessus, faites leur prendre couleur dessous un couvercle de tourtiere, & servez.

Rôties au Parmesan.

Entremets.

Prenez de la volaille cuite à la broche que vous hachez avec de la tetine de veau blanchie, mettez-la dans un mortier pour la piler avec du Parmemesan rapé, quatre œufs, les blancs fouetés, mettez cette farce sur des rôties de pain, unissez avec de l'œuf battu, pannez avec du Parmesan, faites cuire au four dessus une tourtiere foncée de bardes de lard, servez avec une sauce claire.

Rôties à la Ravigotte.

Faites blanchir un demi quart d'heure à l'eau bouillante de la fourniture de salade, vous prendrez de ces herbes chacune suivant sa force, retirez à l'eau fraîche pour les bien presser, hachez-les très-fines, prenez un morceau d'excellent beurre, que vous mêlez avec les herbes hachées, du sel, gros poivre, un petit filet de vinaigre blanc; prenez des rôties de pain que vous faites griller de belle couleur; quand elles sont froides, mettez le beurre dessus, & servez.

Rôties à la Bourgeoise.

Lardez la moitié d'un pain molet long d'une livre avec filets de jambon & d'anchois, coupez-le en rôties avec un bon couteau, trempez les rôties dans de l'œuf battu, faites-les frire à très-petit feu. Quand elles sont frites de belle couleur, mettez égouter sur un linge, servez dessous une sauce claire piquante & sans sel.

Bignets de fraises.

Entremets sucré.

Mettez dans une casserole deux poignées de farine avec un peu d'huile, un peu de sel, trois blancs d'œufs fouetés, mouillez avec un peu de vin blanc, délayez cette pâte sans être trop claire, prenez des grosses fraises épluchées, trempez-les dedans, faites frire, servez glacées avec du sucre & la pêle rouge.

Bignets de pistaches ou d'amandes.

Entremets sucré.

Mettez dans une casserole un quarteron de pistaches ou d'amandes pilées très-fines avec autant de farine, que vous délayez avec six œufs, un demi septier de crême, du sucre, du citron verd rapé, faites cuire sur le feu comme une bouillie ; la cuisson faite, passez-la dans une passoire sur du papier fariné ; vous ferez attention en la passant sur le papier de laisser du vuide, comme si elle étoit entrelassée, remettez pardessus de la farine. Quand elle est froide, coupez-la par morceaux qui soient à jour, faites frire de belle couleur, servez glacés avec du sucre & la pêle rouge. Si vous n'avez point d'amandes ni de piſtaches, vous pouvez mettre à la place un fromage à la crême bien doux, & les ferez de même.

Bignets de différentes confitures.

Prenez des confitures en marmelade, mettez-en gros comme une muſcade ſur du pain à chanter un peu mouillé, enveloppez avec, & trempez dans une pâte, comme celle des bignets de fraiſes, faites frire de belle couleur, ſervez glacés avec du ſucre & la pêle rouge. *Entremets ſucré.*

Bignets printaniers.

Faites une pâte épaiſſe avec de la farine, très-peu de ſel, trois œufs, un peu d'huile & de l'eau-de-vie, délayez le tout enſemble, trempez dedans des feuilles de vignes tendres, en les tenant par le bout des queuës, il faut que la pâte tienne après, faites frire de belle couleur, ſervez glacés avec du ſucre & la pêle rouge. Vous faites des bignets de la même façon avec des bourgeons de vigne tendre. Les bignets de ſureau ſe font de la même façon ; vous prenez *Entremets ſucré.*

des petits bouquets de fleurs de sureau que vous trempez une heure avec un peu d'eau-de-vie & du sucre, mettez les égouter; essuyez & trempez-les dans la pâte, faites frire & glacez.

Bignets découpés.

Entremets sucré.

Mettez dans une casserole une poignée de farine, que vous délayez avec sept œufs, mettez-y du citron verd rapé, de la fleur d'orange pralinée en poudre, quatre macarons écrasés, trois onces de sucre fin, délayez le tout avec une chopine de crême; prenez une tourtiere plate que vous beurrez partout, mettez dessus votre appareil de crême, faites cuire sur de la cendre chaude feu dessus & dessous sans la remuer. Quand elle est cuite & refroidie, vous la renversez à plat sur le tour à pâte fariné, détachez légerement de la tourtiere sans la rompre; vous la découperez après de la façon que vous voudrez faire les bignets, comme en losange, en bilboquet, en croix de Chevalier, ou avec des moules à pâte; de tel dessein que vous les fassiez, faites-les petits, farinez & faites frire, servez glacés avec du sucre & la pêle rouge.

Bignets de fruits.

Prenez des pêches qui ne soient pas trop mûres, si elles sont grosses vous les coupez en quatre, & les moyennes en deux, épluchez-en la peau, mettez-les dans une casserole pour les faire mariner deux ou trois heures avec de l'eau-de-vie, du sucre, de l'écorce de citron verd, un morceau de canelle, de l'eau de fleur d'orange ; après mettez égouter & les farinez, faites frire de belle couleur, servez glacés avec du sucre & la pêle rouge. Les abricots & les pommes de reinette se servent de la même façon.

Entremets sucré.

Vous faites encore des bignets de pommes en joyaux, vous les vuidez dans le milieu avec une vuidelle à pommes, ôtez-en la peau & les coupez en tranches, faites mariner comme les pêches, mettez-les égouter, & trempez dans une pâte à bierre, faites frire, servez glacés avec du sucre & la pêle rouge.

Bignets à la Suisse.

Entre-mets. Mettez dans une casserole un quarteron & demi de fromage de Gruyere haché, gros comme la moitié d'un œuf de beurre, un demi septier de lait, faites bouillir sur le feu; le fromage étant fondu, mettez-y de la farine ce que la sauce en peut boire, délayez-bien sur le feu jusqu'à ce que la pâte ne tienne plus à la casserole, mettez-la dans une autre casserole pour y délayer des œufs un à un jusqu'à ce qu'en touchant la pâte avec les doigts elle se cole après, mettez cette pâte sur un couvercle de casserole, trempez le bout du manche d'une cuilliere à dégraisser dans la friture; prenez avec de la pâte de la grosseur d'une muscade que vous mettez dans la friture moyenement chaude, faites-les frire en remuant la friture, servez sortant de la poële.

Entremets sucré. Les bignets de pâte se font de la même façon, en vous servant d'une pâte à la Royale, *page* 337.

Bignets

Bignets en couronnes.

Mettez fur un tour à pâte un demi-litron de farine avec trois quarterons de fucre en poudre, de la fleur d'orange pralinée, quatre macarons, de la rapure de citron verd, le tout bien pilé, mouillez avec des blancs d'œufs, paîtriffez la pâte; vous l'abattrez enfuite avec le rouleau de l'épaiffeur d'un petit écu, coupez-la pour en former des petites couronnes, comme celles que l'on met fur les pâtés, faites-les frire de belle couleur, fervez poudrés de fucre fin. *Entremets fucré.*

Bignets en pannade.

Coupez des morceaux de mie d'un pain molet à potage de l'épaiffeur & grandeur d'un petit écu, mettez entre deux morceaux de la crême de franchipanne épaiffe & de bon goût. Quand ils font bien colés enfemble, trempez-les dans une pâte faite avec de la farine, une cuillerée d'huile, un peu de fel, délayez avec du vin blanc, faites frire de belle couleur, fervez glacés avec du fucre & la pêle rouge. *Entremets fucré.*

Kk

Pommes en croix de Chevalier.

Entremets sucré.

Otez la peau & les trognons de quinze ou dix-huit pommes, coupez-les par petits morceaux, mettez-les cuire avec un peu d'eau, un bon morceau de sucre, de l'écorce de citron verd, un morceau de canelle. Quand elles sont cuites, ôtez le citron & la canelle, poussez-les à grand feu pour mettre les pommes en marmelade épaisse; quand elle est finie, dressez-la dans le plat que vous devez servir en forme d'une croix de Chevalier; prenez six blancs d'œufs que vous fouetez en neige, mettez y après du sucre fin que vous mêlez avec, mettez les blancs d'œufs sur les pommes, en formant toujours la croix de Chevalier, poudrez de sucre fin, faites cuire dans un four doux, ou sous un couvercle de tourtiere à petit feu; la meringue cuite de belle couleur, servez chaudement.

Pommes en surprises.

Entremets sucré.

Prenez six belles pommes de reinette que vous pelez, ôtez en un morceau en forme de couvercle, creusez le dedans de la pomme avec une petite cuilliere à caffé, remplissez la pomme avec des confitures de marmelade, remettez le couvercle dessus; toutes vos pommes étant farcies, trempez les dans une pâte à vin, faites frire de belle couleur, servez glacées avec du sucre & la pêle rouge.

Pommes en Surtout.

Préparez & farcissez six belles pommes de reinette, comme les précédentes, enveloppez-les dans une pâte à feuilletage en façon de bourse, bien soudée & façonnée, mettez-les sur un platfond pour les faire cuire au four, servez glacées avec du sucre & la pêle rouge.

Entremets sucré.

Pain à la Crême.

Chapelez un pain rond d'une livre, ôtez la mie de dedans; mettez tremper toute la croûte de dessus & dessous avec du lait & du sucre, mettez-le égouter pour le remplir avec une crême de franchipane, *voyez page* 356. Remettez la croûte de dessous comme

Entremets sucré.

s'il étoit entier, mettez dans le fond du plat que vous devez servir de la crême, le pain dessus, couvrez tout le pain avec de la même crême, poudrez du sucre dessus, faites cuire au four & bien glacé.

Pain à la Bourgeoise.

Entremets sucré.

Coupez en losange des morceaux de pain molet, faites-les tremper avec du lait, du sucre, de l'écorce de citron verd, de l'eau de fleur d'orange, mettez les égouter, farinez & faites frire de belle couleur, servez glacés avec du sucre & la pêle rouge.

Rissoles pour Entremets de différentes façons.

Entremets sucré.

Faites une pâte brisée comme pour tourte, *voyez page* 330, abattez-la sur la table de l'épaisseur d'une piéce de vingt-quatre sols, mettez dessus par petits tas de la marmelade de confitures, mouillez tout le tour, couvrez d'une autre pâte, soudez-les bien & les pincez tout autour, faites ensorte que les rissoles ne soient pas plus grosses qu'une muscade, faites-les frire de belle couleur, servez glacées avec du sucre & la pêle rouge.

Vous en pouvez faire de la même façon avec un ragoût de champignons, ou de mousserons que vous hachez, mettez-les dans une casserole avec un morceau de beurre, persil, ciboules hachées, passez-les sur le feu, mettez-y une pincée de farine, mouillez avec du bouillon, un peu de sel, faites cuire & réduire qu'il n'y ait plus de sauce, mettez y un peu de sucre, & une liaison de quatre jaunes d'œufs avec de la crême, faites lier sur le feu, que le ragoût soit bien épais, mettez-le refroidir, faites les rissoles comme les précédentes sans les glacer, servez pour entremets. *Entremets.*

Vous pouvez encore faire des rissoles avec toutes sortes de farces de viande & de hachis bien finis que vous servirez pour hors-d'œuvre. *Hors-d'œuvre.*

Des Ecrevisses.

On en distingue ordinairement de deux sortes, celles de mer, & celles de riviere ou d'eau douce. On prétend que des écrevisses de riviere celles de

Seine sont les meilleures, on les connoît en ce qu'elles ont le dessous des grosses pates rouge; les plus grosses sont les plus estimées. Les écrevisses de mer sont de beaucoup plus grosses que les autres. On regarde les *sallicoques* ou *chevrettes* comme une espece d'écrevisses de mer, quoiqu'elles n'ayent pas des pates fenduës ou des pinces & des serres, comme les autres écrevisses. En général la chair d'écrevisses nourrit beaucoup, est propre aux Hetiques & aux Phtysiques, elle est apéritive, & purifie le sang; son suc un peu visqueux la rend un peu difficile à digérer, surtout s'il est question des écrevisses de mer.

Ecrevisses à la Provençale.

Entremets.
Faites cuire des écrevisses avec de l'eau, un peu de sel, un bouquet de persil, ciboules, basilic. Quand elles sont cuites, épluchez la queuë, ôtez les petites pâtes, dressez sur le plat que vous devez servir, mettez dessus une sauce à la Provençale; mettez dans une casserole un peu de mie de pain bien fine, avec deux pains de beurre, un

peu d'huile, des fines herbes, comme perfil, ciboules, échalottes, rocamboles, le tout haché, fel, gros poivre, un peu de bouillon, faites lier fur le feu, fervez.

Ecrevisses masquées.

Prenez des écrevisses cuites au courbouillon, épluchez les queuës, ôtez les petites pates, faites une farce de foyes de volaille avec du lard rapé, ou tetine de veau blanchie, de la mie de pain, perfil, ciboules, champignons, échalottes, le tout haché, fel, gros poivre, liez de quatre jaunes d'œufs, prenez le plat que vous devez fervir, mettez de cette farce au fond, arrangez les écrevisses deffus, les queuës en dedans, couvrez les écrevisses avec de la même farce, pannez de mie de pain, faites cuire au four, ou fous un couvercle de tourtiere ; étant cuites, renverfez la graiffe, fervez avec un jus de citron.

Ecrevisses aux fines herbes.

Otez les petites pates à des écrevisses en vie, mettez-les dans une casserole avec persil, ciboules, échalottes hachées, sel, gros poivre, un verre de vin de Champagne, un demi verre d'huile, faites-les cuire à petit feu. Quand elles seront cuites, mettez-y un peu de coulis pour lier la sauce, dégraissez, servez avec un jus de citron.

Ecrevisses grillées.

Entremets.
Mettez dans une casserole des grosses écrevisses en vie, les petites pates ôtées, avec un bon morceau de beurre manié de farine, sel, gros poivre, persil, ciboules, échalottes hachées, passez-les sur le feu un demi quart d'heure, mettez-y après trois jaunes d'œufs que vous faites lier, pannez avec de la mie de pain, en leur faisant prendre toute la sauce, faites-les griller de belle couleur, arrosez-les en grillant avec un peu d'huile, servez avec un jus de citron pardessus.

Ecrevisses à la Hollandoise.

Entremets.
Prenez des grosses écrevisses en vie, ôtez-en les petites pates, mettez-les

dans une casserole avec un bon morceau de beurre manié avec un peu de farine, un bouquet de persil, ciboules, une gousse d'ail, deux cloux de gérofle, une chopine de bierre, sel, gros poivre, faites cuire. Quand elles sont cuites, ôtez le bouquet, mettez-y une pincée de persil blanchi haché, servez à courte sauce.

Ecrevisses sans façon.

Mettez dans une casserole des écrevisses en vie, les petites pates ôtées, avec un peu d'huile, sel, gros poivre, persil, ciboules, un peu d'ail, le tout haché, passez-les sur le feu, mettez-y un verre de vin blanc, faites bouillir un demi quart d'heure, servez à courte sauce avec un jus de citron.

Fromage à l'écarlate.

Prenez trente moyennes écrevisses en vie, ôtez-en les queuës, pilez les écrevisses toutes en vie; étant bien pilées, mettez-les dans une casserole avec du sel, trois demi septiers de crème, dix œufs entiers, délayez bien le tout ensemble, & le passez à l'étamine à force de bras, mettez-le après dans une autre casserole avec le jus d'un citron, faites cuire sur le feu, en le remuant toujours avec une cuilliere de bois. Quand le fromage est caillé & le petit lait formé, vous le mettez dans une passoire pour former le fromage. vous le pressez avec le cul d'une assiette pour en faire sortir le petit lait, mettez-le après sur un platfond fariné. Quand il est froid & rafermi, vous le coupez par morceaux, farinez-les & les faites frire, dressez sur le plat, servez dessus, les queuës à la sauce d'écrevisses. Vous faites bouillir un instant dans l'eau les queuës, épluchez-les, & faites cuire avec du bouillon, un demi verre de vin blanc, sel, gros poivre, mettez-y un peu de coulis, en servant un morceau de beurre d'écrevisses, que vous faites lier sur le feu sans qu'il bouille. Vous pouvez faire un peu de beurre d'écrevisses avec les coquilles des queuës; étant bien pilées, mettez-les dans une casserole avec deux pains de beurre de Vamvre, faites bouillir & passez au tamis; étant froid, mettez-le dans la sauce.

ENTREMETS.

Ecrevisses pannées à la ravigotte.

Faites cuire un demi quart d'heure avec de l'eau & du sel huit ou dix belles écrevisses, épluchez les queuës, ôtez les petites pates, mettez dans le corps dessous la coquille une farce de volaille cuite, ou de poisson; prenez du beurre chaud, délayez dedans un jaune d'œuf, trempez-y les écrevisses pour les panner de mie de pain, faites-les cuire au four, ou sous un couvercle de tourtiere, sans les faire sécher; vous pouvez les arroser légerement avec un peu d'huile: Pour la sauce, vous mettrez dans une casserole une pincée de farine, gros comme la moitié d'un œuf de beurre, des petites herbes à ravigotte blanchies & hachées, sel, gros poivre, mouillez avec un peu de restaurant, faites lier sur le feu, mettez-y un jus de citron, servez dessous les écrevisses.

Ecrevisses de différentes façons.

Mettez cuire des grosses écrevisses avec de l'eau, un demi septier de vin blanc, sel, gros poivre, un bouquet de persil, ciboules, une gousse d'ail deux cloux de gérofle, thim, laurier basilic; la cuisson faite, ôtez les petites pates, servez sur une serviette en buisson. Ces mêmes écrevisses desservies de dessus la table se mettent à différens ragoûts, comme de truffes, de champignons, de mousserons, finissez le ragoût prêt à servir, faites chauffer les écrevisses dedans & servez. Vous pouvez encore les mettre en fricassée de poulets que vous servirez avec un jus de citron.

Les grosses écrevisses se servent aussi cuites à la broche; vous en prenez des grosses en vie, que vous mettez dans une casserole, après avoir ôté les petites pates, avec des tranches d'oignons, la moitié d'un citron en tranches, persil, ciboules entieres, une feuille de laurier, sel, gros poivre, un bon morceau de beurre, un demi verre de vin blanc, mettez-les sur le feu seulement pour les faire mourir, mettez-les après égouter & refroidir; vous mettrez ensuite dans le corps dessous la coquille du beurre manié avec persil, ciboules, échalottes, le tout hahé, fel, gros poivre, thim, laurier, afilic en poudre, embrochez les écreviffes fur un hatelet, faites cuire à la roche, arrofez avec la marinade; la cuiffon faite, paffez la marinade au amis, fervez avec.

Des Huitres.

L'huitre eft une efpece de poiffon à coquille affez connu. Il faut les choifir tendres, graffes, fraiches, humides, & d'une grandeur médiocre. Elles différent en bonté felon la diverfité des lieux d'où on les tire. On prétend que celles qui fe prennent près des rivieres font plus graffes, plus délicates & de meilleur goût que les autres qui étant éloignées des rivieres, & manquant d'eau douce, font ameres, dures & de mauvais goût. Les huitres vertes d'Angleterre & de la Rochelle font recherchées pour leur délicateffe, elles font d'ordinaire un peu moins groffes que les blanches. La chair des huitres ne nourrit pas beaucoup, elle eft apéritive & reveille l'appétit. Elle provoque le fommeil, & lâche un peu le ventre; cruë elle fe digére plus aifément que cuite. Il n'eſt pas généralement vrai qu'elle ſoit péſante ſur l'eſtomac. S'il en eſt qui ayent ce reproche à lui faire, il y en a tout au moins autant qui ne peuvent s'en plaindre. Cependant l'excès immoderé, comme celui des meilleurs alimens, peut devenir pernicieux.

Huitres aux fines herbes au four.

Entremets. Prenez des huitres ce que vous jugerez à propos, mettez-les avec leurs eaux dans une caſſerole, gardez les coquilles ſi vous n'en avez point d'autres, mettez-les ſur le feu juſqu'à ce qu'elles ſoient prêtes à bouillir, mettez égouter pour en ôter le dur, paſſez la ſauce au tamis, prenez-en le plus clair que vous mettez dans une caſſerole avec du beurre, du gros poivre, perſil, ciboules, échalottes hachées, du baſilic en poudre, un peu de blond de veau, faites bouillir & réduire la ſauce, mettez les huitres dedans ſans les faire chauffer, remettez-les dans les coquilles, jettez deſſus de la chapelure de pain, faites prendre couleur au four bien chaud, ou ſur le gril, la pêle rouge deſſus, ſervez.

Huitres chaudes au naturel.

Mettez les huitres avec leurs coquilles, sans les ouvrir, dans un four bien chaud, la chaleur les fera ouvrir; ou sur le gril grand feu dessus & dessous avec la péle rouge, servez à sec.

Huitres marinées.

Maniez un morceau de beurre avec de la farine que vous mettez dans une casserole avec de l'eau, du vinaigre, un peu de sel, poivre, persil, ciboules, ail, cloux de gérofle, échalottes, thim, laurier, basilic, faites tiédir cette marinade sur le feu; vous y mettez les huitres pour les faire mariner deux heures, égoutez & essuyez avec un linge, trempez-les dans une pâte à vin, faites frire de belle couleur, servez garnies de persil frit.

Huitres dans leur sauce aux croûtons.

Prenez deux ou trois douzaines d'huitres, que vous mettez avec leurs eaux sur un tamis, un plat dessous, mettez l'eau dans une casserole avec un peu de blond de veau, un demi verre de vin blanc, persil, ciboules, échalottes hachées, du gros poivre, un pain de beurre de Vamvre, faites cuire & réduire la sauce; mettez-y après les huitres pour les faire chauffer sans qu'elles bouillent. Vous avez des croûtons de pain passés au beurre, & coupés proprement en petits ronds, mettez-les dans le ragoût pour les sauter, servez à courte sauce.

Huitres farcies dans leurs coquilles.

Entremets. Mettez dans une casserole sur le feu une douzaine de belles huitres avec leur eau; quand elles sont prêtes à bouillir, mettez-les sur un tamis, prenez l'eau des huitres que vous faites bouillir avec de la mie de pain & un demi septier de crême jusqu'à ce que la mie soit bien desséchée, mettez-la dans un mortier avec du beurre, persil, ciboules hachées, du gros poivre, quatre jaunes d'œufs, pilez le tout ensemble, mettez de cette farce dans les coquilles d'huitres, une huitre dans le milieu, couvrez-la de la même farce, pannez

pannez avec de la mie de pain, faites cuire au four, servez.

Des Moules ou Moucles.

Les moules de riviere font peu en ufage dans les alimens, parce que leur humeur vifqueufe & gluante les rend difficiles à digérer. Celles de mer font d'un ufage plus fréquent, auffi font-elles plus faines & de meilleur goût. Il faut les choifir d'une chair tendre, blanche & délicate. Elles nourriffent peu, lâchent le ventre, & l'excès en peut nuire, parce qu'elles font un peu difficiles à digérer.

Moules à la Hollandoife.

Netoyez bien des moules que vous faites ouvrir fur le feu, paffez-en l'eau légerement dans un tamis, mettez-la dans une cafferole avec du bouillon, un morceau de beurre, un peu d'huile, du gros poivre, du perfil haché, faites réduire la fauce; quand vous êtes prêt à fervir, mettez les moules chauffer dedans & fervez.

Moules aux fines herbes.

Entremets. Prenez des moules bien lavées & ouvertes sur le feu, passez leur eau dans un tamis que vous mettez dans une casserole avec un peu de coulis, un verre de vin blanc, persil, ciboules, échalottes, truffes, un peu d'ail, le tout haché très-fin, du gros poivre, un peu d'huile, faites cuire & réduire la sauce; quand vous êtes prêt à servir, mettez-y les moules pour les chauffer, servez à courte sauce & un jus de citron.

Différens menus droits en gras & en maigre.

Entremets. Mettez dans une casserole de l'oignon coupé en filets, que vous passez sur le feu avec un morceau de beurre; étant à moitié cuit, vous avez des palais de bœuf, ou une oreille de cochon cuite à l'eau & refroidie, celui que vous voudrez des deux, coupez en filets que vous mettez avec l'oignon, mouillez avec du bouillon & du blond de veau, sel, gros poivre, faites bouillir & dégraissez; le ragoût étant cuit & courte sauce, mettez-y de la moutarde, un petit filet de vinaigre.

Les menus droits maigres; vous mettez dans une casserole du beurre, un peu de farine, faites roussir sur le feu, mettez-y de l'oignon coupé en filets que vous passez dans le roux, mouillez avec du bouillon maigre, assaisonnez d'un peu de sel, gros poivre, faites cuire & réduire à courte sauce, faites une petite omelette de l'épaisseur d'un écu bien séche. Etant froide, vous la coupez en filets, mettez-la avec l'oignon, faites chauffer, mettez-y un peu de moutarde, servez.

Les menus droits de racines ou à la trape; vous prenez toutes sortes de racines cuites à moitié dans la marmite, comme panais, carottes, navets, celery, bétraves cuites au four; vous coupez le tout en filets, faites un petit roux avec de la farine & du beurre, passez dedans de l'oignon coupé en filets, étant cuit à moitié, mouillez avec du bouillon, mettez dedans tous les filets de racines, sel, gros poivre, faites cuire & réduire à courte sauce, servez avec de la moutarde & un filet de vinaigre.

Différentes gelées.

Pour faire de la gelée, celle que vous voudrez, vous mettrez dans une marmite un jaret de veau; pour la faire meilleure, vous mettrez avec un vieux coq, sinon vous ne mettrez que le jaret de veau, avec environ deux pintes d'eau, ayez soin de bien écumer, faites bouillir pendant trois heures, passez-la au tamis après l'avoir bien dégraissée, laissez reposer le bouillon, & le mettez en douceur dans une casserole pour le faire bouillir avec une tranche de citron, la peau ôtée, du sucre, de la canelle, coriandre, un grain de sel, faites bouillir une demie heure. Vous y mettrez après cinq blancs d'œufs fouetés avec les coquilles, mettez-les bouillir dans la gelée, en la remuant jusqu'à ce qu'elle soit bien claire & assez réduite pour se prendre en gelée, attachez une serviette ouvrée & mouillée, bien pressée, sur le dos d'une chaise, mettez la gelée dedans pour la passer. Si elle n'étoit pas bien claire, vous la repasserez une seconde fois, après vous la dresserez dans ce que vous voulez servir, soit gobelet, tasse ou jatte, mettez-la au frais pour la faire prendre en gelée.

La gelée de corne de cerf se fait de la même façon, en mettant dedans de la corne de cerf rapée.

La gelée de blanc-manger, vous la faites comme la premiere. Quand elle est réduite au point qu'elle se peut mettre en gelée, vous n'y mettez point de blancs d'œufs, vous avez un peu plus d'un quarteron d'amandes bien pilées, que vous délayez avec une goute de lait, mettez-les dans le bouillon de la gelée, passez-les à plusieurs fois dans une serviette ; dressez le blanc-manger dans ce que vous voulez servir, soit jate, plat, tasse ou gobelet, passez légerement dessus du papier blanc pour enlever la graisse, s'il y en a, mettez-le au frais pour faire prendre en gelée. *Entremets sucré.*

Crême légere frite.

Mettez dans une casserole trois demi septiers de lait, un demi septier de crême, du citron verd haché très-fin, de l'eau de fleurs d'orange, un morceau de sucre, faites bouillir sur le feu *Entremets sucré.*

& réduire à moitié, délayez après dix jaunes d'œufs dans la crême, passez-la au tamis, & faites cuire au bain-marie; étant cuite & refroidie, coupez-la en losange, farinez & faites frire, servez glacée avec du sucre & la pêle rouge.

Crême veloutée en rocher.

Entremets sucré. Mettez dans une casserole une pinte de lait, un peu d'écorce de citron verd, de l'eau de fleurs d'orange, un peu de canelle, de la coriandre, du sucre, faites bouillir le tout ensemble & réduire à moitié, mettez un peu refroidir; étant plus que tiéde, mettez-y des peaux de gesiers bien lavées & hachées, si vous n'en avez point, vous y mettrez un peu de pressure, passez la crême à plusieurs fois dans une serviette, mettez-la dans le plat que vous devez servir, faites-la prendre sur de la cendre chaude, couverte d'un autre plat, un peu de feu dessus; étant prise, mettez-la au frais. Quand vous êtes prêt à servir, vous prenez une chopine de crême double que vous fouetez en neige; étant bien montée, vous y mettrez du sucre fin, du citron verd rapé, dressez cette crême en forme de rocher sur la crême veloutée, servez dans le moment.

Différentes crêmes au bain-marie.

Faites bouillir & réduire à moitié une pinte de lait, un demi septier de crême, du sucre, une petite écorce de citron verd, canelle, coriandre, de l'eau de fleurs d'orange, mettez après refroidir. Vous délayez dans une autre casserole sept jaunes d'œufs, délayez avec ces œufs la crême, en la mettant petit à petit, passez au tamis, faites cuire au bain-marie couverte d'un autre plat avec un peu de feu dessus ; étant cuite, servez chaudement.

Si vous voulez faire une crême de thé ou de chocolat, vous ne mettrez que le lait & la crême, le thé ou le chocolat avec le sucre ; vous ferez réduire à moitié, & finirez de même. Pour le chocolat, vous mettrez deux jaunes d'œufs de moins & un peu moins de sucre. Celle de caffé, vous mettrez dans la crême la valeur de trois tasses de caffé que vous ferez cuire à l'eau ; tirez au clair, faites bouillir avec la crême & du sucre, & réduire à un tiers; finissez comme les autres crêmes.

Les crêmes au persil, au cerfeuil & au celery se font de même, en ne mettant que ce qu'il en faut pour leur faire prendre le goût, prenez garde qu'ils ne dominent, principalement le celery.

Crême de Ris souflée.

Entremets sucré.

Mettez dans une petite marmite un quarteron de ris bien lavé avec un demi-septier d'eau, une écorce de citron verd, faites-le crever à petit feu ; vous le mouillerez après petit à petit avec un demi septier de lait, une chopine de crême, mettez-y un grain de sel, trois onces de sucre, un peu d'eau de fleurs d'orange, faites bien cuire le ris & épais, passez-le à force de bras dans une étamine, délayez cette crême de ris avec sept blancs d'œufs fouetés en neige, dressez sur le plat que vous devez servir, faites cuire au four, ou sous un couvercle de tourtiere, poudrez le dessus avec du sucre fin, glacez avec la pêle rouge, servez.

Crême au naturel.

Faites bouillir & réduire aux deux tiers trois demi septiers de crême double avec un peu de sucre, mettez-y après cinq blancs d'œufs fouetés en neige, remettez sur le feu en remuant toujours; les blancs d'œufs étant cuits, dressez sur le plat que vous devez servir & servez froid; vous pouvez mettre dans la crême, si vous le jugez à propos, de l'eau de fleurs d'orange, ou écorce de citron verd rapé.

Entremets sucré.

Crême croquante.

Mettez dans une casserole une chopine de crême, un demi septier de lait, de l'écorce de citron verd rapé, de l'eau de fleurs d'orange, quatre macarons en poudre, faites bouillir le tout ensemble & réduire à moitié; mettez-y un demi quarteron de sucre; délayez dans une autre casserole huit jaunes d'œufs avec cette crême, en la mettant petit à petit; mettez-la sur le feu pour la faire prendre, remuez-la toujours avec une cuilliere jusqu'à ce qu'elle

Entremets sucré.

Mm

soit prise, vous l'étendrez après sur un platfond, qu'elle ne soit pas plus épaisse qu'un écu; mettez le platfond sur un trépied avec du feu dessous, passez la pêle rouge pardessus pour la faire sécher; étant séche, coupez-la par morceaux en losange ou autrement, mettez-la sur un plat pour la faire encore sécher au four jusqu'à ce qu'elle soit croquante, servez chaude ou froide, comme vous voudrez.

Crême au vin d'Espagne.

Entremets sucré.

Mettez dans une casserole une chopine de vin d'Espagne avec un peu de sucre, de l'eau de fleurs d'orange, faites bouillir à petit feu un demi quart d'heure, mettez refroidir, délayez avec huit jaunes d'œufs, passez au tamis, faites cuire au bain-marie. Vous pouvez faire des crêmes de la même façon avec du vin de Champagne, ou avec de l'eau.

Crême à l'écarlatte.

Entremets sucré.

Prenez les coquilles d'un demi cent de petites écrevisses, que vous pilez très-fines, mettez-les dans une casserole avec un petit morceau de bon beurre, passez-les sur un petit feu pendant un quart d'heure, mettez-y après une chopine de crême avec un peu de sucre, faites bouillir ensemble, ou pour le plus sûr, faites bouillir la crême avec le sucre, délayez-la avec les écrevisses sans la remettre sur le feu, mettez dedans des gesiers lavés & hachés, ou un peu de pressure, passez-la plusieurs fois à l'étamine, mettez le plat que vous devez servir sur de la cendre chaude, & la crême dedans, couvrez avec un autre plat un peu de feu dessus, quand elle est prise, mettez-la refroidir, servez.

Crême à la Moutier.

Pilez un reste de perdrix cuite à la broche avec deux rocamboles, deux échalottes, un peu de civette, quatre ou cinq feuilles d'estragon, délayez avec un demi verre de vin de Champagne, que vous avez fait bouillir avec un verre de restaurant & un peu de jus, passez le tout à l'étamine, assaisonnez de sel, fines épices, mettez-y cinq jaunes d'œufs crus, repassez une seconde fois à l'étamine, mettez cuire au bain-marie dans le plat que vous devez servir, servez cette crême qui doit être tremblante, sans être trop claire, ni trop épaisse.

Crême froide au Ris.

Entremets sucré.

Mettez dans une casserole trois onces de farine de ris, du citron verd haché, un peu d'eau de fleurs d'orange, deux amandes ameres pilées, délayez avec un demi septier de lait, mettez-y un morceau de sucre, faites cuire sur le feu en la tournant toujours; à mesure qu'elle deviendra épaisse, faites-y entrer petit à petit une chopine de crême. Quand elle aura cuit une heure à petit feu, passez-la à l'étamine, dressez sur le plat que vous devez servir, servez froide.

Crême de Ris au bouillon.

Entremets.

Délayez avec de l'excellent bouillon, un quarteron de farine de ris, mettez-y trois amandes ameres entieres, sept ou huit grains de coriandre, faites cuire à très petit feu & bien couvert; à mesure qu'elle s'épaissit, mettez-y un peu de bouillon, faites cuire une heure & demie, passez après à l'étamine, qu'elle ne soit ni trop claire, ni trop épaisse. Si le bouillon n'est point salé, vous y mettrez un peu de sel, servez chaudement.

Crême à la nompareille.

Mettez dans une casserole une chopine de crême, un demi septier de lait, un morceau de sucre, du citron verd, de la coriandre, de l'eau de fleurs d'orange, faites bouillir & réduire à moitié, délayez avec sept jaunes d'œufs, passez la crême au tamis, mettez-la cuire au bain-marie. Quand elle est cuite, mettez partout pardessus de la petite nompareille mêlée de toute couleur, mettez-la refroidir, & la recouvrez pour que la nompareille entre dedans, servez froide. — Entremets sucré.

Crême de Verdun.

Faites une crême comme la précédente; quand elle est cuite & à moitié refroidie, mettez pardessus une demie — Entremets sucré.

once d'anis de Verdun, recouvrez le plat pour faire pénetrer l'anis dedans, servez froide.

Crême à la Vestale.

Entremets sucré.
Mettez dans une casserole une chopine de crême, une chopine de lait, un morceau de sucre, un peu d'eau de fleurs d'orange, faites bouillir & réduire à un tiers ; prenez six blancs d'œufs que vous fouetez en neige, mettez-les dans la crême, faites cuire au bain-marie, servez froide.

Crême Françoise.

Entremets sucré.
Faites bouillir dans une casserole une chopine de crême, une chopine de lait, un morceau de sucre, & réduire à un tiers, délayez dans une autre casserole sept jaunes d'œufs avec quatre macarons, de la fleur d'orange pralinée, du citron confit, le tout pilé ensemble & très-fin, mettez-y la crême petit à petit en remuant avec une cuilliere, faites cuire au bain-marie, servez chaude.

Crême couverte.

Mettez dans une casserole une chopine de crême avec un demi septier de lait, un peu de sucre, du citron verd, de l'eau de fleurs d'orange, un peu de coriandre, faites cuire & réduire à moitié, délayez avec sept jaunes d'œufs, passez la crême au tamis, & faites cuire au bain-marie ; étant presque cuite, vous avez du biscuit que vous écrasez bien fin, passez-le comme de la mie de pain, couvrez en toute la crême, passez la pèle rouge dessus pour rachever de cuire, servez chaudement.

Entremets sucré.

DES OEUFS.

IL y en a autant de différentes especes qu'il y a de sortes d'animaux qui en produisent. Ceux de poule sont les plus usités en cuisine, & de tous les alimens il en est peu qui soient d'un usage si étendu. On les prépare d'une infinité de manieres, & ils entrent dans plusieurs apprêts. Ils fournissent une bonne nourriture, adoucissent les âcretés de la poitrine, & se digérent aisément. Mais il faut les choisir frais : car lorsqu'ils sont vieux, outre que souvent ils n'ont plus un goût agréable, leurs principes sont si alterés, qu'ils ne sont pas capables de produire de bons effets. La maniere de les apprêter peut aussi les rendre nuisibles. En général la façon la plus saine de les apprêter, ce sera de faire ensorte qu'ils ne soient ni trop cuits, ni trop peu. Le blanc surtout se racornit par une cuisson excessive, & devient par-là indigeste; parce que l'action du feu le dépouille de ses sucs. Il en est de même du jaune à proportion.

Omelette à la Princesse.

Entremets sucré.

Pilez dans un mortier de l'écorce de citron confite avec de la fleur d'orange pralinée & quatre macarons, mettez-les dans une casserole avec un peu de sel fin, douze œufs, une goute d'eau, battez les œufs, mettez dans une poêle un bon morceau d'excellent beurre, faites cuire l'omelette comme à l'ordinaire, dressez sur le plat, glacez avec du sucre & la pêle rouge.

Omelettes en paupiettes.

Mettez dans une casserole dix œufs, un peu de basilic, persil, ciboules, le tout haché, sel, gros poivre, faites-en trois petites omelettes. Quand elles sont cuites, roulez-les en paupiettes, faites-en deux de chaque omelette, trempez dans des œufs battus, pannez de mie de pain, faites frire de belle couleur, servez garnies de persil frit. *Hors-d'œuvre.*

Omelette à l'oseille.

Prenez de l'oseille, laitue, cerfeuil, que vous épluchez, lavez & hachez, mettez cuire avec du beurre, sel, poivre, en finissant une liaison de trois jaunes d'œufs, avec de la crême & un peu de muscade; faites une omelette de dix à douze œufs, comme à l'ordinaire, & cuite de belle couleur, mettez la farce dessus avec quelques croûtons de pain passés au beurre ; prenez le plat que vous devez servir, que vous mettez sur la poêle, renversez l'omelette proprement, servez. *Hors-d'œuvre.*

Omelette glacée au Ris.

Entremets sucré.

Delayez dans une casserole pleine une cuilliere à bouche de farine de ris avec quatre jaunes d'œufs (mettez les blancs à part) un demi septier de crême, un demi septier de lait, de l'eau de fleurs d'orange, deux macarons écrasés, du citron verd rapé, un demi quarteron de sucre, autant de beurre, faites cuire sur le feu & réduire aux deux tiers, ôtez de dessus le feu, mettez-y huit jaunes d'œufs, fouettez-en les blancs avec les quatre qui vous sont restés, mêlez le tout ensemble; beurrez une poupetonniere ou une casserole, foncez-la partout avec du papier beurré, mettez l'omelette dedans, faites cuire au four, ou sur de la cendre chaude feu dessus & dessous; étant cuite, ôtez le papier, glacez avec du sucre & la pêle rouge, servez chaudement.

Omelette à la Bechamel.

Hors-d'œuvre & Entremets.

Coupez en filets une carotte & un panais, que vous mettez dans une casserole avec deux oignons en tranches, persil, ciboules, une demie feuille de laurier, des champignons, un morceau de beurre, passez le tout sur le feu, mettez-y une bonne pincée de farine, mouillez avec un demi septier de lait, un demi septier de crême, faites cuire une demie heure, passez la sauce au tamis & la remettez sur le feu jusqu'à ce qu'elle soit réduite bien épaisse. Vous y mettrez après dix œufs, les blancs fouettés, mettez dans une poêle un quarteron de bon beurre, faites votre omelette comme à l'ordinaire, servez de belle couleur.

Omelettes aux croûtons.

Prenez des mies de pain que vous coupez proprement en filets, passez-les sur le feu avec du beurre. Vous cassez douze œufs dans une casserole, que vous assaisonnez de sel, un peu de gros poivre, persil, ciboules hachées, battez les œufs, mettez-en la moitié dans une poêle, faites l'omelette de belle couleur dessous & moëleuse dessus, arrangez-y la moitié des filets de pain dessus, roulez l'omelette, & la dressez sur le plat que vous devez

Hors d'œuvre & Entremets.

servir : Faites l'autre omelette de même façon que vous servirez dans le même plat & chaudement.

Omelettes au four au blond de veau.

Entre-mets.
Mettez dans une casserole douze œufs avec persil, ciboules, sel, un peu de gros poivre, battez bien les œufs, faites-en trois omelettes, que vous étendez chacune sur un couvercle de casserole; étant à demi froides, mettez dessus une farce de volaille cuite bien finie, roulez chaque omelette, & les mettez toutes les trois sur le plat que vous devez servir, passez dessus un doroir trempé dans de bon beurre, pannez de mie de pain, essuyez les bords du plat, faites cuire de belle couleur au four; après renversez-en la graisse, servez avec une sauce un peu claire & bien finie de blond de veau.

Omelette en pannade.

Hors-d'œuvre & Entre-mets.
Faites tremper un quart d'heure dans un poisson de crème une poignée de mie de pain passée à la passoire, avec du persil haché, muscade, sel, gros

poivre ; quand la mie de pain a bû toute la crême, vous y caffez une douzaine d'œufs, finiffez l'omelette comme les autres.

Omelettes en rôties aux filets d'Anchois.

Hachez très-fin une douzaine d'oignons, que vous paffez fur le feu avec un morceau de beurre jufqu'à leur parfaite cuiffon, mettez-y un peu de blond de veau, & faites encore cuire jufqu'à ce qu'il n'y ait plus de fauce, mettez-y du perfil haché, une liaifon de deux jaunes d'œufs, faites une ou deux omelettes avec dix ou douze œufs, affaifonnez avec peu de fel, mufcade, gros poivre, étendez-les fur un couvercle de cafferole, mettez deffus le ragoût d'oignons avec cinq ou fix anchois deffalés & coupés en filets, roulez les omelettes de la groffeur d'une canne, & coupez de longueur de trois doigts, trempez chaque morceau d'omelette dans de l'œuf battu, pannez de mie de pain, arrofez légerement avec un peu d'huile, faites prendre couleur au four, ou fous un couvercle de tourtiere. Vous avez autant de rôties de

Hors-d'œuvre & Entremets.

pain passées au beurre, que de morceaux d'omelette coupés de même façon, dressez les morceaux d'omelette sur les rôties, servez dessous une bonne sauce un peu claire avec un jus de citron.

Omelettes à la Flamande.

Hors-d'œuvre. Faites un ragoût de farce avec oseille, laituë, cerfeuil; étant fini de bon goût, mettez-y une liaison de jaunes d'œufs avec de la crême, cassez dans une casserole douze ou quinze œufs, assaisonnez de sel, muscade & gros poivre, faites quatre omelettes que vous dressez l'une sur l'autre dans le plat que vous devez servir, mettez entre chaque omelette du ragoût de farce, & finirez par une omelette, que vous arroserez de bon beurre, pannez de mie de pain; mettez tout autour des omelettes un cordon de filets de pain passés au beurre, faites-les tenir avec un peu de blanc d'œufs, faites prendre couleur au four, ou dessous un couvercle de tourtiere, servez chaudement.

Omelette au fumet.

Mettez dans une casserole deux ou trois oignons hachés très-fins, que vous passez sur le feu avec un peu de beurre jusqu'à leur parfaite cuisson; mettez-y après des foyes de gibier, soit de lapin, liévre, chevreuil, de ceux que vous voudrez, hachez-les très-fins, mettez-les cuire un moment avec l'oignon; étant cuits & refroidis, cassez-y une douzaine d'œufs, que vous assaisonnez de sel, muscade, un peu de gros poivre, battez l'omelette, & la finissez comme une autre.

Entre: mets.

Oeufs au salpicon.

Coupez en petits dez trois ou quatre oignons, des champignons, du petit lard, que vous mettez dans une casserole, & les passez sur le feu avec un peu de beurre, mettez-y une pincée de farine, mouillez moitié jus & moitié bouillon, un demi verre de vin blanc, du gros poivre, un peu de muscade, point de sel, faites cuire à petit feu, dégraissez, faites réduire à courte sauce;

Entre: mets.

mettez dans le plat que vous devez servir un peu de beurre, cassez huit œufs dessus, assaisonnez d'un peu de sel, muscade, faites cuire sur le feu, passez la pêle rouge dessus; étant cuits le jaune mollet, servez dessus le ragoût de salpicon.

Oeufs à la Prussiene.

Hors-d'œuvre & Entremets. Mettez dans le fond du plat que vous voulez servir une farce cuite, soit de volaille ou de foyes, celle que vous aurez, en gras ou en maigre, mettez-en de l'épaisseur d'un écu, cassez dessus dix œufs que vous couvrez avec du Parmesan rapé, faites-les cuire sur un fourneau à petit feu, en passant par-dessus la pêle rouge pour les glacer. Quand ils sont cuits, les jaunes mollets, renversez doucement la graisse, servez chaudement.

Oeufs pochés à la chapelure.

Hors-d'œuvre & Entremets. Faites dessecher sur le feu une poignée de mie de pain avec un demi sep-tier de lait; après qu'elle est froide, mettez-la dans un mortier avec persil, ciboules,

ciboules, échalottes hachées très-fines, sel, gros poivre, un morceau de beurre, pilez le tout ensemble, liez avec quatre jaunes d'œufs; mettez cette farce dans le fond du plat que vous devez servir, & sur la farce sept œufs entiers avec leurs coquilles, seulement pour donner la forme; mettez le plat sur un petit fourneau pour faire cuire la farce, ôtez après les œufs qui vous serviront pour faire durcir à autre chose, mettez à la place sept œufs frais pochés, avec une petite sauce légere dessus, un jus de citron, en servant poudrez de chapelure de pain.

Oeufs au petit lard, sauce au verjus.

Prenez des bardes de petit lard bien entre-lardé, que vous faites griller à très-petit feu sur le gril, coupez-les après en petits dez, faites frire huit œufs dans du sain-doux l'un après l'autre, que le jaune en soit mollet, mettez aussi frire des mies de pain autant que d'œufs coupées de la grandeur d'un petit écu, faites chauffer dans une casserole un peu de blond de veau avec du verjus, peu de sel, gros poivre,

Entremets.

le petit lard coupé en dez, dreſſez les œufs ſur les croûtons, le petit lard par-deſſus, arroſez avec la ſauce.

Oeufs au Citron.

Entre-
mets.

Mettez dans une caſſerole dix œufs, un morceau de beurre, un verre de blond de veau, ſel, gros poivre, le jus d'un citron, brouillez ſur le feu, en les remuant ſans ceſſe avec un foüet à blanc d'œuf pour les brouiller très-fins, qu'ils ne ſoient pas trop cuits, ſervez garnis de croûtons ſi vous voulez.

Oeufs aux Anchois glacés de Parmeſan.

Hors-
d'œuvre
& Entre-
mets.

Mettez dans une caſſerole dix œufs, un morceau de bon beurre, deux anchois hachés très-fins, un verre de coulis, du gros poivre, point de ſel, brouillez ſur le feu comme les précédens ; étant cuits aux trois quarts, dreſſez-les ſur le plat, poudrez de Parmeſan rapé deſſus, glacez avec la pêle rouge, ſervez garnis de croûtons frits.

Oeufs aux Gobelets.

Mettez dans une casserole dix œufs, ôtez les blancs de six, délayez les œufs avec un verre de bon consommé, un demi verre de blond de veau, sel, passez-les au tamis, prenez les gobelets que vous devez servir sur la table, emplissez-les à moitié, & les couvrez de leurs couvercles, faites cuire au bain-marie. Pour être cuits comme il faut & délicats, ils doivent être tremblans, en remuant le gobelet. *Entremets.*

Oeufs en coque sans façon.

Prenez huit œufs que vous cassez légerement par un bout, faites l'ouverture la plus petite que vous pouvez, vuidez les œufs en douceur pour faire sortir le blanc le premier, que vous mettrez à part ; ne prenez que les jaunes que vous délayez avec un peu de restaurant, & autant de blond de veau, sel, peu de poivre, passez-les au tamis ; prenez les coques que vous lavez, & appropriez l'endroit que vous avez cassé avec des ciseaux, mettez dedans *Entremets.*

votre appareil, faites-les cuire au bain-marie dans un coquetier de fer blanc fait exprès. Etant cuits, vous avez autant de grosses mies de pain rondes, que vous coupez dans le milieu avec un petit coupe-pâte à petits pâtés, mettez-y les œufs pour qu'ils se tiennent droits, servez chaudement. Vous pouvez mettre dans ces œufs différens coulis, comme vous le jugerez à propos. Vous pouvez encore servir des œufs en coque de la même façon sans faire cuire au bain-marie; vous brouillez les œufs & les faites cuire, remettez-les dans les coques, servez de même dans des mies de pain.

Oeufs au miroir aux Asperges.

Entremets.
Coupez des petites asperges en petits pois, n'en prenez que le tendre, lavez-les à plusieurs eaux, faites-les cuire un quart d'heure à l'eau bouillante, mettez-les après dans une casserole avec un bouquet de persil, ciboules, un bon morceau de beurre, passez-les sur le feu, mettez-y une pincée de farine, mouillez avec un peu d'eau, faites cuire, assaisonnez avec un peu de sel & très-

peu de sucre; la cuisson faite & plus de sauce, mettez-y une liaison de trois jaunes d'œufs avec de la crême. Ce ragoût peut vous servir pour un entremets d'asperges en petits pois.

Pour faire les œufs au miroir aux asperges, vous en faites très-peu; vous les mettez dans le fond du plat que vous devez servir, cassez dessus huit œufs, que vous assaisonnez de sel, gros poivre, un peu de muscade, faites cuire sur le feu, passez la pêle rouge, servez les jaunes mollets.

Œufs à la Crême.

Pochez sept ou huit œufs, que vous dressez dans le plat que vous devez servir, mettez dessus une sauce à la crême; mettez dans une casserole un morceau de bon beurre, du persil haché très-fin, sel, gros poivre, une pincée de farine, délayez avec un poisson de crême, faites lier sur le feu, servez sur les œufs. Vous pouvez servir dans cette même sauce à la place d'œufs pochés, des œufs durs coupés comme ceux à la tripe.

Hors-d'œuvre & Entremets.

Oeufs à la mie de pain.

Hors-d'œuvre & Entremets.

Mettez sur le plat que vous devez servir des petits morceaux de beurre, des petites tranches de mie de pain, un poisson de crême, faites migeoter sur le feu jusqu'à ce qu'il n'y ait plus de crême, mettez dessus huit œufs que vous assaisonnez avec du sel, gros poivre, muscade, faites cuire, passez la pêle rouge dessus, servez les jaunes mollets.

Oeufs en Redingotte.

Hors-d'œuvre.

Passez sur le feu dans une casserole du persil, ciboules, échalottes, champignons, le tout haché, avec un morceau de beurre, mettez-y une pincée de farine, mouillez avec du lait, mettez-y huit œufs durs coupés en tranches, assaisonnez de sel, gros poivre; quand il n'y a presque plus de sauce, dressez-les dans le plat que vous devez servir, mettez dessus une omelette qui les couvre entierement, dorez l'omelette avec un jaune d'œuf & du beurre, pannez moitié mie de pain & Parmesan, faites rendre couleur dessous un couvercle de tourtiere, servez chaudement.

Oeufs en filets glacés.

Délayez dans une casserole douze jaunes d'œufs avec un peu de sel, le quart d'un poisson d'eau-de-vie, frotez une tourtiere avec du beurre, mettez les jaunes d'œufs dessus pour les faire cuire & durcir, mettez-les refroidir pour les couper en filets, trempez dans une pâte faite avec vin blanc, un peu d'huile, du sel & de la farine, faites frire de belle couleur, glacez avec du sucre & la pêle rouge, servez chaudement.

Entremets sucré.

Oeufs à la Royale.

Mettez dans une casserole, gros comme la moitié d'un œuf, de la moële de bœuf que vous faites fondre, passez-la au tamis, & la mettez dans un mortier avec six œufs durs entiers, quatre macarons, de la fleur d'orange pralinée, un peu de sucre, du citron verd rapé, pilez le tout ensemble, & liez avec deux jaunes d'œufs crus, retirez sur un platfond pour en former des pe-

Entremets sucré.

tites boulettes, que vous trempez dans une pâte à la Royale un peu claire, la façon de la faire, vous la trouverez *page 337*, à la suite de pâte à la Reine; faites-les frire à petit feu, servez glacés avec du sucre & la pêle rouge.

Oeufs à la Genevoise.

Hors-d'œuvre & Entremets.

Prenez le plat que vous devez servir, étendez du beurre dans le fond, mettez dessus des petites tranches de fromage de Gruyere & de mies de pain, cassez dessus huits œufs, que vous ferez cuire sur un très-petit feu, passez la pêle rouge dessus ; étant cuits, les jaunes mollets, vous faites une sauce avec un morceau de bon beurre, peu de sel, gros poivre, une pincée de farine, de la muscade, mouillez avec un peu de bouillon, que la sauce soit épaisse, faites lier sur le feu, dressez sur les œufs, pannez moitié mie de pain & fromage de Gruyere rapé, repassez pardessus la pêle rouge pour donner de la couleur, servez chaudement.

Oeufs à la Crême au Parmesan.

Etendez du beurre dans le fond du plat que vous devez servir, cassez dessus huit ou dix œufs, assaisonnez légerement avec peu de sel & muscade, faites cuire sur un petit feu la pêle rouge dessus ; mettez dans une casserole un peu de beurre manié d'un peu de farine, trois jaunes d'œufs, délayez avec un poisson de crême, faites lier sur le feu, que la sauce soit épaisse, dressez sur les œufs, poudrez pardessus du Parmesan rapé, glacez avec la pêle rouge, servez les jaunes mollets.

Hors-d'œuvre & Entremets.

Oeufs à plusieurs verts.

Faites bouillir un demi quart d'heure dans de l'eau toutes sortes d'herbes & fourniture de salade, pilez-les après les avoir bien pressées, délayez avec une goûte de bouillon, passez-les au tamis ; prenez cette sauce que vous mettez dans une casserole avec un morceau de bon beurre, maniez avec un peu de farine, sel, gros poivre, faites lier sur le feu, servez sur des œufs pochés.

Hors-d'œuvre & Entremets.

Vous les servez aussi avec une sauce au jus d'oseille, mettez dans une casserole du jus d'oseille que vous avez fait en pilant de l'oseille dans un mortier, passez le jus au tamis, mettez y avec trois jaunes d'œufs crus, un morceau de beurre, sel, gros poivre, faites lier sur le feu, servez sur les œufs. La sauce au bled verd, vous la trouverez dans l'article des sauces.

Oeufs aux fines herbes.

Hors-d'œuvre & Entremets.
Mettez dans une casserole persil, ciboules, rocamboles, échalottes, le tout haché, sel, gros poivre, muscade, un demi verre de vin blanc, un morceau de beurre manié de farine, faites bouillir sur le feu un demi quart d'heure; la sauce étant liée comme il faut, dressez sur le plat huit œufs frais pochés, mettez la sauce dessus, poudrez après avec de la chapelure de pain bien fine, servez chaudement.

Oeufs au four.

Hors-d'œuvre & Entremets.
Coupez de la grandeur & épaisseur d'un écu des morceaux de mie de pain,

faites-les frire avec du beurre, dreſſez ſur le plat que vous devez ſervir; vous avez huit œufs frais pochés à l'eau & bien mollets, mettez chacun ſur un morceau de pain; mettez dans une caſſerole une pincée de farine, un morceau de beurre, perſil, ciboules hachées, ſel, fines épices, délayez avec de la crême, faites lier la ſauce ſur le feu & un peu épaiſſe, dreſſez ſur les œufs, pannez moitié mie & chapelure de pain, faites prendre couleur au four, ou deſſous un couvercle de tourtiere; en ſervant vous pouvez mettre une petite ſauce claire & de bon goût.

Œufs maſqués.

Mettez dix œufs dans une caſſerole, ôtez les blancs de trois que vous mettez à part dans une terrine; mettez avec les œufs un petit morceau de beurre, peu de ſel, un peu de ſucre, un jus de citron, un demi verre d'eau, brouillez-les ſur le feu, & les dreſſez ſur le plat que vous devez ſervir; fouetez les blancs qui vous reſtent, mettez-y du ſucre fin, étendez-les ſur les œufs, mettez le plat ſur de la cendre chaude,

Entremets.

passez la pêle rouge sur les blancs pour les glacer, servez chaudement.

Oeufs en filets aux Oignons.

Hors-d'œuvre & Entremets.
Coupez quatre oignons en filets, que vous mettez dans une casserole avec un morceau de beurre, passez-les sur le feu, mettez-y une pincée de farine, mouillez avec du bouillon, un verre de vin blanc, sel, gros poivre, faites cuire. Quand ils sont presque cuits, mettez-y persil, ciboules, une pointe d'ail, échalotes, le tout haché, faites bouillir un moment ; le ragoût fini, mettez-y chauffer huit œufs durs, les blancs coupés en filets, servez avec un filet de vinaigre blanc.

Oeufs à la Reine.

Entremets.
Mettez dans une casserole une chopine de crême, un demi septier de lait avec du sucre, du citron verd râpé, faites bouillir sur le feu & réduire à un tiers, pilez dans un mortier un peu de volaille cuite à la broche avec six amandes douces & deux ameres, délayez après avec sept jaunes d'œufs

& la crême, passez le tout ensemble dans une étamine, faites-les cuire au bain-marie dans le plat que vous devez servir. Quand ils sont cuits, bien blancs & un peu tremblans, servez-les chauds ou froids, comme vous le jugerez à propos.

Oeufs en caisses au Parmesan.

Faites huit petites caisses de papier de la grandeur d'un œuf, frotez le dessous avec un peu d'huile, mettez dans le fond de chaque caisse du beurre de l'épaisseur d'une lame de couteau, mettez dessus de la mie de pain & du fromage de Parmesan rapé, cassez un œuf dessus, assaisonnez avec un peu de gros poivre & muscade, soupoudrez l'œuf de Parmesan & mie de pain, mettez toutes les petites caisses sur une tourtiere, faites cuire à petit feu, passez pardessus la pêle rouge, ou un couvercle de tourtiere avec du feu; quand ils sont cuits, les jaunes mollets, servez.

Hors-d'œuvre & Entremets.

Oeufs au fumet.

Entremets. Mettez dans une casserole des carcasses de faisans, de perdrix ou de lapin, de tel gibier que vous voudrez, dont vous aurez tiré les filets pour faire des entrées, faites-les suer avec un peu de lard, racines, oignons; étant prêts à s'attacher, mouillez avec du bouillon, du blond de veau, faites bouillir & réduire à deux bons verres, passez-les au tamis, délayez avec sept jaunes d'œufs, repassez-les au tamis, assaisonnez de sel, gros poivre, faites cuire au bain-marie, servez-les un peu tremblans.

Oeufs à la Gascogne.

Entremets. Faites bouillir un demi quart d'heure dans l'eau douze gousses d'ail, mettez-les égouter, & pilez avec du gros poivre, une demie poignée de capres, trois anchois, peu de sel; étant bien pilés, délayez avec de l'huile, dressez sur le plat que vous devez servir, mettez dessus des œufs pochés à l'eau, ou des œufs durs les jaunes mollets, servez froids.

Oeufs à la liaison au verjus de grain.

Mettez dans une casserole un quarteron de ruelle de veau coupée en dez, un bouquet de persil, ciboules, une gousse d'ail, quelques champignons, un morceau de beurre, passez sur le feu, mettez-y une pincée de farine, mouillez avec du bouillon, faites cuire une demie heure ; la sauce étant réduite, passez-la au tamis, vous avez du verjus en grain, que vous faites bouillir un instant à l'eau, mettez-le égouter, dressez des œufs pochés à l'eau, & qu'ils soient chauds, sur le plat que vous devez servir, mettez autour le verjus en grain, liez la sauce avec trois jaunes d'œufs délayés dans du verjus, sel, gros poivre, servez sur les œufs.

Entremets.

Oeufs à l'étuvée.

Faites cuire un quart d'heure dans de l'eau, des petits oignons blancs, vous faites un petit roux de beurre & de farine, passez les oignons dedans, mouillez avec un demi septier de vin, du bouillon, mettez-y des œufs de

Hors-d'œuvre.

carpes, faites cuire; la cuisson faite, mettez-y des capres fines entieres, un anchois haché, sel, gros poivre, dressez sur le plat que vous devez servir huit œufs pochés frits à la friture maigre un à un, mettez la sauce pardessus, le ragoût autour, garnissez de croûtons de pain frits.

Oeufs à la Moutarde.

Hors-d'œuvre & Entremets.

Coupez en filets trois ou quatre oignons, que vous mettez dans une casserole avec un morceau de beurre, passez-les sur le feu, mettez-y une pincée de farine, mouillez avec un demi septier de vin rouge, du bouillon, sel, gros poivre, faites cuire & réduire la sauce un peu courte ; prenez huit œufs durs, coupez les blancs en filets, laissez les jaunes entiers, mettez les œufs dans la sauce pour leur faire prendre du goût ; en servant mettez y un filet de vinaigre & de la moutarde.

Oeufs à la Conti.

Entremets.

Mettez dans une casserole douze œufs, ôtez les blancs de six, avec quatre macarons, de la fleur d'orange pralinée, du citron verd, le tout haché très-fin, du sucre en poudre, très-peu de sel, un demi quarteron d'excellent beurre, que vous faites fondre, battez le tout ensemble comme une omelette, faites cuire au bain-marie; étant presque cuit, glacez avec du sucre & la pêle rouge.

Oeufs à la Villeroy.

Mettez dans une casserole sept ou huit oignons coupés en dez, passez-les sur le feu avec un morceau de beurre, mettez-y une bonne pincée de farine, mouillez avec une chopine de crême, faites cuire & réduire, qu'il ne reste point de sauce, cassez dedans douze œufs, les blancs foüetés, sel, poivre, battez le tout ensemble comme une omelette; prenez une poupetonniere que vous beurrez partout, foncez-la de papier beurré, mettez dedans les œufs, faites cuire au four ou dessus de la cendre chaude, couverts d'un couvercle avec du feu dessus. Quand ils sont cuits, renversez dessus le plat que vous devez servir, ôtez le papier,

Hors-d'œuvre & Entremets.

servez avec une bonne sauce un peu claire & de bon goût.

DU POISSON D'EAU DOUCE
ET DE MER.

De la Carpe & de la Braime.

La carpe est un poisson d'eau douce fort connu. Les marais & les étangs en fournissent en abondance, mais celles de riviere, surtout de Seine, sont les plus estimées, parce qu'elles ne sentent pas la bourbe. Les plus grosses & d'une couleur jaunâtre sont pour l'ordinaire les meilleures & les plus saines, surtout si elles sont grasses & bien nourries. La langue en est le morceau le plus estimé & le plus délicat : sa chair donne un aliment qui nourrit médiocrement, & n'est pas de difficile digestion.

La braime est aussi un poisson d'eau douce qui se nourrit des mêmes alimens que la carpe, à laquelle elle ressemble beaucoup par sa figure, quoiqu'elle soit un peu plate. Sa chair un peu molle & tendre a les mêmes qualités que celle de la carpe, & s'apprête de la même maniere.

Carpe au naturel.

Prenez une belle carpe que vous écaillez & vuidez, maniez un bon morceau de beurre avec persil, ciboules, rocamboles, échalottes, le tout haché, sel, gros poivre, mettez-le dans le corps de la carpe, mettez la carpe dans une poissonniere après l'avoir ficelée, faites la cuire avec du bouillon, une pinte de vin rouge, un morceau de beurre, la moitié d'un citron en tranches, tranches d'oignons & de racines, cloux de gérofle, thim, laurier, basilic ; la carpe étant cuite, passez la cuisson au tamis, & la faites réduire au point d'une sauce, dressez la carpe sur le plat, ôtez la ficelle, & servez la sauce dessus. Entrée.

Carpe à la Provençale.

Mettez dans une casserole une carpe coupée par tronçons avec de l'huile, une chopine de vin, un petit morceau de beurre manié de farine, sel, gros Entrée.

poivre, persil, ciboules, échalottes, champignons, le tout haché, faites cuire & réduire à courte sauce, servez.

Carpe farcie à la Sainte-Menehould.

Entrée. Ecaillez & vuidez une belle carpe, détachez légerement la peau d'avec la chair sans la déchirer, il faut qu'elle tienne à la tête & à la queuë, ôtez toute la chair du dedans avec l'arrête, hachez la chair, mettez dans une casserole une chopine de lait, deux poignées de mie de pain, faites bouillir & réduire jusqu'à ce que la mie soit bien épaisse, sur la fin remuez toujours pour ne pas laisser attacher à la casserole; étant froide, mettez-la dans un mortier avec la chair de carpe hachée, persil, ciboules, champignons, échalottes, le tout haché, un morceau de beurre, sel, fines épices, pilez le tout ensemble, mettez-y cinq jaunes d'œufs, le quart d'un poisson d'eau-de-vie, mettez après cette farce dans la peau de la carpe, cousez & la dressez dans le plat que vous devez servir beurré dans le fond, mettez sur la carpe une sauce bien épaisse faite avec un bon morceau de beurre, une pincée de farine, trois jaunes d'œufs, mouillez avec un demi poisson de crême, sel, fines épices, faites lier sur le feu, mettez-en partout sur la carpe, pannez avec beaucoup de mie de pain, arrosez la mie de pain avec de l'huile, faites cuire au four. Quand elle est cuite de belle couleur, ôtez la ficelle, netoyez le plat, servez dessous une bonne sauce bien finie, ou un ragoût maigre de laitances de carpe. Si c'est en gras, vous mettrez un ragoût de ris de veau ou de foyes gras, le ragoût que vous jugerez à propos.

Carpe à l'Angloise.

Coupez une carpe par tronçons, *Entrée.* comme pour l'étuvée, mettez-la dans une casserole avec persil, ciboules, échalottes, tranches d'oignons, thim, laurier, basilic, le tout entier, sel, gros poivre, mouillez avec une pinte de bierre, un demi poisson d'eau-de-vie, faites cuire à grand feu ; la carpe étant cuite, dressez-la sur le plat que vous devez servir, passez la sauce au tamis, mettez dedans un morceau de beurre manié de farine, un peu de coulis si vous en avez, faites lier sur le feu, servez à courte sauce sur la carpe avec un jus de citron. Vous pouvez mettre de cette façon toutes sortes de poisson.

Etuvée à la Flamande.

Entrée. Prenez une belle carpe que vous écaillez, vuidez, mettez-la entiere dans une poissonniere avec tranches d'oignons, filets de racines, persil, ciboules, thim, laurier, basilic, le tout entier, sel, gros poivre, une pinte de vin rouge, un bon morceau de beurre manié de deux pincées de farine, un peu de vinaigre, faites cuire ; après dressez la carpe sur le plat que vous devez servir, passez sa cuisson au tamis, faites-la réduire au point d'une sauce, mettez-y un anchois haché, capres fines entieres, servez sur la carpe.

Pains de Carpe à la sauce à la Carpe.

Entrée. Ecaillez deux moyennes carpes, après les avoir vuidées, levez-en les peaux entieres sans les déchirer, prenez la chair que vous coupez par filets;

faites quatre rôties de pain en ronds un peu grandes; vous avez une bonne farce maigre bien affaifonnée, mettez-en fur chaque rôtie; après vous mettrez fur la farce un lit de filets de carpe, un lit de farce, continuez de cette façon jufqu'à la fin, en finiffant par la farce. Si vous avez des laitances ou des truffes, vous en mettrez avec les filets de carpes, couvrez le deffus avec la peau des carpes, trempez dans de l'œuf battu, humectez le deffus avec du beurre, pannez de mie de pain, faites cuire au four, fervez avec une fauce à la carpe. Vous ferez la fauce avec les débris des carpes, vous trouverez la façon de la faire dans l'article des fauces.

Filets de Carpes aux fines herbes.

Otez la peau de deux carpes, coupez la chair en filets, mettez les débris des carpes dans une cafferole, que vous faites fuer avec du beurre, tranches d'oignons & racines, mouillez avec un demi-feptier de vin blanc, du coulis maigre, faites cuire & paffez après au tamis; mettez dans cette fauce les filets

Hors-
d'œuvre
& entrée.

de carpes avec un peu de beurre, persil, ciboules, échalottes, champignons, le tout haché, sel, gros poivre, faites cuire à petit feu, & réduire à courte sauce, mettez-y un jus de citron, & servez.

Carpe à la braise en ragoût.

Entrée. Prenez une belle carpe, que vous écaillez & vuidez par les oüies, faites entrer dans le corps un bon morceau de beurre manié avec persil, ciboules, échalottes hachées, thim, laurier, basilic en poudre, sel, gros poivre, enveloppez la carpe avec un linge blanc; mettez dans une casserole, tranches d'oignons, de veau, jambon, racines, quelques bardes de lard, faites suer sur le feu; étant prêts de s'attacher, mouillez avec du bouillon, mettez-y un bouquet de persil, ciboules, une gousse d'ail, trois cloux de gérofle, thim, laurier, basilic, faites cuire à petit feu pendant une heure, & les mettrez après dans une poissonniere avec la carpe & une chopine de vin blanc, sel, poivre, faites cuire. Quand la carpe sera cuite, vous pouvez la servir avec telle sauce ou ragoût que vous voudrez.

Carpe au salpicon glacée.

Entrée.

Ecaillez & vuidez par les oüies une moyenne carpe, faites un salpicon avec un ris de veau blanchi que vous coupez en dez, des champignons, quelques foyes gras, un bouquet, un peu de beurre, passez sur le feu, mettez-y une pincée de farine, mouillez avec un peu de blond de veau, un demi-septier de vin blanc, sel, gros poivre, faites cuire, dégraissez, & réduire à courte sauce; prenez la carpe que vous avez vuidée, ôtez la peau d'un côté pour la piquer de menu lard, mettez après le ragoût dans le corps de la carpe, foncez une tourtiere avec des bardes de lard, mettez la carpe dessus, enveloppez-la de deux feuilles de papier bien beurrés, & faites cuire au four. Quand elle est cuite, vous avez une glace faite avec une livre de ruelle de veau & bon bouillon, que vous faites cuire & passer au tamis, faites réduire en glace, glacez-en tout le dessus de la carpe, mettez dans le restant de la casserole un peu de bouillon, du blond de veau, détachez ce qui reste, passez au tamis, mettez-y un jus de citron, sel, gros poivre, servez dessous la carpe.

Carpe à la Tartare.

Entrée. Prenez une carpe que vous écaillez, & vuidez par les oüies, mettez dans le corps un bon morceau de beurre manié de persil, ciboules, échalottes hachées, sel, gros poivre, cousez-la & mettez mariner avec de l'huile, persil, ciboules & une gousse d'ail entiere, sel, gros poivre, enveloppez-la dans deux feuilles de papier avec toute sa marinade, huilez le papier en dehors, faites cuire sur le gril; vous servirez la carpe à sec après avoir ôté le papier & la ficelle, mettez une remoulade dans une sauciere, que vous faites avec persil, ciboules hachées, sel, gros poivre, capres & anchois hachés, délayez avec de la moutarde, huile & vinaigre.

Vous pouvez mettre de cette façon toutes sortes de poissons qui se servent grillés.

De la Perche.

Je ne parlerai pas de la perche de mer qui est plus petite que celle d'eau douce, & d'une couleur rougeâtre & tirant sur le noir, parce que sa chair est dure, de mauvais goût, & difficile à digérer. L'autre espece se trouve dans les marais & les étangs, mais celle de riviere est préférable, & n'est pas sujette à sentir la bourbe. Il faut la choisir de moyenne grosseur, pour qu'elle ne soit ni trop vieille ni trop jeune, & bien grasse. Sa chair qui doit être tendre & ferme fournit un bon aliment aisé à digérer.

Perches dans leur sauce.

Vuidez & lavez deux ou trois perches, suivant qu'elles sont grosses, mettez-les dans une casserole avec un morceau de beurre manié de farine, de l'eau, tranches d'oignons & de racines, sel, gros poivre, persil, ciboules entières, thim, laurier, basilic, faites cuire à petit feu; la cuisson faite, retirez-les pour éplucher leurs écailles,

Entrée.

dressez sur le plat que vous devez servir, passez la sauce au tamis, faites réduire si elle est trop longue, servez sur les perches.

Perches grillées.

Entrée. Ecaillez & vuidez des perches, faites-les mariner avec de l'huile, sel, gros poivre, persil, ciboules, ail, échalottes, thim, laurier, basilic, le tout entier, faites-les griller avec leur marinade bien enveloppées de papier. Quand elles sont cuites, vous les dressez dans le plat que vous devez servir, servez dessus une sauce faite avec du coulis, un morceau de beurre, sel, gros poivre, faites lier sur le feu, mettez-y un jus de citron. Si vous ne voulez point les faire cuire dans du papier, pannez de mie de pain, arrosez avec leur marinade, faites griller ; vous mettrez la sauce un peu claire dans le fond du plat, & les perches dessus.

Perches à la sauce au Vertpré.

Entrée. Prenez des perches que vous vuidez, ôtez la moitié des œufs, mettez-les dans une casserole avec une chopine de vin blanc, un peu de bouillon, persil, ciboules, une gousse d'ail, thim, laurier, basilic, tranches d'oignons, sel, gros poivre, faites-les cuire. Quand elles sont cuites, ôtez-les pour les éplucher, & dressez sur le plat, passez le courtbouillon au tamis, faites-le réduire au point d'une sauce. S'il est trop salé, vous n'en prendrez qu'une partie; mettez dans cette sauce un morceau de beurre manié de farine, faites lier sur le feu; en servant, mettez-y une bonne pincée de persil blanchi haché, servez dessus les perches.

Perches à l'étuvée.

Faites cuire des perches dans un courtbouillon, comme les précedentes, faites un petit roux dans une casserole avec un peu de beurre & farine, mouillez avec du bouillon sans sel, mettez-y des petits oignons blanchis que vous faites cuire aux trois quarts, passez les deux tiers du courtbouillon dans le ragoût d'oignons, achevez de faire cuire, dressez les perches sur le plat après les avoir épluchées, le ragoût d'oignons autour, garnissez de croûtons frits.

Entrée.

Perches de plusieurs façons.

Rôt.
Les perches cuites au courtbouillon, comme les précédentes, se servent avec leurs écailles sur une serviette pour un plat de rôt. Si vous voulez les servir avec un ragoût, vous les épluchez de leurs écailles, & servez avec un ragoût & coulis d'écrevisses, ou telle ragoût que vous jugez à propos. Si vous vou-

Entrée. lez les servir frites, vous les écaillez & vuidez, ciselez-les des deux côtés, farinez, faites frire de belle couleur,

Hors-d'œuvre. servez sur une serviette. Quand elles sont cuites au courtbouillon & froides, vous en tirez des filets que vous mettez à différentes sauces.

DE LA TRUITE.

Il y a plusieurs espèces de truites qui différent par leur grosseur & leur couleur, car les unes sont d'une couleur dorée, d'autres rougeâtres, & d'autres noirâtres, ce qui peut venir de la qualité des lieux qu'elles habitent. La saumonée est plus grande que les autres, & ressemble plus au saumon, quoiqu'elle soit moins grosse. Elles ont presque toutes, à moins qu'elles ne soient fort jeunes, de petites taches rouges sur la peau. Leur chair est rougeâtre, ferme, & d'un goût excellent, surtout si elles sont saumonées, ou prises dans des rivieres ou dans des eaux limpides. C'est un aliment sain & qui se digére aisément. On prétend que la truite est meilleure en Eté qu'en toute autre saison, & qu'en Hyver elle perd presqu'entierement son goût exquis.

L'ombre est aussi une espece de truite, quoiqu'elle ne soit jamais si grosse que les truites ordinaires. Il ne s'en trouve que dans certaines rivieres & en certain tems de l'année : sa grosseur approche de celle du harang ; mais pour le goût, elle ne cede en rien à la truite commune au jugement de quelques-uns.

Truite à l'Espagnole.

Ecaillez & vuidez par les oüies une truite, mettez dans le corps un morceau de beurre manié de persil, ciboules, échalottes hachées, sel, gros poivre, faites-la mariner avec de l'huile,

Entrée.

persil, ciboules, une gousse d'ail, thim, laurier, basilic, sel, gros poivre, faites-la cuire sur le gril avec toute sa marinade enveloppée de deux feuilles de papier ; la cuisson faite, ôtez le papier avec toutes les fines herbes, dressez sur le plat, servez dessus une sauce à l'Espagnole. Vous trouverez la façon de la faire dans l'article des sauces.

Truite au gros sel.

Rôt. Prenez une belle truite, que vous vuidez sans l'écailler, faites partout des petits trous pour y faire entrer des grains de gros sel, laissez-la une demie journée dans le sel sans la faire cuire ; vous l'enveloppez après dans une serviette pour la mettre cuire dans une poissonniere avec une pinte de vin rouge, un morceau de beurre, du bouillon, persil, ciboules, échalottes, une gousse d'ail, trois clous de gérofle, thim, laurier, basilic, faites cuire & servez sur une serviette pour un plat de rôt. Si vous ne voulez point mettre de vin rouge, vous n'y mettrez que du bouillon avec la moitié d'un citron coupé en tranche, la peau ôtée.

De

De cette même truite, quand elle est *Entrée.* desservie de dessus la table, vous en tirez des filets que vous mettez à différentes sauces.

Filets de Truites à la chapelure.

Mettez dans une casserole un peu *Entrée.* de mie de pain bien fine, un morceau de bon beurre, persil, ciboules, échalottes, le tout haché, sel, fines épices, un verre de bon vin blanc, autant de bon bouillon, faites bouillir & réduire au point d'une sauce. Vous prenez deux moyennes truites, que vous écaillez & vuidez, levez-en les filets que vous faites cuire avec un peu de bouillon, jus de citron, sel, gros poivre, laissez cuire & réduire qu'il n'y ait plus de sauce, mettez-les dans le plat que vous devez servir, la sauce que vous avez faite pardessus, poudrez avec de la chapelure de pain fine, & servez.

Truite glacée au gratin.

Ecaillez & vuidez une belle truite, *Entrée.* piquez-la d'un côté avec du lard fin, mettez dans le corps une farce, ou un

Qq

ragoût de salpicon cuit, faites bouillir la truite un instant avec une chopine de vin blanc ; prenez le plat que vous devez servir, mettez dans le fond une farce faite avec des foyes de volaille, persil, ciboules, champignons, une pointe d'ail, du lard rapé, trois jaunes d'œufs, sel, gros poivre, mettez la truite dessus, assaisonnez-la légerement & la couvrez de bardes de lard & feuilles de papier, faites cuire au four ; la cuisson faite, vous la glacez avec une glace de veau, comme pour un fricandeau ; vous mettrez dans la casserole où étoit la glace, le vin où vous avez fait bouillir la truite, avec un peu de blond de veau, détachez ce qui reste, & faites réduire au point d'une sauce, passez-la au tamis, mettez-y sel, gros poivre, servez sur le gratin.

Truites au Vertpré.

Entrée. Prenez une ou deux truites, que vous écaillez & vuidez, mettez-les dans une casserole avec une chopine de vin blanc, de l'eau, un peu de beurre, persil, ciboules, tranches d'oignons, de racines, sel, fines épices, un gousse d'ail, faites cuire ; après passez une partie de leur courtbouillon, que vous faites réduire au point d'une sauce, mettez-y un morceau de beurre manié de farine, faites lier sur le feu ; en servant vous y mettrez une bonne pincée de persil blanchi haché, servez dessus les truites.

Truites au four lardées d'Anchois.

Lardez avec des petits filets d'anchois une ou deux truites, suivant leur grosseur, après les avoir écaillées & vuidées, mettez-les sur un plat pour les faire mariner avec de l'huile, persil, ciboules, échalottes, le tout haché, un peu de gros poivre, point de sel, trempez les truites dans leur marinade, & pannez avec de la mie de pain, faites cuire au four, en les arrosant de tems en tems & légerement avec le restant de leur marinade ; mettez dans une casserole un morceau de beurre, que vous faites lier avec du coulis maigre, assaisonnez légerement, mettez-y un jus de citron, servez dessous les truites.

Entrée

De la Tanche.

C'est un poisson d'eau douce qui habite plus volontiers les marais & les eaux bourbeuses que les rivieres. Aussi est-il assez ordinaire qu'il sente la bourbe. Celui que l'on pêche dans les rivieres ou dans les eaux claires est d'assez bon goût, mais comme il abonde en sucs visqueux & grossiers, l'usage fréquent en peut être nuisible.

Tanches aux fines herbes.

Entrée. Limonez & vuidez des tanches que vous faites mariner avec de l'huile, persil, ciboules, échalotes, rocambole, le tout haché, thim, laurier, basilic en poudre, sel, gros poivre, mettez-les dans deux feuilles de papier bien enveloppées avec toute leur marinade, faites cuire sur le gril, ôtez le papier pour les dresser sur le plat, servez dessus telle sauce que vous jugerez à propos.

Tanches frites en ragoût.

Prenez des tanches que vous limonez, coupez-en les nâgeoires & le bout de la queuë, ouvrez-les par le dos pour les vuider, & ôtez l'arrête du milieu, prenez-en la chair pour en faire une farce avec de la mie de pain desséchée sur le feu avec du lait ; étant froide, mettez-la dans le mortier avec la chair des tanches hachée, un morceau de beurre, persil, ciboules, échalottes, le tout haché, sel, gros poivre, un peu d'eau-de-vie, liez de quatre jaunes d'œufs, mettez cette farce dans le corps des tanches, cousez-les & farinez, faites frire de belle couleur, servez avec tel ragoût maigre que vous jugerez à propos. *Entrée.*

Tanches en Matelotte au blanc.

Mettez dans une casserole un morceau de beurre, une douzaine de petits oignons blancs blanchis un quart d'heure dans l'eau bouillante, des champignons, un bouquet de persil, ciboules, une gousse d'ail, trois cloux de gérofle, *Entrée.*

thim, laurier, basilic, passez sur le feu, mettez-y une pincée de farine, mouillez avec une chopine de vin blanc, sel, gros poivre, faites bouillir un quart d'heure à petit feu, après mettez-y des tanches coupées par tronçons; la cuisson faite, mettez une liaison de trois jaunes d'œufs avec de la crême, un anchois haché, capres fines entieres, faites lier sur le feu, servez garnies de croûtons passés au beurre.

Tanches pannées à la sauce hachée.

Entrée. Farcissez des tanches, comme celles qui sont frites en ragoût, faites-les mariner avec de l'huile, persil, ciboules, sel, gros poivre, pannez de mie de pain, & faites cuire au four sur le plat que vous devez servir, arrosez-les légerement de leur marinade; la cuisson faite, égoutez le beurre qui est dans le plat, essuyez-en les bords, servez avec une sauce hachée. Vous mettez dans une casserole un peu de beurre, persil, ciboules, champignons, échalottes, le tout haché, passez sur le feu, mettez-y un peu de coulis, un verre de vin blanc, sel, gros poivre, faites cuire à petit feu & dégraissez, servez avec un jus de citron.

Tanches à la Bourgeoise.

Limonez & vuidez des tanches, mettez-les sur le plat que vous devez servir avec un verre de vin blanc, sel, gros poivre, un morceau de beurre, persil, ciboules, échalottes, rocamboles, le tout haché, couvrez-les d'un autre plat, & faites cuire sur un petit feu, en les retournant de tems en tems; la cuisson faite, mettez-y un filet de verjus, netoyez les bords du plat avec un linge mouillé, servez chaudement. *Entrée.*

DE LA TORTUE.

Il y a deux especes générales de tortuës, les terrestres & les aquatiques. Les premieres se trouvent dans les forêts, sur les montagnes, & dans les jardins, où elles se nourrissent de fruits, d'herbes, & d'insectes. Les aquatiques peuvent se diviser en trois classes, dont l'une comprend celles de mer; la seconde celles des rivieres & des eaux douces & limpides; la troisiéme celles que l'on trouve dans des lieux bourbeux & marécageux. La tortuë aquatique est un animal amphibie, c'est-à-dire, qui vit fur la terre & dans l'eau car, soit qu'elle habite les mers ou les rivieres où elle se nourrit de coquillages & de poissons, elle ne laisse pas de venir sur la terre paître les herbes qu'elle y trouve. Au rapport des Voyageurs, il y a des Païs où l'on voit des tortuës d'une grosseur énorme. La chair de tortuë est pectorale, nourrissante, convenable aux Hetiques & Phtysiques, & d'un suc qui approche de celle du bœuf, mais elle est un peu pésante & difficile à digérer. Elle se sert dans une compote de pigeons, ou seule au blanc & au courtbouillon.

Du Brochet.

Le brochet est un poisson d'eau douce qui est assez commun. On en trouve dans les étangs & dans les rivieres, mais celui des rivieres ou des eaux claires est bien préférable. Il le faut choisir gros, gras, d'une chair blanche & ferme. Il nourrit médiocrement, & n'est pas difficile à digérer. On prétend qu'il faut prendre garde de manger les œufs du brochet, parce que souvent ils excitent des nausées, & purgent quelquefois assez violemment.

Brochet au persil.

Mettez dans une casserole un brochet écaillé & coupé par tronçons, avec une racine de persil entiere, du persil haché, sel, gros poivre, des champignons, un morceau de beurre manié de farine, un demi-septier de vin blanc, autant de bouillon maigre, faites cuire & réduire au point d'une sauce, ôtez la racine de persil & servez. Quand les brochets sont gros il faut les tuer & les laisser mortifier un jour pour qu'ils ne soient pas coriasses.

Entrée.

Les gros brochets se peuvent servir en dauphin; vous les écaillez, vuidez & faites mariner avec de l'huile, fines herbes entieres, sel, fines épices, vous leur passez un hatelet de fer par les yeux & le milieu du corps, en les faisant tortiller comme un dauphin, la tête d'un côté & la queuë de l'autre, faites-le cuire au four en l'arrosant de sa marinade; vous le servirez avec une sauce aux capres & anchois, ou telle sauce que vous voudrez.

Gros Brochet en gras & en maigre, à la broche.

Entrée. Ecaillez & vuidez un gros brochet, laissez-le mortifier; si c'est en maigre, vous le larderez avec des filets d'anchois & de cornichons, en gras avec des lardons de lard maniés avec du sel, fines épices, persil, ciboules hachées, farcissez le dedans du brochet avec une farce grasse ou maigre, enveloppez avec du papier beurré & des fines herbes entieres, comme persil, ciboules, thim, laûrier, basilic, sel, fines épices, embrochez-le dans un grand hatelet & l'attachez à la broche, mettez de l'autre côté un hatelet pour le soutenir; vous l'arroserez en cuisant avec un demi-septier de vin blanc, & une demie livre de beurre; la cuisson faite, vous le servirez avec une sauce liée & piquante.

Brochet à la Sainte-Menehould.

Entrée. Prenez un brochet que vous écaillez & vuidez, lardez le de lardons assaisonnés de sel, fines épices, persil, ciboules, échalottes hachées, foncez une poisfonniere de tranches de veau & jambon, mettez le brochet dessus, couvrez-le de bardes de lard, tranches d'oignons, de panais, de carottes, un bouquet de persil, ciboules, ail, trois cloux de gérofle, couvrez bien la poissonniere & faites suer ; après vous mouillez avec une chopine de vin blanc, autant de bouillon, faites cuire. Quand il sera cuit, mettez le brochet sur le plat que vous devez servir, prenez le gras de la cuisson, que vous mettez dans une casserole avec un jaune d'œuf, délayez ensemble, arrosez le brochet avec, & pannez de mie de pain, faites prendre couleur au four ; passez la cuisson du brochet dans un tamis, dégraissez, mettez-y du blond de veau, faites réduire au point d'une sauce, faites attention qu'elle ne soit pas trop salée, servez avec un jus de citron dessous le brochet.

Brochets à la Tartare.

Ecaillez & vuidez deux petits brochets, faites-les mariner avec de l'huile, persil, ciboules, échalottes hachées, sel, gros poivre, trempez bien dans

Entrée.

la marinade pour les panner de mie de pain, faites griller en les arrosant de leur marinade; servez à sec, une remoulade dans une sauciere.

Brochet en petits Grenadins.

Entrée. Mettez dans une casserole une demie livre de ruelle de veau, que vous avez fait blanchir un instant à l'eau bouillante & coupée en dez, avec une chopine de vin blanc, autant de bouillon, un bouquet de persil, ciboules, une gousse d'ail, trois cloux de gérofle, thim, laurier, basilic, faites cuire une heure, passez la sauce au tamis & la mettez dans une casserole. Vous prenez un gros brochet que vous écaillez & vuidez, coupez-le par tronçons, ôtez-en la grosse arrête, piquez chaque morceau avec du menu lard, faites-les blanchir un instant à l'eau bouillante, & les mettez cuire dans la sauce que vous avez préparée; la cuisson faite, retirez-les de la casserole, & faites réduire la sauce en glace, glacez comme un fricandeau, mettez dans la casserole un peu de blond de veau, une goûte de bouillon, détachez ce qui tient après, paſſez la ſauce au tamis, aſſaiſonnez de ſel, gros poivre, un jus de citron, ſervez deſſous les grenadins.

Vous pouvez les ſervir avec le même ragoût que les fricandeaux.

Paupiettes de Brochets.

Entrée.

Prenez deux moyens brochets que vous écaillez & vuidez, ôtez la tête & le bout de la queuë, fendez-les en deux, ôtez-en les arrêtes, ne laiſſez que la moitié de la chair ſur les peaux, & l'autre moitié hachez-la & la mettez dans un mortier avec de la mie de pain deſſechée ſur le feu avec du lait & froide; mettez-y avec du beurre, perſil, ciboules, échalottes hachées, ſel, gros poivre, un peu d'eau-de-vie, ſix jaunes d'œufs, pilez le tout enſemble & l'étendez ſur les morceaux de brochets, ſoudez avec de l'œuf battu, roulez en paupiettes & ficelez, faites cuire dans un courtbouillon fait avec vin blanc, bouillon, racines, oignons, un bouquet, ſel, gros poivre; la cuiſſon faite, ôtez les ficelles, eſſuyez avec un linge blanc, ſervez avec telle ſauce que vous jugerez à propos.

Brochetons grillés à la ravigotte.

Entrée. Coupez les têtes & ne laissez que les chignons de derriere à deux ou trois petits brochetons, écaillez & les vuidez par les oüies, ciselez-les des deux côtés comme les vives, faites mariner avec de l'huile, persil, ciboules, échalottes hachées, sel, fines épices, faites griller en arrosant de tems en tems avec leur marinade, servez dessus une sauce bachique à la ravigotte, vous la trouverez dans l'article des sauces.

DE LA LOTTE OU BARBOTTE.

La lotte est un poisson qui ressemble assez par la figure & la couleur à l'anguille, elle a aussi comme elle la peau extrêmement glissante, mais elle lui est bien inférieure en longueur; car il est rare qu'elle ait un pied de long, sa chair est délicate, on fait surtout cas de son foye. On veut que ses œufs soient purgatifs.

Lottes à différentes sauces.

Limonez les lottes, c'est-à-dire, de les tremper à l'eau presque bouillante, & les retirer tout de suite pour les écailler en douceur pour ne pas écorcher la peau, & commencer du côté de la tête, vuidez-les & farinez, faites frire, servez avec telle sauce & ragoût que vous jugerez à propos; vous les mettez un moment avant que de servir dans la sauce que vous leur destinez, qui doit être bonne & bien finie pour leur faire prendre du goût, servez proprement sans les rompre. Si vous ne voulez point les faire frire, vous ferez cuire la sauce ou le ragoût. Quand il est presque cuit, mettez-y les lottes pour les faire cuire, il ne faut qu'un quart d'heure pour leur cuisson; en servant, un jus de citron. Il ne faut point ôter les foyes des lottes.

Entrée.

Lottes à l'étuvée.

Faites un petit roux avec du beurre & de la farine, si vous n'avez point de coulis maigre; mouillez avec une

Entrée.

chopine de vin blanc, un peu de bouillon, mettez-y une douzaine de petits oignons blancs blanchis, un bouquet de fines herbes, faites cuire & réduire; les oignons étant presque cuits, mettez-y six lottes avec des laitances de carpes blanchies, sel, gros poivre; la cuisson faite, vous avez des filets de pain de la largeur d'un doigt & de la longueur des lottes, que vous avez passés au beurre; dressez-les dans le plat que vous devez servir, mettez une lotte sur chacun, les petits oignons & laitances autour, délayez dans la sauce un anchois haché, capres fines entieres, servez sur les lottes & laitances.

Lottes à la Bourgeoise.

Entrée. Mettez dans une casserole un morceau de bon beurre avec des champignons, persil, ciboules, échalottes, le tout haché, thim, laurier, basilic en poudre, sel, gros poivre, mettez dedans des lottes limonées & vuidées, laissez les foyes, faites les migeoter avec les fines herbes. Quand elles sont cuites, dressez dans le plat, mettez dans la casserole de leur cuisson un peu

de

de sauce d'étuvée de carpe, que vous passez au tamis, faires bouillir un instant, servez sur les lottes. Si vous n'avez point de sauce d'étuvée, vous y mettrez trois jaunes d'œufs délayés avec un peu de bouillon, faites lier sur le feu; en servant un filet de verjus.

Lottes en fricassée de Poulets.

Passez sur le feu dans une casserole des champignons, un ris de veau blanchi coupé par morceaux, un bouquet avec un morceau de beurre, mettez-y une pincée de farine, mouillez avec un verre de vin blanc, du bon bouillon, sel, gros poivre. Quand le ragoût est presque cuit, mettez-y des lottes limonées & vuidées, ôtez-en les têtes, laissez les foyes, faites cuire un quart d'heure, mettez-y une liaison de trois jaunes d'œufs avec un anchois haché, de la muscade, un peu de persil haché, délayez avec de la crême, faites lier sur le feu, servez avec un jus de citron.

Entrée.

DE LA LAMPROYE.

La lamproye est assez semblable à l'anguille, mais elle est plus grosse. Il y en a de deux sortes qui sont également en usage dans les alimens, celle de mer, & celles de riviere; mais les premieres sont ordinairement plus petites, & elles ne sont pas si attachées à la mer qu'elles n'en sortent quelquefois. Il faut choisir les unes & les autres, grasses, & préferer le mâle à la femelle, parce que la chair en est plus ferme & de meilleur goût. Le tems où elles sont meilleures est le Printems. C'est un aliment qui nourrit beaucoup, mais difficile à digérer, & qu'on croit nuisible aux Goûteux & aux Graveleux.

Lamproye à l'étuvée.

Entrée. Prenez une lamproye que vous limonez dans une eau plus chaude que pour la lotte, ôtez-en la tête & mettez le sang à part, coupez-la par tronçons; vous faites un petit roux de farine avec du beurre, mouillez avec une chopine de vin blanc, du bouillon, un bouquet de perfil, ciboules, une gouſſe d'ail, trois cloux de gérofle, thim, laurier, baſilic, des petits oignons blancs blanchis, faites cuire à moitié, mettez après les tronçons de lamproye, ſel, gros poivre, faites cuire & réduire à courte ſauce, mettez-y un anchois haché, des capres fines entieres, le ſang de la lamproye, faites lier ſur le feu, ſervez garnie de croûtons frits.

Lamproye aux Champignons.

Mettez dans une caſſerole des champignons, un morceau de beurre, un bouquet, perfil, ciboules, une gouſſe d'ail, trois cloux de gérofle, thim, laurier, baſilic, une lamproye coupée par tronçons, paſſez le tout ſur le feu, mettez-y une pincée de farine, mouillez avec une chopine de vin rouge, ſel, gros poivre, faites cuire & réduire à courte ſauce, mettez-y le ſang de la lamproye, faites lier ſur le feu, ſervez avec un jus de citron, & garnie de croûtons frits ſi vous voulez.

Entrée.

Filets de Lamproye aux oignons.

Entrée. Coupez trois ou quatre oignons en filets, deux gousses d'ail en filets, que vous mettez dans une casserole avec du persil haché, un peu de beurre, gros comme un dez de sucre, une chopine de vin rouge, faites bouillir un quart d'heure à petit feu, mettez-y après une lamproye coupée en filets, avec le sang, sel, gros poivre, faites cuire & réduire au point d'une sauce ; en servant un jus de citron.

DE L'ANGUILLE.

L'anguille est un poisson d'eau douce qui se trouve dans les lacs & dans les rivieres, & quelquefois même dans la mer, quoiqu'elle n'y naisse pas. Celle des eaux claires est la meilleure. Sa chair est de bon goût & nourrissante, mais un peu difficile à digérer à cause des sucs visqueux qu'elle contient. C'est par cette raison que rôtie elle est moins nuisible, parce que l'action du feu dissipe une partie de sa viscosité. Les Goûteux, les Graveleux, & ceux qui ont l'estomac foible, ne doivent en user que modérement.

Anguille à la sauce hachée.

Mettez dans une casserole un morceau de beurre, persil, ciboules, champignons, de l'échalotte, le tout haché, passez sur le feu; mettez-y une pincée de farine, mouillez avec un demi-septier de vin blanc, du bouillon, sel, gros poivre, faites bouillir la sauce; vous coupez une anguille par tronçons, que vous faites mariner avec de l'huile, sel, poivre, persil, ciboules, une pointe d'ail, le tout haché, trempez-les dans la marinade, & pannez avec mie de pain, arrosez légerement avec le reste de la marinade, faites cuire sur le gril, mettez dans la sauce une liaison de trois jaunes d'œufs avec du verjus, faites lier sur le feu, servez dans le fond du plat & l'anguille dessus. *Entrée.*

Anguille aux croûtons.

Prenez autant de mies de pain faites en rôties que de tronçons d'anguille & de la même grandeur, passez-les à *Entrée.*

moitié dans le beurre ; vous faites mariner des tronçons d'une grosse anguille avec du beurre, persil, ciboules, échalottes, le tout haché, sel, gros poivre, mettez après les tronçons d'anguille sur chaque mie de pain, enveloppez de deux feuilles de papier avec toute la marinade, faites cuire à la broche ; la cuisson faite, mettez les tronçons sur les croûtons, servez dessus une bonne sauce liée & piquante.

Anguille à la broche en crépine.

Entrée. Dépouillez une grosse anguille, ôtez la tête, le petit bout de la queuë, fendez-la tout du long pour ôter l'arrête du milieu, ouvrez l'anguille le plus que vous pouvez sans la percer ; mettez dessus une bonne farce grasse de blanc de volaille cuite & bien assaisonnée, étendez-la tout du long, unissez avec de l'œuf battu, roulez l'anguille & l'enveloppez d'une crépine, & de deux feuilles de papier, faites cuire à la broche ; la cuisson faite, retirez-la sur une tourtiere ; après avoir ôté le papier, pannez le dessus avec de la mie de pain, faites prendre couleur deſſous un couvercle de tourtiere, ou à la broche, ſervez deſſous une ſauce à la Françoiſe que vous trouverez dans l'article des ſauces, ou autre ſauce liée un peu piquante.

Anguille en Bignets.

Prenez une moyenne anguille que vous dépouillez, fendez-la tout du long, ôtez l'arrête du milieu & la moitié de la chair pour en faire une farce maigre; prenez le reſtant de l'anguille que vous coupez par morceaux quarrés de largeur de deux doigts, mettez votre farce ſur tous les morceaux & les roulez, uniſſez avec de l'œuf battu, ficelez-les de crainte qu'ils ne ſe défaſſent, mettez-les cuire avec un demi-ſeptier de vin blanc, du beurre, ſel, gros poivre, perſil & ciboules entieres; étant cuits, mettez-les refroidir, ôtez les ficelles, trempez dans une pâte faite avec du vin, de la farine, un peu d'huile, du ſel, faites frire de belle couleur, ſervez garnis de perſil frit.

Entrée.

Anguilles diversifiées.

Entrée. Coupez une anguille par morceaux de longueur d'un pouce, faites-les mariner avec sel, fines épices, persil, ciboules, échalottes, le tout haché, thim, laurier, basilic en poudre, deux jaunes d'œufs crus; une heure après vous les trempez bien dans leur marinade pour leur faire prendre tout leur assaisonnement, pannez avec de la mie de pain, faites frire de belle couleur, servez garnis de persil frit.

L'anguille coupée & marinée de la même façon, en mettant un peu d'huile dans la marinade. Vous les embrochez dans des petits hatelets, pannez de mie de pain, arrosez après légerement avec un peu d'huile, faites-les griller de belle couleur, servez à sec avec les hatelets, une remoulade dans une sauciere.

Les grosses anguilles vous les coupez par tronçons & faites mariner avec de l'huile, persil, ciboules, échalottes, rocamboles, le tout entier, sel, gros poivre; enveloppez-les dans du papier avec toute leur marinade, après les les avoir embrochés dans un hatelet, faites

DE MER.

faites cuire à la broche; après vous ôterez le papier & les fines herbes, dressez sur le plat que vous devez servir, mettez dessus telle sauce ou ragoût que vous jugerez à propos.

Du Saumon.

Quoique le saumon soit un poisson de mer, on ne laisse pas d'en pêcher au Printems dans quelques rivieres qui se dégorgent dans la mer. Après avoir été quelque tems dans l'eau douce, il est plus gras & de meilleur goût qu'auparavant : mais s'il y est plus d'un an, il y maigrit & perd sa saveur. Il en est de différente grandeur : il faut le choisir ni trop vieux, ni trop jeune, d'une chair tendre, grasse, fraiche & rougeâtre. On le sale pour le conserver, mais le frais est d'un meilleur goût que le salé. C'est un aliment nourrissant, apéritif, bon pour la poitrine, mais un peu pésant, surtout lorsque le poisson est trop vieux.

Saumon farci d'un salpicon.

Ecaillez & vuidez par les oüies un *Grosse Entrée.*

saumon entier, lavez-le bien en dedans, faites entrer par les oüies un salpicon que vous ferez, en mettant dans une casserole beaucoup de lard rapé, un ou deux ris de veaux blanchis, des champignons, foyes gras, le tout coupé en dez, sel, gros poivre, persil, ciboules, échalottes, rocamboles hachées, quatre jaunes d'œufs crus, maniez le tout ensemble & le mettez dans le corps du saumon, lardez-le partout avec des lardons de moyen lard; foncez une casserole avec des tranches de veau, jambon, bardes de lard, racines, oignons, un bouquet de persil, ciboules, ail, échalottes, thim, laurier, basilic, faites suer sur le feu; étant prêt à s'attacher, mouillez avec une pinte de vin rouge & bon bouillon, sel, fines épices, mettez le saumon dans une poissonniere sur la feuille. Si vous n'en avez point, vous l'envelopperez avec une serviette blanche, des bardes de lard entre, mettez-le cuire avec tout l'assaisonnement que vous avez préparé dans la casserole; la cuisson faite, vous le dressez sur le plat que vous devez servir, mettez dessus une bonne sauce à la Françoise. Vous pouvez garnir le saumon, comme une carpe à la Chambord avec des petits pigeons, ris de veau glacé, grosses écrevisses.

Si vous voulez servir un saumon entier en maigre, farcissez-le dans le corps avec une farce maigre, & lardez le reste avec filets d'anchois & d'anguille; faites-le cuire dans une bonne braise maigre; la cuisson faite, servez dessus une bonne sauce maigre, ou un ragoût de laitances, écrevisses, truffes, champignons.

Si vous le voulez d'une façon plus simple, vous ne l'écaillerez point & le ferez cuire dans un bon courtbouillon, servez à sec sur une serviette garni de persil verd pour un plat de rôt. *Rôt*

Saumon à différentes sauces & ragoûts.

Prenez une ou deux tranches de saumon frais, que vous faites mariner avec de l'huile, persil, ciboules, échalottes, champignons, le tout haché, sel, gros poivre, enveloppez-les dans deux feuilles de papier avec toute leur marinade, faites cuire au four ou sur le gril; après ôtez le papier, & dressez sur le plat, servez dessus telle sauce *Entrée*

& ragoût que vous jugerez à propos. Vous pouvez encore servir les dardes ou tranches de saumon, que vous faites mariner avec jus de citron, de l'huile, sel, gros poivre, faites griller à moitié sur le gril; après vous les mettez sur le plat que vous devez servir avec un morceau de bon beurre, un peu de bon bouillon, persil, ciboules hachées, rachevez de cuire, en servant mettez-y un jus de citron, & de la chapelure de pain fine, que vous poudrez légerement dessus. Si vous voulez servir du saumon en hatelet, vous le coupez en quarré de l'épaisseur d'un pouce, faites-le mariner avec un peu d'huile, deux jaunes d'œufs crus, sel, gros poivre, persil, ciboules, échalottes, le tout haché, pannez de mie de pain, faites griller, servez avec une remoulade dans une sauciere.

Le saumon se sert encore en fricandeau; vous le piquez de petit lard, faites-le cuire avec du vin blanc, bon assaisonnement, glacez-le avec une glace de veau, & finissez comme les autres fricandeaux.

DE MER.

Saumon en Bresolles.

Entrée.

Coupez en filets de grandeur d'un pouce un morceau de saumon frais, faites-les mariner avec de l'huile, un peu de beurre, persil, ciboules, échalottes, champignons, le tout haché, sel, gros poivre, faites-les chauffer dans la marinade un quart d'heure; un peu avant que de servir, vous les arrangez l'un à côté de l'autre dans une casserole ronde avec la marinade, faites cuire à grand feu; étant cuits d'un côté, vous les retournez de l'autre; après dressez dans le plat que vous devez servir, mettez dans la casserole un peu de coulis maigre, un demi verre de vin blanc, détachez tout ce qui reste, faites bouillir un moment, dégraissez, passez au tamis, servez sur les bresolles.

Saumon salé & fumé de différentes façons.

Hors-d'œuvre.

Le saumon salé pour vous en servir vous le ferez dessaler pendant trois jours, en le changeant d'eau le matin & le soir, maniez-le le moins que vous pouvez, cela l'empêche de revenir.

Le saumon fumé, vous ne le mettrez dans l'eau que le tems qu'il lui faut pour le faire revenir, vous vous servirez après de ces deux saumons de la même façon, faites-les cuire dans l'eau comme la moruë. Quand il est froid, vous le dressez dans le plat que vous devez servir, mettez autour de la fourniture de salade, assaisonnez avec de l'huile, vinaigre & gros poivre. Si vous voulez le servir en caisses, vous ferez des petites caisses de papier, coupez le saumon par filets, que vous faites mariner avec persil, ciboules, échalottes hachées, du gros poivre, du beurre, mettez-le dans les petites caisses avec leur assaisonnement, faites-les migeoter sur le gril avec un peu de feu dessous; en servant, mettez-y un jus de citron, ou un filet de vinaigre blanc, de la chapelure de pain, servez

Entrée. chaudement. Quand il est cuit comme la moruë, vous pouvez le servir avec une sauce aux capres & anchois, un morceau de beurre, point de sel, un peu de farine, de l'eau, un filet de vinaigre, du gros poivre, faites lier sur le feu, & servez. Si vous voulez le servir au four, vous ferez une sauce avec un morceau de beurre, de la farine, persil, ciboules, échalottes hachées, gros poivre, mouillez avec de la crême, faites lier sur le feu, mettez le saumon dedans, dressez sur le plat que vous devez servir, pannez le dessus de mie de pain, faites prendre couleur au four ou dessous un couvercle de tourtiere, servez chaudement.

DE L'ESTURGEON.

L'esturgeon est un gros poisson qui habite ordinairement dans la mer, quoiqu'on le trouve aussi dans quelques rivieres. Lorsqu'il y a même demeuré quelque tems, il y engraisse beaucoup & devient meilleur que s'il ne fût jamais sorti de la mer. Sa chair, lorsqu'il est jeune & tendre, donne une nourriture solide, mais un peu difficile à digérer.

Esturgeon à la cendre.

Lardez une tranche d'esturgeon Entrée.
avec des lardons de lard assaisonnés de persil, ciboules, échalottes hachées, sel, fines épices, foncez une casserole

de veau & jambon, mettez l'esturgeon dessus, couvrez de bardes de lard, un bouquet de persil, ciboules, une gousse d'ail, trois cloux de gérofle, thim, laurier, basilic, couvrez la casserole d'une feuille de papier & un couvercle de casserole, faites suer sur de la cendre chaude feu dessus & dessous ; un quart d'heure après mettez-y un demi-septier de vin de Champagne, faites cuire à petit feu ; après retirez l'esturgeon pour le dresser dans le plat que vous devez servir, mettez dans la casserole du blond de veau, un peu de bouillon, faites bouillir & dégraissez, passez la sauce au tamis, mettez-y un jus de citron, servez sur l'esturgeon.

Esturgeon à la Bourgeoise.

Entrée. Faites mariner une tranche d'esturgeon avec du jus de citron, sel, gros poivre, de l'huile, faites cuire aux trois quarts sur le gril, après mettez-la dans le plat que vous devez servir avec un morceau de beurre, du bouillon, persil, ciboules hachées, sel, gros poivre, faites bouillir un quart d'heure sur un fourneau, & réduire au point d'une sauce, mettez-y un jus de citron, ou du vinaigre blanc, en servant un peu de chapelure fine, servez chaudement.

Esturgeon mariné & panné.

Prenez de l'esturgeon que vous coupez par petites tranches, que vous faites mariner avec de l'huile, persil, ciboules, échalottes hachées, sel, gros poivre, trempez-les dans la marinade pour leur faire prendre la sauce, pannez de mie de pain, faites griller, en les arrosant légerement du restant de la marinade, servez à sec ou avec une petite sauce légere & de bon goût.

Entrée.

Esturgeon aux croûtons.

Coupez de l'esturgeon en petites tranches, mettez-les dans une casserole sans être les unes sur les autres, avec du beurre, persil, ciboules, échalottes hachées, sel, gros poivre, faites cuire d'un côté, & les retournez après de l'autre ; la cuisson faite, ôtez-les, & mettez dans la casserole un morceau de beurre manié d'une bonne pincée de farine, un verre de vin rouge, faites

Entrée.

bouillir un inſtant, mettez-y une pincée de capres hachées avec les tranches, faites chauffer ſans qu'elles bouillent, ſervez garnies de croûtons de pain paſſés au beurre.

Eſturgeon de différentes façons.

Entrée. Faites cuire à la braiſe un morceau d'eſturgeon ; ſi c'eſt en gras, vous le larderez de lard & jambon, en maigre avec des filets d'anchois, que la braiſe ne ſoit pas beaucoup ſalée ; vous pouvez le ſervir avec telle ſauce que vous voudrez, en gras & en maigre. Si vous voulez le mettre à la Sainte-Menehould, vous le ferez cuire dans une braiſe faite avec du beurre manié de farine, mouillez avec du lait, ſel, poivre & toutes ſortes de fines herbes ; la cuiſſon faite, trempez-les dans la Sainte-Menehould, pannez de mie de pain, faites griller & arroſez avec un peu d'huile, ſervez à ſec, une remoulade dans une ſauciere.

Si vous le mettez en fricandeau, vous le larderez de menu lard, faites-le cuire dans une bonne braiſe, glacez-le avec une glace de veau, & finiſſez la ſauce comme les fricandeaux, ſervez de même. Si vous voulez le faire cuire à la broche sans le mariner, en gras vous le lardez de lard bien assaisonné, faites cuire enveloppé de bardes de lard & de papier; en maigre lardez-le de filets d'anchois & enveloppez de papier bien beurré, arrosez avec vin blanc & beurre; la cuisson faite, servez avec telle sauce ou ragoût, en gras, en maigre, que vous voudrez.

Du Thon.

Le thon est un poisson de mer qui se trouve dans la Méditerrannée, sur les côtes de Provence, d'Espagne & ailleurs. Il est ordinairement fort gros. Sa chair est excellente, principalement celle du bas ventre, quoique la graisse qui l'accompagne puisse nuire à l'estomac. On la sale pour la garder & pour pouvoir la transporter. On en mange ordinairement en Automne & en Hyver. Elle est fort nourrissante, mais un peu pésante sur l'estomac. Celle qui n'est ni trop grasse, ni trop maigre, est la plus saine. Il s'employe comme le saumon.

Du Turbot et Barbue.

Le turbot est un poisson de mer qui se trouve en abondance dans la Méditerrannée & dans l'Ocean, surtout à l'embouchure des rivieres. Il est large, plat, d'une figure de losange. Il y en a de différentes especes que l'on distingue, non-seulement par leur grandeur, mais encore par des aiguillons que les uns ont à la tête & près de la queuë, & que d'autres n'ont pas. Sa chair qu'il faut choisir fraîche, grasse, & bien nourrie, sans tache ni sang extravasé, & d'un blanc clair & vif, est d'un goût exquis, se digére aisément, & fournit une bonne nourriture.

La barbuë n'est différente du turbot que parce qu'elle n'est pas si grosse, sa chair est encore plus estimée, elle se prépare de la même façon.

Du Barbot.

Voyez pag. 442 à l'art. de la carpe, & préparez de même. Le barbot est un poisson que l'on trouve ordinairement dans les rivieres. Il tire son nom d'une espece de barbe qu'il a à côté des lévres. Il faut le choisir gros, gras, & pris dans une eau claire. Sa chair qui est plus ferme & de meilleur goût lorsqu'il est plus âgé, nourrit médiocrement & se digére sans peine. On prétend que les œufs causent de grands maux d'estomac, & purgent violemment par haut & par bas. Ainsi il faut avoir grand soin de les ôter avec les entrailles. Ce poisson, lorsqu'il est jeune, s'appelle barbillon, plus âgé il conserve le nom de barbot.

Turbot, Barbuë, & Turbotin au consommé.

Faites bouillir de l'eau avec beaucoup de sel, tranches d'oignons, carottes, panais, persil, ciboules, une gousse d'ail, trois cloux de gérofle, thim, laurier, basilic ; quand l'oignon est presque cuit, passez cette saumure au tamis, laissez-la reposer pour la mettre dans une casserole avec autant de lait, mettez votre poisson dedans pour le faire cuire sur de la cendre chaude sans qu'il bouille, qu'il ne fasse que frémir. Quand il est cuit, mettez-le égouter sans le rompre, dressez dans le plat que vous devez servir, mettez

Entrée.

du bon consommé dans une casserole, que vous faites encore réduire au point d'une sauce, mettez-y des blancs de ciboules que vous faites bouillir un moment, une pointe d'ail, un morceau de beurre manié de farine, sel, gros poivre, faites lier la sauce sur le feu, servez sur le poisson.

Turbot, Barbuë & Turbotin à la Sainte-Menehould.

Entrée. Mettez cuire votre poisson à moitié dans un courtbouillon comme le précédent, après vous le dressez dans le plat que vous devez servir, mettez dessus une Sainte-Menehould, que vous ferez en mettant dans une casserole un morceau de beurre, une bonne pincée de farine, persil, ciboules hachées, trois jaunes d'œufs crus, mouillez avec un peu de courtbouillon, faites lier la sauce sur le feu, qu'elle soit bien épaisse, couvrez-en tout le turbot ou barbuë, pannez de mie de pain, faites prendre couleur au four, ou sous un couvercle de tourtiere. Quand il est cuit de belle couleur, vous servez dessous une sauce faite avec un morceau de beurre, une pincée de farine, capres, anchois, un filet de vinaigre, mouillez avec du bouillon, sel, gros poivre, faites lier sur le feu. Vous pouvez aussi le servir de la même façon avec différentes sauces.

Turbot diversifié.

Vous prenez une barbuë ou turbot, que vous vuidez & lavez, faites-le mariner avec de l'huile, persil, ciboules, échalottes, champignons, le tout haché, thim, laurier, basilic en poudre, sel, fines épices, mettez la barbuë ou turbot dans le plat que vous devez servir avec tout l'assaisonnement, pannez le dessus moitié mie de pain & Parmesan, faites cuire au four ; la cuisson faite, s'il y a de la sauce dans le fond du plat, vous la ferez réduire sur le feu & servirez à sec avec un jus de citron. *Entrée.*

Si vous voulez servir une sauce dessous, vous égouterez le plat en sortant du four, & servirez une petite sauce légere.

Vous pouvez encore le servir de la même façon & le farcir ; vous levez légerement la peau du turbot, mettez dessous une farce faite avec un bon morceau de beurre manié avec de la mie de pain fine, champignons, persil, ciboules, échalottes, le tout haché, un peu de basilic en poudre, sel, gros poivre, liez de quatre jaunes d'œufs, remettez la peau dessus de façon qu'il n'y paroisse pas, dorez le poisson avec un peu de beurre, un jaune d'œuf, pannez de mie de pain, faites cuire au four, servez avec une sauce. Si vous voulez servir des filets de turbot de ce que l'on aura desservi de dessus la table, vous en levez des filets que vous arrangez sur le plat que vous devez servir, garnissez autour avec des herbes à fourniture de salade, assaisonnez de sel, gros poivre, huile, vinaigre, servez froids. Vous pouvez aussi servir ces mêmes filets, étant chauds, avec telle sauce ou ragoût que vous voulez.

DU CARLET ou QUARRELET, DE LA PLIE, DE LA LIMANDE, ET DU FLET.

Ces poissons qu'on trouve plus ordinairement dans la mer que dans les rivieres, ont entr'eux beaucoup d'affinité,

finité, à cela près que la plie est plus grande que le quarrelet. Celui-ci tire son nom de sa figure qui approche de la quarrée. Il faut les choisir frais, & d'une chair blanche. Leur chair, quoiqu'un peu visqueuse, fournit un bon aliment, aisé à digérer, & propre à tempérer les âcretés de la poitrine.

La limande est un poisson de mer, qui par sa figure approche de la sole. Elle est plate, & couverte de petites écailles rudes, & fortement attachées à la peau.

Le flet est aussi couvert d'écailles marquées de tâches rouges. Il ressemble au quarrelet par sa forme, mais il est plus petit. On distingue encore le fletelet qui ne differe du flet que parce qu'il est plus petit. Il faut choisir ces poissons frais, d'une chair blanche & ferme. Ils fournissent une bonne nourriture, & propre à adoucir les âcretés de la poitrine. Quelquefois ils lâchent un peu le ventre.

Carlet, Limande, Plie ou Flet diversifié.

Prenez le poisson que vous voulez, *Entrée.* mettez-le dans une casserole avec un verre de vin blanc, autant de bon bouillon, un morceau de beurre manié d'un peu de farine, sel, fines épices, persil, ciboules, échalottes, le tout haché, faites cuire sur un bon feu & réduire à courte sauce, mettez-y une pincée de persil blanchi haché, & servez. Si le poisson étoit cuit avant que la sauce soit réduite, retirez-le & faites rachever la sauce. (Voilà la façon des Matelottes de poissons plats.)

Ces mêmes poissons se mettent au gratin ; faites une farce avec un morceau de beurre, de la mie de pain bien fine, persil, ciboules, échalottes, le tout haché, sel, fines épices, liez de quatre jaunes d'œufs, mettez de cette farce dessous la peau des poissons, & le reste de la farce sur le fond du plat que vous devez servir, mettez les poissons dessus, couvrez avec deux feuilles de papier bien beurrées, faites cuire au four ; étant cuits & le gratin attaché au plat, égoutez le beurre, servez dessus une bonne sauce maigre.

DE LA RAYE.

C'est un poisson de mer dont il y a

plusieurs especes. Celle que l'on pêche à Marseille & ailleurs, qu'on nomme raye bouclée, est plus estimée & de meilleur goût que les autres, quoique plus petite. Il faut la laisser mortifier plusieurs jours pour pouvoir la manger. La raye-ange est ordinairement plus dure & d'un goût plus fade. La raye-turbotée n'est guéres plus estimée. La chair de la raye est assez nourrissante, mais difficile à digérer & propre à produire des humeurs grossieres à cause du suc visqueux qu'elle contient.

Raye à l'étuvée glacée de Parmesan.

Otez la peau d'une raye entiere ou d'une moitié, selon sa grosseur, coupez-la par morceaux larges de trois doigts, faites un roux de farine avec du beurre, mouillez avec une chopine de vin blanc, un peu de bon bouillon, mettez-y cuire une douzaine de petits oignons blancs, & blanchis un quart d'heure dans l'eau bouillante, un bouquet de persil, ciboules, trois cloux de gérofle, thim, laurier, basilic, peu de sel & gros poivre; les oignons étant cuits *Entrée.*

aux trois quarts, mettez-y la raye pour la faire cuire & réduire à courte sauce, ôtez le bouquet; prenez le plat que vous devez servir, mettez dessus un peu de sauce avec moitié mie de pain & Parmesan, arrangez dessus les morceaux de raye, les petits oignons entre avec des mies de pain coupées en rond & passées au beurre, mettez par-dessus le restant de la sauce, pannez moitié mie de pain & Parmesan, faites glacer au four & servez.

Raye à la chapelure de pain.

Entrée. Faites cuire une belle moitié de raye avec de l'eau, du sel & vinaigre; après vous l'épluchez & la dressez sur le plat que vous devez servir, mettez dans une casserole un morceau de beurre que vous faites roussir; étant roux, vous y mettez persil, ciboules, échalottes hachées, sel, gros poivre, un verre de vin rouge, un filet de vinaigre, faites bouillir un instant, mettez après cette sauce sur la raye & la faites un peu migeoter dedans; en servant mettez pardessus de la chapelure de pain.

Raye à la sauce à la Raye.

Prenez une moitié de raye que vous lavez, ôtez-en la peau, & la coupez par morceaux larges de deux doigts, faites-les mariner avec du vinaigre, sel, fines épices, essuyez-les & farinez, faites frire de belle couleur, dressez sur le plat ; servez dessus une sauce à la raye, que vous ferez en mettant cuire le foye dans l'eau ; après vous l'écrasez & le mettez dans une casserole avec un morceau de beurre manié de farine, persil, ciboules, échalottes, rocamboles, capres, anchois, le tout haché, sel, gros poivre, un filet de vinaigre, du bouillon maigre, faites lier sur le feu & bouillir un instant, servez. *Entrée.*

Raye à la Minime.

Faites frire de la raye dans de l'huile & préparez comme la précédente. Pour la sauce, vous faites un petit roux de farine avec de l'huile, mouillez avec un demi septier de vin blanc, du bouillon de racines, un bouquet de persil, ciboules, une gousse d'ail, trois cloux *Entrée.*

de gérofle, sel, gros poivre, oignons, racines, faites cuire pendant une heure, passez au tamis, mettez-y un anchois haché, capres fines entieres, servez dessus la raye.

Raye diversifiée.

Entrée. Lavez & ôtez la peau à une grosse moitié de raye, coupez-la par morceaux larges de trois doigts, faites mariner deux heures avec un morceau de beurre manié de farine, du vinaigre, sel, poivre, de l'eau, oignons, racines, une gousse d'ail, trois cloux de gérofle, thim, laurier, basilic, faites tiédir la marinade, mettez après égouter & essuyer, farinez, faites frire, servez garnie de persil frit.

Vous pouvez servir la raye frite avec différentes sauces, pour-lors vous ne ferez pas la marinade de si haut goût. Pour la mettre à la Sainte-Menehould, vous ôtez la peau & laissez le morceau entier, que vous faites cuire dans une Sainte-Menehould faite avec un morceau de beurre manié de farine, sel, poivre, ail, cloux de gérofle, thim, laurier, basilic, mouillez avec du lait.

Quand elle bout, mettez-y cuire la raye, après mettez la raye sur le plat que vous devez servir, prenez un peu de la cuisson que vous mettez dans une casserole avec un morceau de beurre, trois jaunes d'œufs, faites lier sur le feu, mettez cette sauce partout sur la raye, pannez moitié mie de pain & Parmesan, faites prendre couleur au four, servez avec une remoulade dans une sauciere.

DE L'ALOSE.

L'alose est un poisson de mer, qui vers le Printems passe dans les rivieres, où de maigre qu'elle étoit elle devient charnuë, grasse & d'un bon goût. Aussi le Printems est la saison d'en manger. Il faut la choisir la plus fraiche qu'il se peut, prise dans l'eau douce & d'une chair très-blanche & ferme. Celle de Seine est fort estimée. C'est un aliment d'assez bon goût, propre à provoquer le sommeil, & qui n'est pas difficile à digérer. Lorsqu'elle a été gardée trop long-tems, elle a perdu une partie de sa saveur, & peut être nuisible.

Alose de différentes façons.

Rôt.   Faites cuire une alose au courtbouillon sans l'écailler après l'avoir vuidée & bien lavée, vous la servirez de cette façon pour un plat de rôt.

Entrée.   Si vous la mettez pour entrée, vous l'écaillerez pour la faire cuire au courtbouillon; servez avec une sauce. Vous la faites aussi cuire sur le gril, mettez-la mariner avec de l'huile, sel, poivre, persil, ciboules, une gousse d'ail, deux feuilles de laurier, thim, basilic, le tout entier, arrosez en cuisant avec le restant de la marinade, servez avec une sauce, ou un ragoût de farce.

L'alose que l'on a desservie de dessus la table, vous en tirez des filets, que vous dressez dans le plat que vous devez servir, mettez-y un peu de bouillon pour faire chauffer & réduire à sec, servez dessus une sauce, que vous faites avec un peu de coulis maigre, un morceau de beurre manié de farine, la moitié d'un citron en tranches, faites lier sur le feu, servez assaisonnez de sel, gros poivre. Si vous ôtez les tranches de citron, vous en presserez le jus; vous

vous pouvez servir de cette façon avec différentes sauces. Si vous voulez les servir pannés, dressez dans le plat que vous devez servir, mettez dessus de l'huile, persil, ciboules, échalottes, rocambole, le tout haché, sel, gros poivre, pannez de mie de pain, faites prendre couleur dessous un couvercle de tourtiere, en servant mettez par-dessus un jus de citron.

DE LA MORUE ET MERLUCHE.

Il est peu de poissons de mer aussi connus, & d'un usage aussi commun que la moruë, sa longueur est ordinairement de deux pieds, & sa largeur à proportion. Lorsqu'elle est nouvelle, & qu'elle n'a point été salée, elle a un meilleur suc, se digére plus aisément, & elle est beaucoup moins coriasse. La plus grosse s'appelle cabiliot. On la sale, pour la conserver, mais alors elle n'est ni si saine ni d'aussi bon goût, que lorsqu'elle est fraîche. Quand on veut employer la moruë salée, il faut avoir soin de ne pas la faire dessaler trop ni trop peu. Dans le premier cas, outre qu'elle perd sa saveur, & qu'il

Vu

ne lui reste qu'un goût fade, elle est coriasse & indigeste, l'eau l'ayant dépouillé de ses sels. Dans le second, il lui reste un goût piquant, & elle échauffe beaucoup. Il en est qui prétendent que la merluche n'est autre chose que la moruë qu'on a salée & fait sécher; d'autres soutiennent que c'est un poisson différent. Mais ce qu'il y a de certain, c'est que la merluche est dure, coriasse & indigeste.

Moruë à la Sainte-Menehould.

Entrée. Prenez de la moruë, crête ou entre-deux, que vous faites cuire dans l'eau, mettez-la égouter; faites une sauce avec un bon morceau de beurre, une bonne pincée de farine, persil, ciboules, échalottes, le tout haché, du gros poivre, mouillez avec de bon lait ou de la crême, faites lier sur le feu; après mettez-y la moruë avec quatre jaunes d'œufs crus, sautez la moruë dans la casserole, & dressez dans le plat que vous devez servir, pannez pardessus avec de la mie de pain, faites prendre couleur au four, & servez.

Filets à la sauce à la Moruë.

Faites cuire de la moruë comme la précédente ; mettez dans une casserole un morceau de beurre, deux gousses d'ail, des champignons, trois cloux de gérofle, thim, laurier, basilic, persil, ciboules, passez sur le feu, mettez-y une pincée de farine, mouillez avec du lait, faites réduire au point d'une sauce, passez-la au tamis, mettez-y les filets de moruë avec du persil blanchi haché, du gros poivre, faites chauffer & servez.

Entrée.

Moruë à la Bourgeoise.

Faites cuire de la moruë dans l'eau & mettez égouter, dressez sur le plat que vous voulez servir avec du beurre, persil, ciboules, échalottes hachées, un peu de verjus, muscade & gros poivre ; mettez le plat sur un rechaud, & la mangez à mesure que vous la retournez.

Entrée.

Queuë de Moruë farcie à la Bourgeoise.

Prenez une queuë de moruë, que

Entrée.

vous faites cuire à l'eau, mettez égouter pour en tirer les filets, dreſſez l'arrête avec le bout de la queuë ſur le plat que vous devez ſervir; faites une ſauce avec un morceau de beurre, perſil, ciboules, échalottes, le tout haché, du gros poivre, un peu de muſcade, paſſez ſur le feu, mettez-y une pincée de farine, mouillez avec un poiſſon de crême, faites bouillir; après mettez-y les filets de moruë avec une liaiſon de trois jaunes d'œufs, faites lier ſur le feu & mettez refroidir. Vous faites une farce avec une omelette cuite de ſix œufs, de la mie de pain deſſechée avec de la crême ou du lait, étant froide, vous la pilez avec l'omelette, un morceau de beurre, perſil, ciboules, échalottes hachées, ſel, fines épices, le quart d'un poiſſon d'eau-de-vie, liez de ſix jaunes d'œufs, mettez de cette farce autour de l'arrête de la queuë, le ragoût de morue dans le milieu, couvrez avec le reſte de la farce, appropriez votre farce de façon que la queuë paroiſſe entiere, uniſſez avec de l'œuf battu, pannez de mie de pain, faites prendre couleur au four; après vous égouterez en douceur le plat pour qu'il ne reste point de beurre, netoyez bien les bords, servez autour une petite sauce. Si vous voulez farcir cette queuë d'une façon plus distinguée, vous ferez la farce avec de la chair de carpe, & mettrez dans le ragoût de morue des laitances de carpes, & queuës d'écrevisses.

Moruë marinée.

Mettez cuire de la morue dans l'eau, *Entrée.* aussitôt qu'elle bout, retirez-la & mettez égouter, levez-en tous les filets que vous faites mariner avec du verjus, fines épices, thim, laurier, basilic, une gousse d'ail, persil, ciboules, échalottes, le tout entier; après retirez les filets de la marinade, essuyez avec un linge blanc, trempez ensuite dans du blanc d'œuf pour les fariner, faites frire, servez garnis de persil frit.

Moruë à la mie de pain.

Prenez des filets de morue cuite à *Entrée.* l'eau & égoutée, mettez dans une casserole persil, ciboules, échalottes hachées, un peu de beurre, passez un

V u iij

moment sur le feu; après mettez-y encore un morceau de beurre, de la mie de pain fine, un demi verre de bouillon, les filets de morue, du gros poivre, sautez le tout ensemble & faites chauffer sans qu'il bouille; en servant un jus de citron.

Merluche à la sauce à la Merluche.

Entrée. Battez de la merluche avec un marteau pour l'attendrir, & la mettez tremper plusieurs jours avec de l'eau & de la cendre de bois neuf, changez-la d'eau plusieurs fois; après vous la ferez cuire dans l'eau comme la morue, mettez dans une casserole persil, ciboules, échalottes hachées, un morceau de beurre, une pincée de farine, mouillez avec de la crême, faites lier sur le feu, mettez-y les filets de merluches, du gros poivre, un peu de sel, s'il en est besoin, un demi verre d'huile, sautez la merluche, en la faisant chauffer sans qu'elle bouille, en servant un jus de citron.

Du Harang.

Le harang est un poisson de mer très-commun. On en connoît de trois sortes qui ne différent pas en espece, le frais, le salé, & le soré. Le harang frais est d'assez bon goût. Il faut le choisir gras & d'une chair blanche, il nourrit médiocrement & n'est pas difficile à digérer. Le harang salé est plus indigeste, donne des rapports, & échauffe beaucoup. Le soré qu'on sale & qu'on fait ensuite sécher, étant plus sec & plus dur, est encore plus mauvais.

Différentes façons d'accommoder les Harangs frais, salés, pecs & sorés.

Communement les harangs se mangent grillés avec une sauce à la moutarde, ou à l'huile dans une sauciere. Vous mettez les harangs frais mariner avec du beurre, sel, poivre, persil, ciboules hachées, pannez de mie de pain, faites griller. Les salés vous les accommodez de même; quand ils sont bien dessalés, ne mettez point de sel.

Hors-d'œuvre & entrée.

en les trempant dans le beurre. Les harangs pecs, ce font des harangs nouvellement falés que vous accommodez de même.

Si vous voulez fervir des harangs frais à l'étuvée, vous les écaillez & vuidez, coupez la tête & le bout de la queuë, faites-les cuire avec un verre de vin blanc, un morceau de beurre, perfil, ciboules hachées, fel, gros poivre. Quand ils font cuits & plus de fauce, dreffez-les dans le plat, fervez deffus une fauce hachée maigre, en fervant, mettez dans la fauce du cerfeuil blanchi haché très-fin, garniffez de croûtons.

Les harangs pecs étant deffalés & lavés dans un peu de vin blanc, fe peuvent fervir comme des anchois.

Si vous voulez faire frire des harangs, vous les ferez mariner dans du verjus avec poivre; s'ils font frais, vous y mettrez du fel, égoutez & farinez, faites frire. Les harangs falés fe fervent encore frits coupés par filets, & trempés dans une pâte à vin.

Les harangs forés, vous les faites un peu tremper dans l'eau tiéde, & les mettez après dans le plat que vous devez servir, avec persil, ciboules, échalottes hachées, thim, laurier, basilic en poudre, gros poivre, un peu de coulis maigre, un morceau de beurre, couvrez le plat, faites-les migeoter sur le feu, dégraissez, en servant un jus de citron.

Du Maquereau.

Le maquereau est un poisson qui ne se trouve que dans la mer. Il est estimé pour son bon goût : il faut le choisir frais, gras, & d'une chair blanche. Le laité est meilleur & plus sain, que celui qui ne l'est pas. On prétend que ce poisson devient dans la suite si gros, qu'on ne pourroit pas le reconnoître pour le même qu'on sert sur nos tables. Sa chair est nourrissante, mais un peu indigeste à cause des sucs visqueux & grossiers qu'elle contient.

Des Maquereaux en gras & en maigre.

Le maquereau communement se fait cuire grillé. Quand il est bien frais, en le servant tout chaud, vous mettez dans le corps du beurre mêlé avec

Entrée.

persil, ciboules hachées, sel, gros poivre, ou avec une sauce. Si vous voulez le faire cuire à la braise, ou au courtbouillon, vous le servirez après avec les mêmes sauces. Si vous le servez glacé, piquez-le d'un côté avec du lard fin; vous avez dans une casserole une glace de veau, que vous avez faite avec une demie livre de ruelle de veau coupée en dez, un bouquet de persil, ciboules, une gousse d'ail, trois cloux de gérofle, thim, laurier, basilic, du bon bouillon; le veau étant cuit, vous passez le bouillon au tamis, mettez-y cuire les maquereaux, finissez & glacez comme un fricandeau.

Les maquereaux en filets, vous les vuidez & lavez ; levez-les par filets que vous mettez dans une casserole avec un verre de vin blanc, du bouillon, un peu de beurre, sel, gros poivre, faites cuire à grand feu. Quand il n'y a plus de sauce, vous les dressez dans le plat, servez dessus une bonne sauce en gras ou en maigre.

Maquereau frit.

Entrée. Prenez des filets de maquereau;

que vous coupez en quarrés d'un pouce, faites-les mariner avec du sel, fines épices, jus de citron; après vous les essuyez de leur marinade, & trempez dans une pâte faite avec de la farine, vin blanc, huile, sel, faites frire, servez garnis de persil frit.

Maquereaux à la poele.

Lavez & vuidez trois maquereaux, coupez la tête en vive, un peu du bout de la queuë, mettez-les dans une casserole avec un peu d'huile, persil, ciboules, échalottes hachées, sel, gros poivre, faites-les revenir sur le feu. Vous faites suer des tranches de veau dans une casserole, & les mouillez avec un verre de vin de Champagne, un peu de bouillon, faites cuire aux trois quarts; après mettez-y les maquereaux cuire avec le veau & les fines herbes; la cuisson faite, dressez les maquereaux sur le plat, mettez dans la sauce un peu de blond de veau, faites bouillir pour dégraisser, passez au tamis, mettez-y un jus de citron, servez sur les maquereaux.

Entrée.

Maquereaux en paupiettes.

Entrée. Prenez des maquereaux bien frais, suivant la grosseur, coupez-les en deux en travers de la grosseur des paupiettes, faites-les mariner avec des champignons, échalottes, persil, ciboules, une pointe d'ail, le tout haché, sel, gros poivre, de l'huile fine, embrochez-les dans un hatelet, comme des paupiettes, enveloppez de plusieurs feuilles de papier avec toute leur marinade, faites cuire à la broche. Quand ils sont cuits, pannez de mie de pain, faites prendre couleur, servez dessous une bonne sauce légere & de bon goût.

Maquereaux au persil.

Entrée. Faites griller des maquereaux à l'ordinaire, mettez dans une casserole un morceau de beurre manié avec une pincée de farine, sel, gros poivre, une bonne pincée de persil haché, un peu de jus, faites lier sur le feu, mettez-y un jus de citron, servez dessus les maquereaux.

Maquereaux en papillottes.

Vuidez & lavez deux ou trois maquereaux, fendez-les le long du dos, mettez dans le corps un morceau de beurre manié de persil, ciboules, échalottes hachées, sel, gros poivre, faites-les mariner avec un peu d'huile, fines herbes, enveloppez chacun dans une feuille de papier avec leur marinade, faites-les griller sur une caisse de papier, servez à sec avec le papier, ou si vous l'aimez mieux, ôtez le papier, servez avec une sauce. *Entrée.*

DE LA VIVE.

C'est un poisson de mer recherché pour son goût exquis. Il faut la choisir grosse, bien fraiche, & d'une chair ferme. C'est un aliment très-nourrissant, aisé à digérer, & dont le seul excès peut produire de mauvais effets. La vive a sur le dos & aux oreilles des piquans venimeux qui lui servent de défense contre les Pêcheurs, & qui après la mort de l'animal conservent encore leur venin : car si les Cuisiniers en sont piqués par mégarde, la partie blessée s'enfle, & l'inflamation est accompagnée de douleur. L'esprit de vin peut servir de remede en cette occasion, ou bien on fait un mêlange d'oignon & de sel, ou de la chair & du foye de la vive même qu'on applique sur la playe.

Vives sur le gril à différentes sauces & ragoûts.

Entrée. Ecaillez & vuidez des vives, commencez par ôter le piquant crainte de vous piquer, lavez-les & ciselez des deux côtés, faites mariner avec de l'huile, sel, gros poivre, faites griller en les arrosant avec leur marinade, servez avec telle sauce que vous jugerez à propos. Si vous voulez les servir avec une sauce à l'eau, vous mettrez dans une casserole un peu d'eau avec du sel, gros poivre, un jus de citron, un peu de beurre, faites chauffer, servez dessus. Les vives vous les servez avec une sauce à l'Italienne, à l'Espagnole, à la ravigotte, à la sauce hachée, ou avec un ragoût en gras ou en maigre, comme ris de veau, de foye gras, de crêtes, de truffes, de celery, de morilles, de mousserons, de moules, de queues d'écrevisses.

Vives au jambon.

Foncez une casserole avec des tranches de veau, mettez dessus autant de tranches de jambon que vous avez de vives, faites suer sur le feu & mouillez avec un verre de vin de Champagne, faites bouillir ; vous mettez les vives dans une casserole avec un peu d'huile, du gros poivre, persil, ciboules, échalottes, deux truffes, le tout haché, faites-les revenir sur le feu ; le veau & le jambon étant cuits aux trois quarts, mettez les vives dedans avec tout leur assaisonnement, faites-les cuire ; après dressez sur le plat que vous devez servir une tranche de jambon sur chaque vive, mettez dans la casserole un peu de blond de veau, faites bouillir pour dégraisser, passez la sauce au tamis, pressez-y un jus de citron, servez.

Entrée.

Vives farcies au four.

Prenez des vives que vous écaillez & vuidez, maniez un morceau de beurre

Entrée.

avec de la mie de pain fine, deux jaunes d'œufs, fel, gros poivre, perfil, ciboules, échalottes hachées, mettez-les dans les vives ; prenez un peu de beurre que vous faites fondre, mettez dedans un jaune d'œuf, fel, poivre, mêlez-le & trempez les vives dedans, pannez de mie de pain ; foncez une tourtiere avec un peu de beurre, mettez les vives deffus pour les faire cuire au four, après fervez deffous une bonne fauce liée & de bon goût.

Vives aux Anchois en papillottes.

Entrée. Ecaillez & vuidez des vives, cifelez-les de chaque côté, lardez avec des filets d'anchois, & faites mariner avec de l'huile, perfil, ciboules, échalottes hachées, gros poivre, enveloppez-les avec des feuilles de papier avec toute leur marinade, & faites cuire dans une tourtiere au four, ou deffous un couvercle de tourtiere ; la cuiffon faite, otez le papier, & fervez avec telle fauce ou ragoût que vous jugerez à propos.

DE

De l'Eperlan.

L'éperlan est un petit poisson longuet, & gros à peu près comme le doigt, qui naît dans la mer & se pêche dans les rivieres où il remonte, il ressemble assez au goujon & par sa figure & par sa grosseur. Mais il est plus délicat, il faut le choisir frais, luisant, de couleur de perle, & d'une odeur de violette. Sa chair nourrit médiocrement, est apéritive, propre aux Graveleux, & se digére aisément.

Eperlans de différentes façons.

Entrée.

Lavez & mettez égouter des éperlans, essuyez-les bien dans un linge, farinez & faites frire, servez sur une serviette pour un plat de rôt. S'ils sont gros, & que vous vouliez les servir avec une sauce, après les avoir bien lavés & essuyés, mettez dans une casserole deux œufs, persil, ciboules, un peu d'ail, le tout haché très-fin, sel, gros poivre, battez les œufs, trempez dedans les éperlans, pannez de mie de pain, & faites-les frire;

mettez dans le fond du plat que vou devez servir une bonne sauce un pe claire, dressez les éperlans dessus Vous pouvez aussi les servir de la mêm façon sans sauce sur une serviette. Si vous voulez les mettre à l'étuvée, vous les arrangerez sur le plat que vous devez servir, avec du beurre; persil, ciboules, échalottes, une pointe d'ail, le tout haché, sel, gros poivre, un demi-septier de vin blanc, couvrez-les & faites cuire sur un feu vif; étant cuits & courte sauce, mettez-y un jus de citron, servez, les bords du plat bien netoyés.

Eperlans grillés.

Entrée. Prenez de gros éperlans, que vous lavez & égoutez, essuyez avec un linge, mettez-les dans une casserole avec un bon morceau de beurre, persil, ciboules, échalottes hachées, sel, gros poivre, passez-les sur le feu un instant, ôtez-les de la casserole, mettez-y deux jaunes d'œufs crus, trempez bien les éperlans dans la sauce pour les panner de mie de pain, faites griller de belle couleur, servez avec une remoulade dans une sauciere.

Eperlans au fenouil.

Arrangez des éperlans dans le plat que vous devez servir, mettez dessus sel, gros poivre, persil, ciboules hachées, un verre de vin blanc, un peu d'huile, faites-les cuire & réduire qu'il ne reste point de sauce ; faites blanchir un demi quart d'heure une pincée de fenouil avec deux gousses d'ail ; vous les pilez bien fins & les mettrez dans une casserole avec un morceau de beurre manié d'un peu de farine, un verre de vin que vous aurez fait bouillir un moment, trois jaunes d'œufs, un peu de sel, gros poivre, faites lier la sauce sur le feu, prenez garde qu'elle ne tourne à cause des œufs, servez sur les éperlans, mettez après un jus de citron.

Entrée.

Eperlans à l'échalotte.

Dressez les éperlans sur le plat que vous devez servir, & faites cuire comme les précédens, mettez dans une casserole un peu d'huile avec des champignons & de l'échalotte hachée, passez

Entrée.

sur le feu, mettez-y une pincée de farine, mouillez avec un verre de vin blanc, du bon bouillon, sel, gros poivre, faites cuire & réduire à courte sauce, mettez-y un jus de citron, servez dessus les éperlans.

Du Merlan.

Le merlan est un poisson de mer fort commun & estimé pour son bon goût. Il faut le choisir bien frais, d'une chair blanche & ferme. Sa chair est si légere & si aisée à digérer, qu'on en permet l'usage aux Malades. Elle nourrit médiocrement, & ne peut produire de mauvais effets.

Merlans de différentes façons.

Rôt. Ecaillez & vuidez des merlans, laissez-leur les foyes, ciselez-les des deux côtés, & faites frire à feu vif, servez
Entrée. sur une serviette. Vous les faites aussi cuire sur le gril, coupez la tête en façon de vive, ciselez-les des deux côtés, & les marinez avec de l'huile, persil, ciboules, échalottes hachées, sel, gros poivre, faites griller sur un

feu vif, en les arrosant de tems en tems avec le restant de la marinade; étant cuits, vous les servirez avec la sauce que vous jugerez à propos. Vous pouvez encore les servir dans un court-bouillon maigre, comme le turbot; la cuisson faite, mettez-les égouter légerement de crainte qu'ils ne se rompent, dressez sur le plat, mettez dessus une sauce à la crême, comme à la moruë, ou telle sauce que vous jugerez à propos.

Merlans au four.

Prenez trois gros merlans que vous écaillez, vuidez, coupez la tête & un peu la queuë, mettez dans le fond du plat que vous devez servir une petite farce faite avec un morceau de beurre, de la mie de pain, trois jaunes d'œufs, sel, gros poivre, persil, ciboules, échalottes hachées, mettez les merlans sur la farce couchés sur le ventre, passez sur les merlans du beurre mêlé avec un jaune d'œuf, un peu de sel, pannez de mie de pain, faites cuire au four, ou sous un couvercle de tourtiere, servez avec une sauce.

Entrée.

Merlans roulés.

Entrée. Ecaillez & vuidez des gros merlans, fendez-les le long du dos pour ôter l'arrête, la tête & le bout de la queuë, hachez les foyes que vous mêlez avec un morceau de beurre manié avec de la mie de pain, perfil, ciboules, échalottes, capres, anchois, le tout haché, fel, gros poivre, trois jaunes d'œufs, mettez cette farce fur les merlans & les roulez, uniffez avec de l'œuf battu, paffez du beurre pardeffus, & pannez de mie de pain, faites cuire fous un couvercle de tourtiere, fervez avec une fauce à la ravigotte.

Merlans marinés.

Entrée. Prenez des merlans entiers ou par filets, que vous faites mariner avec du verjus, fel, fines épices, perfil, ciboules, ail, cloux de gérofle, thim, laurier, bafilic, le tout entier; après mettez égouter & effuyer, farinez, faites frire, fervez avec telle fauce que vous jugerez à propos.

DES MACREUSES.

On place la macreuse au rang des canards sauvages; mais elle ne lui ressemble en rien pour le vol, car elle ne vole qu'avec beaucoup de peine, elle court même plutôt sur l'eau, en la frappant de ses aîles, qu'elle ne vole. Elle est d'une couleur grise ou noire, & se nourrit ordinairement de poisson dont elle conserve le goût. On en mange les jours maigres. Il faut la choisir jeune, car vieille elle est dure & coriasse. Il est à propos de la faire cuire cinq à six heures dans une braise maigre, pour la servir ensuite avec différentes sauces ou ragoûts. Sa chair nourrit médiocrement, & se digére un peu difficilement.

Macreuse de différentes façons.

La macreuse grise est plus délicate & meilleure que la noire; après l'avoir bien épluchée, vous la vuidez, faites une farce avec son foye, du beurre, persil, ciboules, échalottes, deux jaunes d'œufs, sel, fines épices, mettez

Entrée.

cette farce dans le corps, & la trouffez comme un canard; faites cuire à la braife en gras ou en maigre pendant trois ou quatre heures, vous la fervez avec telle fauce ou ragoût que vous jugerez à propos, comme le canard. Si vous voulez la faire cuire à la broche, vous la farcirez de même; en gras, vous la larderez de lard; en maigre, avec des anchois, & fervirez avec les mêmes fauces & ragoût qu'à la braife. Vous pouvez auffi la fervir à la daube de la même façon que les canards.

Etuvée de Macreufe aux Navets.

Entrée. Plumez une macreufe & vuidez, faites-la revenir fur le feu, épluchez-la bien & la coupez en quatre, faites un petit roux dans une cafferole avec du beurre, de la farine, mouillez avec une chopine de vin blanc, du bouillon, mettez-y cuire la macreufe avec un bouquet de perfil, ciboules, ail, cloux de gérofle, thim, laurier, bafilic, fel, gros poivre; à la moitié de la cuiffon, mettez-y des navets coupés proprement, & blanchis une quart d'heure dans l'eau bouillante; les navets & la macreufe macreuse étant cuits, mettez dans la sauce un anchois haché, des capres fines entieres, servez garnie de croûtons de pain passés au beurre.

DE LA SOLE.

La sole est un poisson de mer fort estimé pour son goût exquis qui lui a fait donner le nom de perdrix de mer. Il faut la choisir bien fraiche, de moyenne grosseur, bien nourrie, & l'arrête blanche. Sa chair est nourrissante, aisée à digérer, & l'excès seul en peut être nuisible. On prétend que la tête séchée & pulvérisée est bonne pour le scorbut & la gravelle.

Soles de différentes façons.

Les moyennes soles épaisses & blon- *Rôt.* des sont les plus délicates. Vous les écaillez, vuidez & lavez, fendez-les par derriere le long de l'arrête & farinez, faites frire, servez pour rôt. Si vous voulez les servir pour entrée, *Entrée.* vous servirez dessus une sauce ou un ragoût. Si vous voulez servir des soles en fricassée de poulets, mettez dans

Yy

une casserole des champignons coupés en filets, un morceau de beurre, un bouquet de fines herbes, passez sur le feu, mettez-y une pincée de farine, mouillez avec un verre de vin blanc, du bouillon, sel, gros poivre. Quand il n'y a plus de sauce, prenez des soles frites que vous levez par filets, mettez-les dans le ragoût avec une liaison de trois jaunes d'œufs & de la crème, faites lier sur le feu, en servant un jus de citron. Les soles frites se servent aussi en filets de différentes façons; vous les faites migeoter avec un peu de vin de Champagne, persil, ciboules, rocambole, un morceau de beurre, sel, gros poivre, un peu de bon bouillon. Quand les soles ont pris goût, la sauce courte, vous mettez dessus de la chapelure de pain & servez. Si vous voulez les servir avec différentes sauces, vous les ferez migeoter sur le plat avec un peu de la sauce que vous devez servir. Quand elles ont pris goût, vous mettrez dessus le restant de la sauce.

Hors-d'œuvre.

Soles au restaurant.

Entrée. Prenez des soles que vous écaillez,

vuidez, coupez un peu le bout de la queuë & de la tête, fendez-les le long du dos, détachez la chair d'avec l'arrête ; vous les mettez cuire à moitié avec un verre de vin blanc, vous les retirez après pour les mettre refroidir; prenez un morceau de bon beurre que vous maniez avec perfil, ciboules, champignons, échalottes hachées, fel, gros poivre, farciffez les foles avec ce beurre, dreffez-les fur le plat que vous devez fervir, mettez avec un peu de reftaurant, faites migeoter fur le feu, fervez à courte fauce avec un jus de citron.

Soles au four.

Ecaillez, vuidez & lavez des foles, fendez-les par le dos le long de l'arrête, détachez la chair d'avec l'arrête, & les farciffez avec un morceau de beurre manié de mie de pain, perfil, ciboules, échalottes, fel, gros poivre, deux jaunes d'œufs, mettez-les fur le plat que vous devez fervir, mouillez le deffus avec du beurre, pannez de mie de pain, faites cuire au four, ou fous un couvercle de tourtiere, fervez avec une fauce.

Entrée.

Soles marinées & pannées.

Entrée. Farciffez des foles comme les précédentes, faites-les mariner avec du beurre, un jus de citron, perfil, ciboules, une gouffe d'ail, deux cloux de gérofle, une feuille de laurier, le tout entier, fel, gros poivre, ôtez après toutes les fines herbes, pannez de mie de pain, faites-les griller & arrofez avec le reftant de la marinade ; étant cuites de belle couleur, faites une petite fauce avec du bouillon, fel, gros poivre, un jus de citron, mettez la fauce dans le plat, & les foles deffus, fervez.

Soles au beurre.

Entrée. Farciffez des foles comme les précédentes, mettez les fur le plat que vous devez fervir avec un verre de vin de Champagne, un peu de beurre, faites cuire & boire toute la fauce. Quand elles font cuites, fervez deffus une fauce faite avec un morceau de beurre, une pincée de farine, mouillez avec bon bouillon, fel, gros poivre, faites lier sur le feu, mettez-y un jus de citron, servez.

Du Rouget.

La couleur de ce poisson de mer lui a donné le nom qu'il porte. Il a le dos garni de plusieurs pointes aiguës. On en fait plus de cas en Hyver qu'en Eté; & il est recherché pour son bon goût. Lorsqu'il est frais & d'une chair ferme, il fournit une bonne nourriture pleine de suc, propre à fortifier, & facile à digérer. On la croit bonne pour le cours de ventre.

Rougets de différentes façons.

Faites cuire une demie heure un *Entrée.* courtbouillon, que vous faites avec une chopine de vin blanc, oignons, racines, un bouquet de fines herbes, un peu de beurre; après mettez-y cuire les rougets, il ne faut qu'un moment pour la cuisson, retirez-les pour lever doucement l'écaille sans toucher à la tête; vous les servez avec différentes sauces ou ragoûts. Si vous voulez les servir grillés, vous leur coupez la tête;

vuidez & netoyez, trempez-les dans du beurre que vous faites fondre avec perfil, ciboules, échalottes hachées, fel, gros poivre, pannez de mie de pain, faites griller, fervez à fec, un jus de citron deſſus.

Le vrai rouget qui n'eſt commun que dans le Languedoc fe fait griller de la même façon. Vous en prenez les foyes après qu'ils font grillés, que vous écrafez dans une caſſerole, délayez-les avec de l'huile, jus de citron, fel, gros poivre, dreſſez dans le plat que vous devez fervir, les rougets deſſus.

DE LA SARDINE.

La fardine eſt un petit poiſſon de mer, aſſez femblable à l'anchois, quoiqu'elle foit un peu plus épaiſſe & plus groſſe. On en pêche beaucoup fur les côtes de Bretagne. Fraiche, elle eſt d'un goût délicieux, & fournit un aliment qui nourrit peu, lâche le ventre, & fe digére aſſez aifément. Salée, elle perd de fa faveur naturelle, échauffe beaucoup, & produit des humeurs âcres.

DES SAUCES.

Sauces de différentes bechamels.

HAchez très-fin de l'échalote, perſil, ciboules, que vous paſſez dans une caſſerole avec un morceau d'excellent beurre, ſingez & mouillez avec de la crême, ſel, gros poivre, muſcade, faites bouillir en la tournant ſur le feu juſqu'à ce qu'elle ait pris de la conſiſtance, en ſervant jettez-y un peu de perſil blanchi haché ; la bechamel paſſée ſe fait en mettant dans une caſſerole un morceau de bon beurre, zeſtes d'oignons & de racines, perſil, ciboules, paſſez ſur le feu, ſingez & mouillez avec de la crême, ſel, gros poivre, muſcade, faites bouillir, paſſez au tamis, en ſervant faites-y lier un morceau de beurre. *En gras & en maigre.*

Sauce à la Gaſcogne.

Hachez très-fin des truffes, champignons, une demie gouſſe d'ail, perſil, ciboules, que vous paſſez ſur le feu *En gras & en maigre.*

avec un peu d'huile, mouillez de blond de veau, un verre de vin blanc, sel, gros poivre, faites cuire, dégraissez, & vous en servez. En maigre, à la place de blond de veau, mettez-y une pincée de farine, mouillez de jus maigre, vin blanc, finissez de même.

Sauce à la Mantoue.

En gras & en maigre. Prenez un peu d'estragon, cerfeuil, pimprenelle, une gousse d'ail, deux cloux de gérofle, deux verres de bouillon, un verre de vin blanc, faites bouillir le tout ensemble, & réduire au point d'une sauce, passez au tamis, assaisonnez de sel, gros poivre, servez dans une saucière.

Sauce à la Garronne.

En gras & en maigre. Faites bouillir un demi-septier de vin blanc avec un verre de bon bouillon, la moitié d'un citron en tranches, deux gousses d'ail, un peu d'estragon, deux bonnes pincées de chapelures de pain, un demi verre d'huile, sel, poivre, faites réduire au point d'une sauce, dégraissez & passez au tamis, servez.

Sauce au bled verd.

Prenez de l'herbe de bled verd de froment, que vous faites cuire un quart d'heure dans l'eau, faites égouter & le pressez pour le piler très-fin, mettez bouillir un quart d'heure dans une casserole une croûte de pain avec deux gousses d'ail, demi poisson de vinaigre, un demi-septier de bouillon, sel, poivre, retirez de dessus le feu, mettez-y le bled pilé que vous délayez avec, passez le tout à l'étamine pour en tirer une sauce liée que vous servez dans une sauciere. *En gras & en maigre.*

Sauce bachique à la ravigotte.

Faites bouillir deux grands verres de vin blanc avec un peu de blond de veau, estragon, cresson alenois, cerfeuil, une gousse d'ail, deux échalottes, persil, ciboules, sel, gros poivre, faites réduire au point d'une sauce, passez au tamis, en servant un jus de citron. *En gras.*

Sauce à la Pandoure.

En gras & en maigre. Mettez dans une casserole un demi-septier de bon bouillon, un verre de vin blanc, persil, ciboules, thim, laurier, basilic, deux gousses d'ail, la moitié d'un citron en tranches, un peu d'estragon, la moitié d'un pied de celery, sel, gros poivre, un peu d'huile, faites bouillir & réduire au point d'une sauce, passez au tamis, servez dans une sauciere.

Sauce pour le rôti d'agneau.

En gras. Faites bouillir un quart d'heure du bon bouillon, un demi verre de vin blanc, persil, ciboules, une pointe d'ail, échalottes, sel, gros poivre, un morceau de beurre manié de farine, faites réduire au point d'une sauce, passez au tamis, mettez-y un jus de citron, servez chaud dans une sauciere.

Sauce au Pontife.

En gras. Foncez une casserole de zestes de lard, jambon, oignons, bardes de veau, un bouquet de perfil, ciboules, une gouffe d'ail, deux cloux de gérofle, trois échalottes, quelques champignons, faites fuer fur le feu & réduire en glace, mouillez avec bon bouillon, un demi-feptier de vin de Champagne, faites bouillir une heure, dégraiffez & paffez au tamis pour vous en fervir à ce que vous voudrez. Cette fauce peut vous fervir de reftaurant, pour donner du corps à plufieurs fauces & ragoûts.

Sauce perlée.

Prenez le fond d'une braife douce & bien faite, mettez-y un pain de beurre manié de farine, deux échalottes, un jaune d'œuf dur haché; faites lier fur le feu, fervez. *En gras.*

Sauce liée aux laitues.

Faites cuire trois cœurs de laituës, que vous pilez très-fines avec trois jaunes d'œufs durs, délayez-les avec un verre de bon bouillon paffé au tamis, où vous avez fait infufer du perfil entier & trois gouffes d'ail, mettez-y un morceau de bon beurre, fel, gros *En gras & en maigre.*

poivre, faites lier sur le feu, en servant un jus de citron.

Sauce à l'estoufade de fenouil.

En gras. Foncez une casserole de zestes de lard & jambon, bardes de veau blanchies, un peu de fenouil blanchi, deux échalottes, une gousse d'ail, faites suer & prêt à réduire en glace, mouillez avec bon bouillon, un peu de blond de veau, laissez cuire à petit feu, dégraissez, passez au tamis, en servant un jus de citron.

DE LA PIMPRENELLE, ESTRAGON, CERFEUIL ET POURPIER.

La pimprenelle cultivée est d'un usage fréquent dans les salades, surtout si elle est tendre & d'un goût agréable. Cette plante, quoiqu'astringente, est en même-tems apéritive & vulneraire. Elle purifie le sang, & chasse le sable & gravier des reins, elle est pourtant un peu difficile à digérer, & par cette raison l'usage immoderé peut devenir nuisible.

L'estragon cultivé s'employe fréquemment dans les salades. Il est apéritif, sudorifique & stomachique. On le met aussi au rang des plantes antiscorbutiques. Son sel âcre & volatil est propre à attenuer les humeurs visqueuses, à exciter l'appétit, & à fortifier l'estomac. Mais l'excès échauffe beaucoup, & ne peut que nuire aux Bilieux.

Le cerfeuil est aussi d'un grand usage dans les salades, surtout lorsqu'il est tendre & jeune. Il est apéritif & bon pour les Graveleux, & pour ceux qui sont attaqués du foye. Il purifie le sang & fortifie l'estomac. On n'en remarque aucuns mauvais effets.

Le pourpier cultivé, lorsqu'il est jeune & tendre, s'employe aussi souvent dans les salades. Il adoucit les âcretés de la poitrine, purifie le sang, & convient aux Scorbutiques & aux Bilieux, mais il est un peu difficile à digérer, & l'usage immoderé peut exciter des coliques venteuses.

Sauce au jus de ravigotte.

Délayez dans une casserole un peu de moutarde avec de l'huile, un peu En gras & en maigre.

de blond de veau, si vous en avez, sel, gros poivre, & jus de ravigotte, que vous faites en prenant du cresson alenois, cerfeuil, pimprenelle, estragon, un demi pied de celery, capres, anchois, une gousse d'ail, persil, ciboules, échalottes, le tout bien lavé, égouté, hachez & pilez pour en tirer le jus que vous passez à force au tamis.

Sauce à la Raye.

En gras & en maigre. Faites blanchir deux foyes de volaille que vous pilez très-fins avec une gousse d'ail, deux rocamboles, deux échalottes, persil, ciboules, délayez le tout avec un filet de vinaigre, un demi verre de consommé, sel, gros poivre, un morceau de beurre manié, faites lier sur le feu, servez chaud.

Sauce à la Françoise.

En gras. Foncez une casserole de zestes de lard, oignons, jambon, bardes de veau, un bouquet de persil, ciboules, une gousse d'ail, deux cloux de gérofle, basilic, faites suer sur le feu & prêt à glacer, mouillez avec bon bouillon, un verre de vin blanc, la moitié d'un citron en tranches, faites cuire à petit feu, passez au tamis, mettez y un jaune d'œuf dur haché, persil blanchi haché, sel, gros poivre, faites chauffer & servez.

Sauce de Provence.

Delayez dans une casserole une bonne pincée de persil blanchi haché très-fin avec un verre de bon bouillon, un peu d'huile, un filet de vinaigre blanc, sel, gros poivre, servez froid dans une sauciere.   *En gras & en maigre.*

Si vous la voulez chaude, vous mettrez dans une casserole de la mie de pain, une demie gousse d'ail, deux rocamboles, persil, ciboules, le tout haché, un peu d'huile, un petit morceau de bon beurre, sel, gros poivre, mouillez avec un petit verre de bouillon, faites lier sur le feu, en servant un grand jus de citron.

Sauce hachée aux Cornichons.

Mettez dans une casserole une pincée de farine, un morceau de bon beurre, des cornichons blanchis & hachés, sel, gros poivre, delayez avec bon bouillon, faites lier sur le feu, servez chaud.   *En maigre.*

Sauce au Prince.

En gras. Passez dans une casserole cinq ou six oignons, trois cloux de gérofle, une feuille de laurier, un peu de basilic, deux gousses d'ail avec de l'huile, mouillez avec blond de veau, un verre de vin blanc, bon bouillon, faites cuire & réduire au point d'une sauce, dégraissez, assaisonnez de sel, poivre, passez au tamis & servez.

Sauce piquante maigre.

En maigre. Faites bouillir un demi poisson de vinaigre avec un verre de bouillon, un morceau de beurre manié ; étant réduit au point d'une sauce, mettez-y une liaison de trois jaunes d'œufs délayés avec du bouillon, sel, muscade, gros poivre, faites lier sur le feu, servez chaud.

Sauce Imperiale.

En gras. Foncez une casserole de zestes de lard, jambon, un poulet coupé en deux, tranches de veau, une gousse d'ail, trois échalottes, le quart d'un citron,

citron, faites suer prêt à glacer, mouillez avec bon bouillon, un verre de vin blanc, blond de veau, laissez cuire deux heures à petit feu, dégraissez, passez au tamis, servez.

Sauce au consommé.

Foncez une petite marmite de zestes En gras. de lard, jambon, oignons, carottes, panais, tranches de bœuf, de veau, une poule, un bouquet de persil, ciboules, trois cloux de gérofle, une feuille de laurier, un peu de basilic, faites suer une demie heure, mouillez avec bon bouillon, bouchez la marmite avec une pâte faite avec de la farine & du vinaigre, faites cuire à petit feu quatre ou cinq heures; après l'avoir dégraissé passez-la au tamis fin; vous vous servirez de cette sauce pour donner du corps à toutes les sauces que vous voudrez.

Sauce au persinet.

Prenez un fond de sauce ou du con- En gras. sommé, faites infuser une demie heure dedans une bonne pincée de persil, passez-la au tamis, mettez-y du persil blanchi haché, un peu de beurre manié de farine, faites lier sur le feu, en servant un jus de citron.

Sauce à la Poulette.

En gras. Coupez en dez de la ruelle de veau, un peu de jambon, des champignons, un bouquet de persil, ciboules, deux cloux de gérofle, une demie gousse d'ail, un peu de basilic, mettez le tout dans une casserole avec un morceau de beurre, passez sur le feu, singez, mouillez de bouillon, faites cuire à petit feu, assaisonnez de sel, gros poivre, passez après au tamis, en servant faites lier avec trois jaunes d'œufs, de la crême, persil blanchi haché, un peu de verjus, servez pour des entrées au blanc.

Sauce hachée aux Huitres.

En gras & en maigre. Passez sur le feu avec un peu de beurre une truffe hachée, de l'échalotte, persil, ciboules hachées, singez & mouillez avec du blond de veau. Vous avez des huitres que vous faites blanchir dans leur eau, passez l'eau des huitres au tamis que vous mettez dans la sauce, faites bouillir & réduire au point d'une sauce, assaisonnez de gros poivre, essuyez les huitres avec un linge, mettez-les dans la sauce, faites chauffer sans qu'elle bouille, en servant un peu de beurre manié de farine, un jus de citron.

Sauce à l'Arlequine.

Faites suer une tranche de jambon En gras. dans une casserole jusqu'à ce qu'elle soit cuite, retirez-la pour la couper en petits dez, avec du blanc d'œufs durs, la moitié d'une carotte cuite, deux ou trois cornichons, le tout coupé en petits dez d'égale grosseur, quelques feuilles de persil blanchi de même grandeur, mettez dans la casserole où vous avez fait suer le jambon, un demi verre de vin de Champagne, un peu de blond de veau & du consommé, faites bouillir doucement un demi quart d'heure, mettez-y après tous les ingrédiens que vous avez coupés en dez pour les faire chauffer. Cette sauce vous servira pour masquer toutes sortes d'entrées.

Sauce à l'extrait de persil, fenouil & celeri.

En gras. Prenez deux branches de fenouil que vous faites blanchir un instant avec une livre & demie de ruelle de veau, après lardez le veau avec le fenouil ; foncez une casserole de zestes d'oignons, carottes, panais, jambon, le veau dessus, faites suer jusqu'à ce qu'il commence à s'attacher, mouillez avec de l'excellent bouillon, faites cuire à très-petit feu & bien couvert pendant deux heures, passez-les dans un linge & vous en servez. Vous ferez la même chose avec de la racine de persil & des pieds de celery.

Sauce liée à l'oseille.

En maigre. Pilez de l'oseille lavée & bien pressée, tirez-en un verre de jus que vous mettez avec un bon morceau de beurre, une pincée de farine, deux jaunes d'œufs, muscade, sel, gros poivre, un peu de bon bouillon, faites lier sur le feu.

Sauce aux Légumes.

Foncez une casserole de zestes de lard, jambon, carottes, panais, une branche d'estragon blanchi un demi quart d'heure, oignons, une gousse d'ail, trois ou quatre champignons, persil, ciboules, faites suer; étant prêt de s'attacher, mouillez avec bon bouillon, un verre de vin blanc, faites bouillir à petit feu & réduire au point d'une sauce, passez au tamis, en servant un jus de bigarade. Si vous la faites en maigre, vous retrancherez le lard & jambon, mouillez avec bon bouillon maigre. *En gras & en maigre.*

Sauce à la chapelure.

Hachez de l'échalotte que vous mettez dans une casserole avec de la chapelure de pain fine, sel, gros poivre, un pain de beurre de Vamvre, autant d'huile fine, un jus de citron, un verre de bouillon, faites chauffer & servez. *En gras & en maigre.*

Sauce Espagnole.

Prenez veau, jambon, carottes, panais, oignons, deux gousses d'ail, le *En gras & en maigre.*

tout coupé en zestes, faites suer, mouillez avec un verre de vin de Champagne, un demi verre d'huile, du blond de veau, du bouillon, un bouquet de fines herbes, la moitié d'un citron en tranches la peau ôtée, de la coriandre, faites cuire deux heures, ne dégraissez qu'à la fin, passez au tamis, servez-vous-en pour ce que vous jugerez à propos. La sauce Espagnole en maigre se fait de la même façon, à la place du veau & jambon, servez-vous de poisson, mouillez avec bouillon & coulis maigre.

Sauce passée à la moutarde.

En gras & en maigre. Coupez de l'oignon en dez, que vous passez sur le feu avec du beurre; quand il commence à colorer, mouillez avec bouillon, blond de veau, un bouquet de fines herbes, deux cloux de gérofle, une gousse d'ail, sel, poivre, faites cuire & dégraissez, passez au tamis, en servant délayez-y de la moutarde. En maigre, mouillez de coulis maigre, ou une pincée de farine & jus maigre.

En gras & en maigre. *Sauce de Brochets & de Carpes.*

Foncez une casserole de zestes d'oignons, un peu de beurre dessous, tronçons de brochet ou de carpe, carottes, panais, faites suer & un peu attacher, mouillez avec un demi-septier de vin blanc, bon bouillon, coulis maigre. Si vous n'avez pas de coulis, faites un petit roux de beurre & farine, mouillez avec du bouillon que vous mettez à la place, un bouquet de fines herbes, deux cloux de gérofle, une gousse d'ail, faites bouillir long-tems, dégraissez, passez au tamis, servez à ce que vous voudrez. Si vous la faites en gras, vous y mettrez du veau & jambon.

Sauce relevée.

Délayez dans une casserole une pincée de farine avec deux jaunes d'œufs, du vinaigre blanc, autant de bouillon, un morceau de beurre, sel, gros poivre, faites lier sur le feu, en servant jettez dans la sauce une pincée de cerfeuil haché. *En maigre.*

Sauce piquante à l'Italienne.

Foncez une casserole de zestes de jambon, faites suer un peu & attacher, mouillez avec un verre de vin blanc, demi verre d'huile, blond de veau, du *En gras & en maigre.*

bouillon, la moitié d'un citron en tranches, un bouquet de fines herbes, champignons, faites bouillir long-tems, dégraissez, passez au tamis, & vous en servez. En maigre, à la place de jambon vous mettrez du poisson, du coulis maigre, ou un roux de beurre & farine, mouillez de bon bouillon, finissez comme en gras.

Sauce au jus maigre & fines herbes.

En maigre. Hachez très-fin persil, ciboules, échalottes, capres, anchois, que vous mettez dans une casserole avec un peu de beurre, passez sur le feu, singez & mouillez de jus maigre, sel, gros poivre, muscade, faites bouillir un moment, en servant faites-y lier un peu de beurre, & vous en servez.

Sauce à la mie de pain.

En gras & en maigre. Mettez dans une casserole un peu de mie de pain bien fine avec un demi verre de jus, autant de bouillon & vin blanc, rocambole, échalottes, persil, ciboules, le tout haché, sel, gros poivre, un peu de beurre, faites bouillir & réduire au point d'une sauce, en servant un jus de citron.

FIN.

TABLE ALPHABETIQUE

Pour les Observations contenues dans cet Ouvrage sur les qualités des alimens.

A

Agneau, page 126
Ail, 302
Alose, 503
Alouette, 238
Albran, 198
Amande, 332
Anchois, 290
Anguille, 476
Anis, 360
Artichaux, 307
Asperges, *ibid.*

B

Barbot, 492
Barbotte, *voyez* Lotte, 470
Barbuë, 492
Basilic, 112
Beccasse, 229
Beccassine, *ibid.*
Beccot, 230
Bequefigue, 265
Bequefigue bâtard, 267
Beurre, 329
Bete-rave, 27
Biche, 223
Bœuf, 32
Braîme, 442
Brocolis, 23
Brochet, 464

TABLE

C

Cabiliot,	505
Caille,	255
Canard domestique,	198
Canard sauvage,	ibid.
Canelle,	11
Capres,	120
Carlet,	496
Carpe,	442
Carote,	19
Celery,	91
Cerf,	223
Cercelle,	245
Cerfeuil,	540
Chapon,	137
Champignon,	320
Chataigne,	16
Chevreau,	126
Chevreuil,	225
Chevrette,	390
Chicorée,	91
Chirouis,	325
Choux,	23
Chou-rouge,	ibid.
Chou-rave,	ibid.
Choufleurs,	318
Citron,	69
Citrouille,	21
Cochon,	104
Coriandre,	13
Cresson,	91

D

Daim,	225
Dindon,	153

E

Echalote,	302
Ecrevisses de riviere,	389
Ecrevisses de mer,	ibid.
Eperlan,	521
Epices,	13
Epinards,	52
Estragon,	540
Esturgeon,	487

F

Faon,	223
Faisan,	226
Fauvette,	268

ALPHABETIQUE.

Fenouil, 360
Féve de marais, 298
Féveroles, *voyez* Haricots, 300
Flet, 496
Foulque, 262
Fromage, 342

G

Gelinotte de Bois, 265
Gérofle, 10
Gingembre, 12
Grive, 243
Gruau, 295
Guignard, 268

H

Haricots verts, 300
Haricots blancs, *ibid.*
Haricots rouges, *ibid.*
Harang frais, 511
Harang salé, *ibid.*

Huile d'olive, 334
Huile vierge, *ibid.*
Huitres, 397

L

Lait, 24
Laituë pommée, 305
Laituë Romaine, *ibid.*
Lamproye de mer, 474
Lamproye de riviere, *ibid.*
Lapin, 207
Laurier, 112
Lentilles, 31
Liévre, 212
Limande, 496
Linotte, 269
Lotte, 470

M

Macis, 12
Macreuse, 527
Maquereau, 513
Maron, 16

TABLE

Marcassin, 118
Mauviette, 238
Merle, 243
Merlan, 524
Merluche, 505
Millet, 296
Morille, 323
Moruë salée, 505
Moruë fraiche, *ibid.*
Mousseron, 320
Moule, 401
Moutarde, 40
Mouton, 79
Muscade, 12

N

Navet, 29

O

Oeuf, 415
Oignon, 302
Orange douce, 69
Orange aigre, *ib.*
Orge, 296
Ortolan, 263
Oseille, 26
Oye, 204

P

Panis, 296
Panais, 19
Perche, 451
Perdrix rouge, 247
Perdrix grise, *ibid.*
Persil, 302
Pigeon de voliere, 183
Pigeon biset, *ibid.*
Pigeon biset sauvage, *ibid.*
Pimprenelle, 540
Plie, 496
Pluvier doré, 262
Pluvier gris, *ibid.*
Poireau, 304
Poirée, 26
Pois verts, 296
Pois secs, *ibid.*
Poivre, 10
Poularde, 137
Poulet, 165
Poule d'eau, 262
Pourpier, 540
Potiron, 21

ALPHABETIQUE.

R

Ramier,	232
Rave,	29
Raye,	498
Ris,	293
Rocambole,	302
Rossignol,	268
Rouge-gorge,	ibid.
Rouget,	533

S

Salicoque,	390
Salsifix,	325
Sanglier,	118
Sardine,	534
Sariette,	112
Saumon,	481
Scorsonaire,	325
Sel,	5
Sole,	529
Sucre,	337

T

Tanche,	460
Thim,	112
Thon,	491
Topinambour,	327
Torcol,	268
Tortuë de mer,	463
Tortuë de terre,	ibid.
Tourterelle,	232
Truffe,	326
Truite,	454
Turbot,	492

V

Vanneau,	264
Veau,	45
Vive,	517

Fin de la Table.

Le Prix 3 liv. relié. 2 liv. 10 sols broché.

APPROBATION.

J'AY lû par l'ordre de Monseigneur le Chancelier un manuscrit qui a pour titre, *la Science du Maître d'Hôtel Cuisinier, &c. avec des Observations sur la connoissance & la proprieté des alimens.* Fait à Paris ce troisiéme Février 1749. JOLLY.

PRIVILEGE DU ROY.

LOUIS, par la grace de Dieu, Roi de France & de Navarre : A nos amez & feaux Conseillers, les Gens tenans nos Cours de Parlement, Maîtres des Requêtes ordinaires de notre Hôtel, Grand Conseil, Prevôt de Paris, Baillifs, Senéchaux, leurs Lieutenans Civils & autres nos Justiciers qu'il appartiendra, SALUT. Notre amé le Sr. Nous a fait exposer qu'il desireroit faire imprimer & donner au Public un ouvrage qui a pour titre : *La Science du Maître d'Hôtel Cuisinier, &c.* s'il nous plaisoit lui accorder nos Lettres de Privilege pour ce necessaires : A CES CAUSES, voulant favorablement traiter l'Exposant, Nous lui avons permis & permettons par ces Présentes de faire imprimer ledit Ouvrage en un ou plusieurs volumes, & autant de fois que bon lui semblera, & de le faire vendre & débiter partout notre Royaume pendant le tems de six années consécutives, à compter du jour de la date desdites Présentes : Faisons défenses à tous Imprimeurs, Libraires & autres personnes, de quelque qualité & condition qu'elles soient, d'en introduire d'impression étrangere dans aucun lieu de notre obéissance; comme aussi d'imprimer, ou faire imprimer, vendre, faire vendre, débiter, ni contrefaire ledit Ouvrage, ni d'en faire aucun extrait, sous quelque prétexte que ce soit, d'augmentation, correction, changement ou autres, sans la permission expresse & par écrit dudit Exposant, ou de ceux qui auront droit de lui; à peine de confiscation des Exemplaires contrefaits, de trois mille livres d'amende contre chacun des contrevenans, dont un tiers à Nous, un tiers à l'Hôtel-Dieu de Paris, & l'autre tiers audit Exposant, ou à celui qui aura droit de lui, & de tous dépens, dommages & interêts : A la charge que ces Présentes seront enregistrées tout au long sur le Registre de la Communauté des Imprimeurs & Libraires de Paris dans trois mois de la datte d'icelles; que l'impression dudit Ouvrage sera faite dans notre Royaume & non ailleurs, en bon papier & beaux caracteres, conformément à la feuille imprimée attachée pour modele sous le contre-scel des Présentes, que l'impétrant se conformera en tout aux Réglemens de la Librairie, & notamment à celui du 10 Avril 1725; qu'avant de l'exposer en vente, le manuscrit qui aura servi de copie à l'impression dudit Ouvrage sera remis dans le même état où l'approbation y aura été donnée, ès mains de notre très-cher & feal Chevalier le sieur D'AGUESSEAU, Chancelier de France, Commandeur de nos Ordres, & qu'il en sera ensuite remis deux exemplaires dans notre Bibliotheque publique, un dans celle de notre Château du Louvre, & un dans celle de notred. trèscher & féal Chevalier le sieur D'AGUESSEAU, Chancelier de France, le tout à peine de nullité des Présentes : Du contenu desquelles vous mandons & enjoignons de faire jouir ledit Exposant & ses ayans cause, pleinement & paisiblement, sans souffrir qu'il leur soit fait aucun trouble ou empêchement. VOULONS que la copie des Présentes, qui sera imprimée tout au long au commencement ou à la fin dudit Ouvrage soit tenuë pour duëment signifiée, & qu'aux copies collationnées par l'un de nos amez & feaux Conseillers & Secretaires, foi soit ajoutée comme à l'original: Commandons au premier notre Huissier ou Sergent sur ce requis, de faire pour l'exécution d'icelles, tous actes requis & nécessaires, sans demander autre permission, & nonobstant clameur de Háro, Charte Normande, & Lettres à ce contraires. CAR tel est Notre plaisir. DONNÉ à Versailles le vingt-huitiéme jour du mois de Mars, l'an de grace mil sept cent quarante-neuf, & de notre Regne le trente-quatriéme. Par le Roi en son Conseil. SAINSON.

Registré sur le Registre XII. de la Chambre Royale & Syndicale des Imprimeurs & Libraires de Paris, N. 136. fol. 128. conformément au Reglement de 1723, qui fait défense, art. 4, à toutes personnes, de quelque qualité qu'elles soient, autres que les Imprimeurs & Libraires de vendre, debiter & faire afficher aucuns Livres pour les vendre en leur nom, soit qu'ils s'en disent les Auteurs ou autrement, & à la charge de fournir à la susdite Chambre huit exemplaires prescrits par l'art. 108 du même Réglement. A Paris le 18 Avril 1749.

G. CAVELIER, *Syndic.*

www.ingramcontent.com/pod-product-compliance
Lightning Source LLC
Chambersburg PA
CBHW070837250426
43673CB00060B/1497